D1752490

# K. O. W. MÜLLER

„...mit den Augen zu sehen
was vor den Augen uns liegt."

**Bilder eines stillen Beobachters**

CIP-Titelaufnahme der Deutschen Bibliothek:

Müller, Karl O.W.:
„...mit den Augen zu sehen, was vor
den Augen uns liegt". / K.O.W. Müller. –
Berlin: Vis-à-Vis, 1989
Engl. Ausg. u. d. T.: Müller, Karl O.W.:
Pictures of a Silent Observer
ISBN 3-924040-42-7

© 1989 by K.O.W. Müller

Erschienen 1989 in der Verlagsgruppe
Vis-à-Vis, Postfach 303006, D-1000 Berlin 30

Titel der englischen Ausgabe:
Pictures of a Silent Observer

Lithographie: Hemmerich & Petri, 6234 Hattersheim

Herstellung: Caruna Druck, 8760 Miltenberg

Gestaltung: K.O.W. Müller

Printed in Germany 1989

ISBN 3-924040-42-7

Im Alltäglichen verbirgt sich manche Besonderheit, die von den meisten Menschen nicht wahrgenommen wird, denn Gewöhnung stumpft ab. Wer aber im gewohnten Rahmen Neues entdecken und in sich aufnehmen kann, findet in der Fotografie ein adäquates Medium zum Festhalten und Vermitteln seiner Beobachtungen. „Aufnahme" nennt man hier bezeichnenderweise den Vorgang der Bildgestaltung, und „gestalten heißt, dem Unaussprechlichen näherzutreten." Deshalb zählt der Fotograf zu den Interpreten, den reaktiv-schöpferischen Menschen. So wie der Musiker der Vorgabe eines Komponistenwerkes bedarf, ist auch er auf „Vorbilder" angewiesen, die er mit seiner Kamera aufnimmt und durch die gewählte Form interpretiert. Hin und wieder erlaubt der „Komponist" ein Stückchen freie Improvisation, doch konstruierte Motive abzulichten entspricht nicht den ureigenen Intentionen der Lichtbildnerei, sondern ist ein Irrweg verhinderter Bühnenbildner mit Künstlerattitüde.

Wenn ein Fotograf experimentiert, um seine Gestaltungsmöglichkeiten zu erweitern, ist das legitim. Doch allzuoft ertappt man Möchtegernmaler bei pseudokünstlerischen Aktivitäten. Diese Leute haben vom Medium Fotografie nichts, aber auch garnichts begriffen. Dies gilt ebenso ohne Einschränkung für ihre Lobby in Feuilletons und Kunstschulen. Die mag für die traditionellen Kunstbild-Macher kompetent sein, die elementare Fotografie in ihrer Beschränktheit auf die Realität gehört nicht in ihr Ressort, nur weil das Resultat auch ein Bild ist. Die Sucht, von diesen Gralshütern des Kunst-Gewerbes anerkannt zu werden, hat viele gute Fotografen dazu verleitet, es den „Bildenden" gleichzutun und ihr Medium zum Materiallieferanten für „Höheres" zu degradieren, in schöner Eintracht mit etlichen, von ähnlichen Komplexen heimgesuchten Hochschullehrern.

Doch anspruchsvolle Fotografie – abgesehen von Experimenten im Grenzbereich – ist stets eine Auseinandersetzung mit der Wirklichkeit. Was ihr prinzipiell versagt bleibt, ist die direkte Umsetzung von Träumen und Ideen, von Visionen und Gedanken. Sie ist, in ihrer ursprünglichen Form, stets an den Augenblick gebunden. Und dennoch kann sie „zeitlos" sein, wenn es das Sujet im Bereich menschlicher Erfahrung ist. Und umgekehrt!

Das Erfassen und Deuten „zeitloser" Wirklichkeit in eigenständiger Form ist mein Anliegen. Als Autodidakt habe ich zu meinen Bildern gefunden und mir bewußt den Kopf freigehalten von kunsthistorischen Studien, die mir vielleicht den Blick verstellt hätten. Auch jede Referenz an den Zeitgeist wurde strikt vermieden, denn die Mode, jedes Werk nach dem Grad seiner sozialpolitischen Relevanz zu werten, kann von denkenden Menschen nicht ernstgenommen werden.

Dieses Buch hat kein Thema. Es ist vielmehr eine Sammlung von Einzelbildern aus der Zeit von 1956 bis 1988. Die Reihenfolge ist nicht chronologisch; mir schien eine Zusammenstellung nach Motivkreisen bezeichnender. Deren Folge und die Gegenüberstellungen habe ich in der Regel erst bei der Sichtung für die Veröffentlichung vorgenommen. Oft ergaben sich dadurch zusätzliche Aspekte.

Überlassen wir zum Abschluß wieder das Wort dem alten Weisen zu Weimar: „Der Worte sind genug gewechselt, laßt mich auch endlich Taten sehn!"

Frankfurt am Main, im Herbst 1989

*K. O. W. Müller*

1

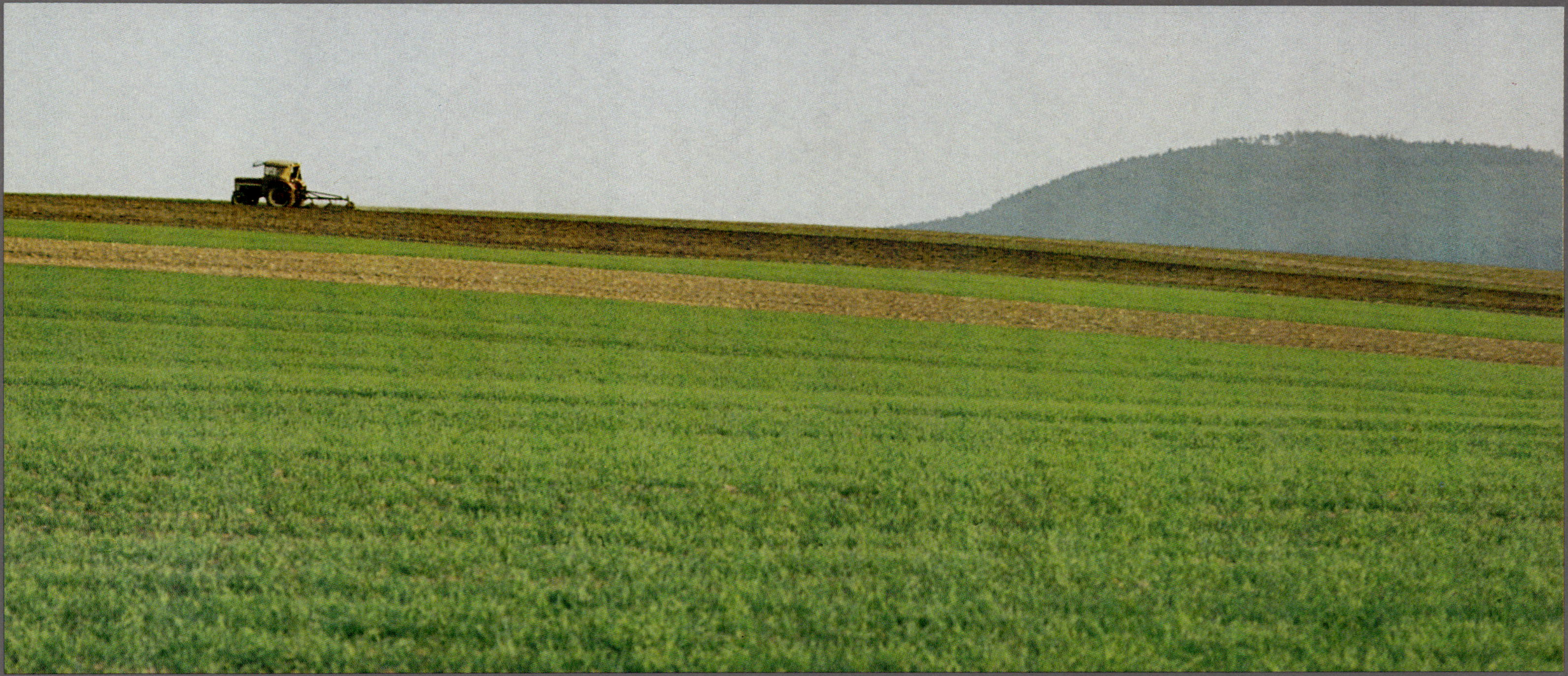

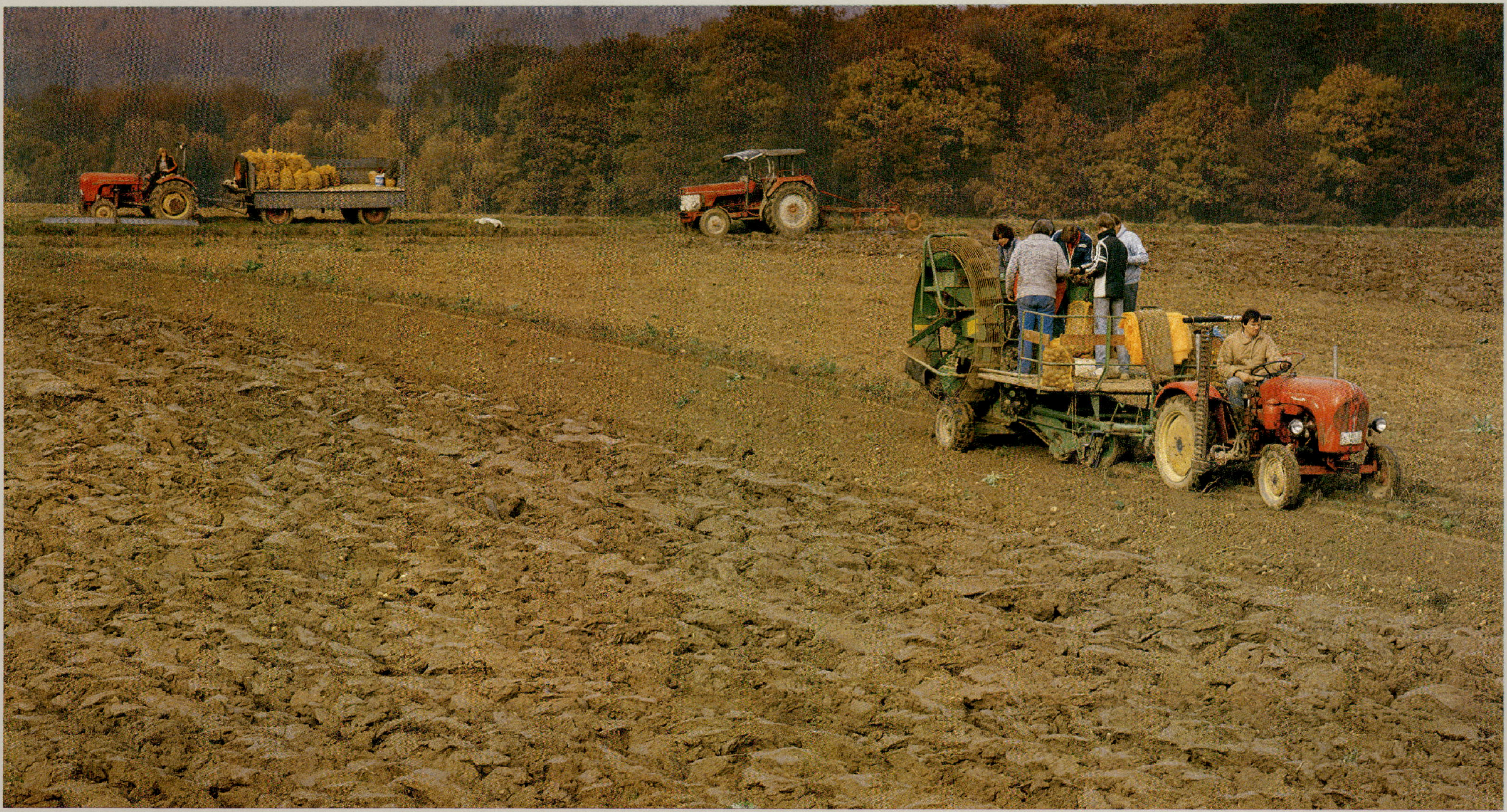

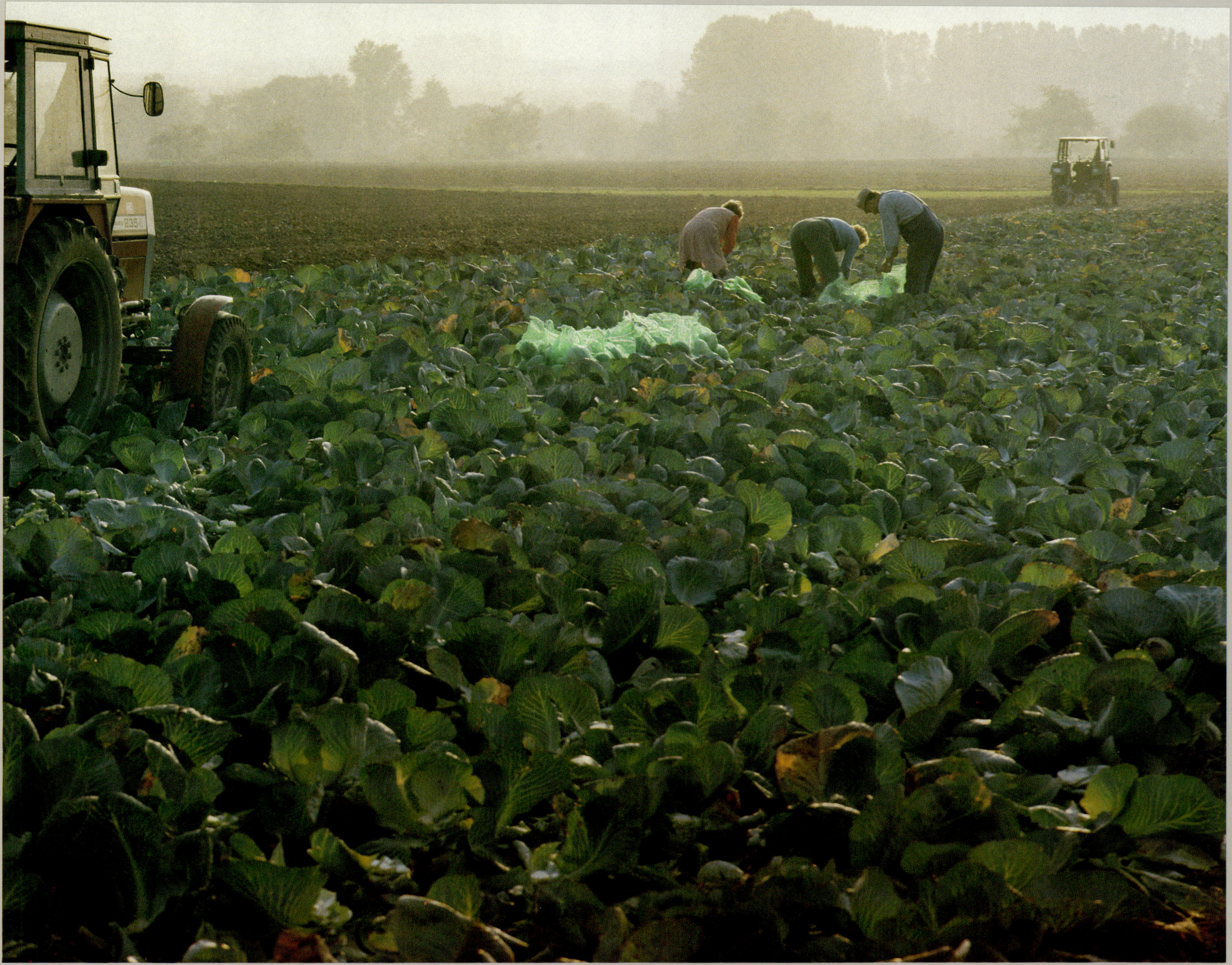

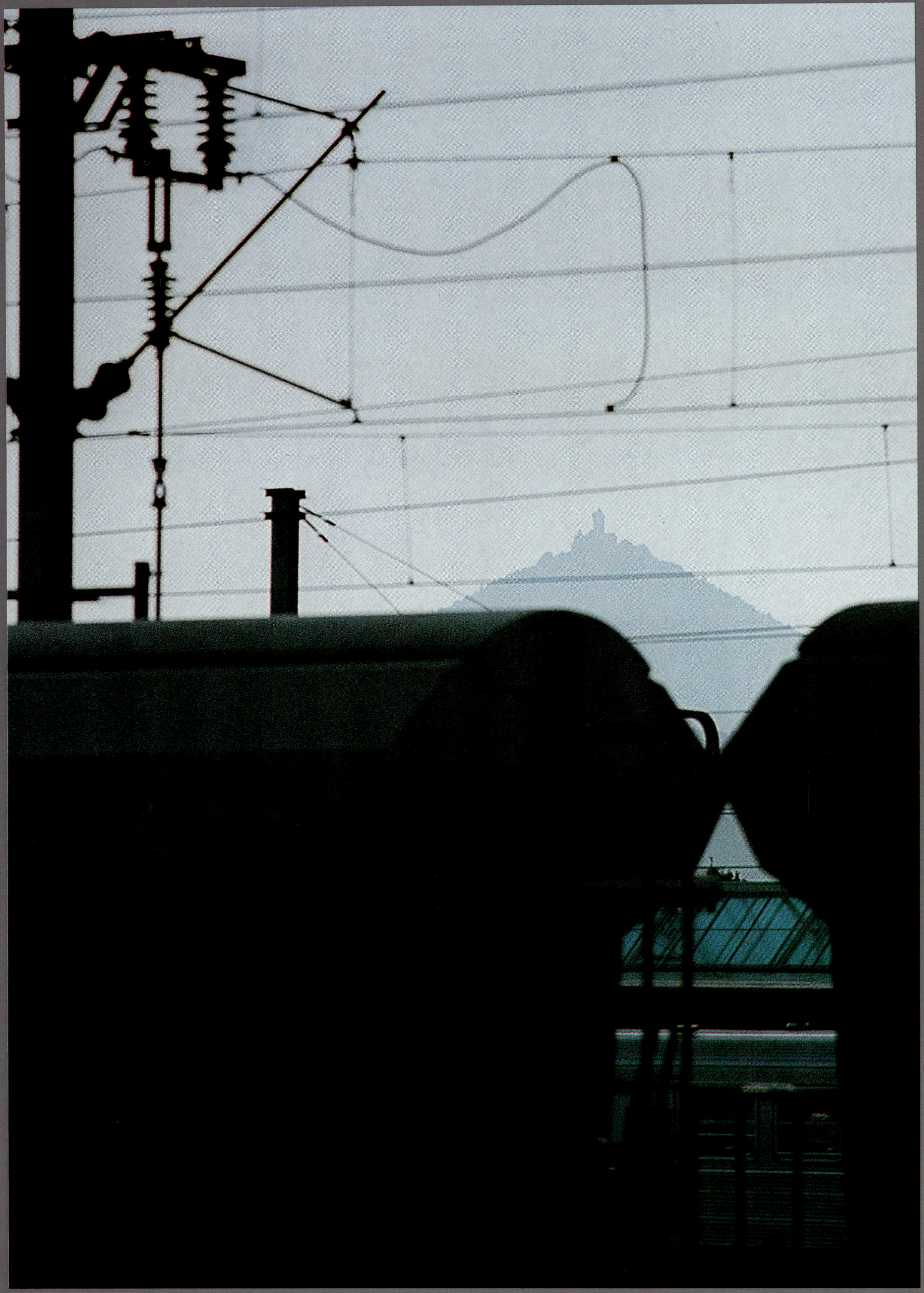

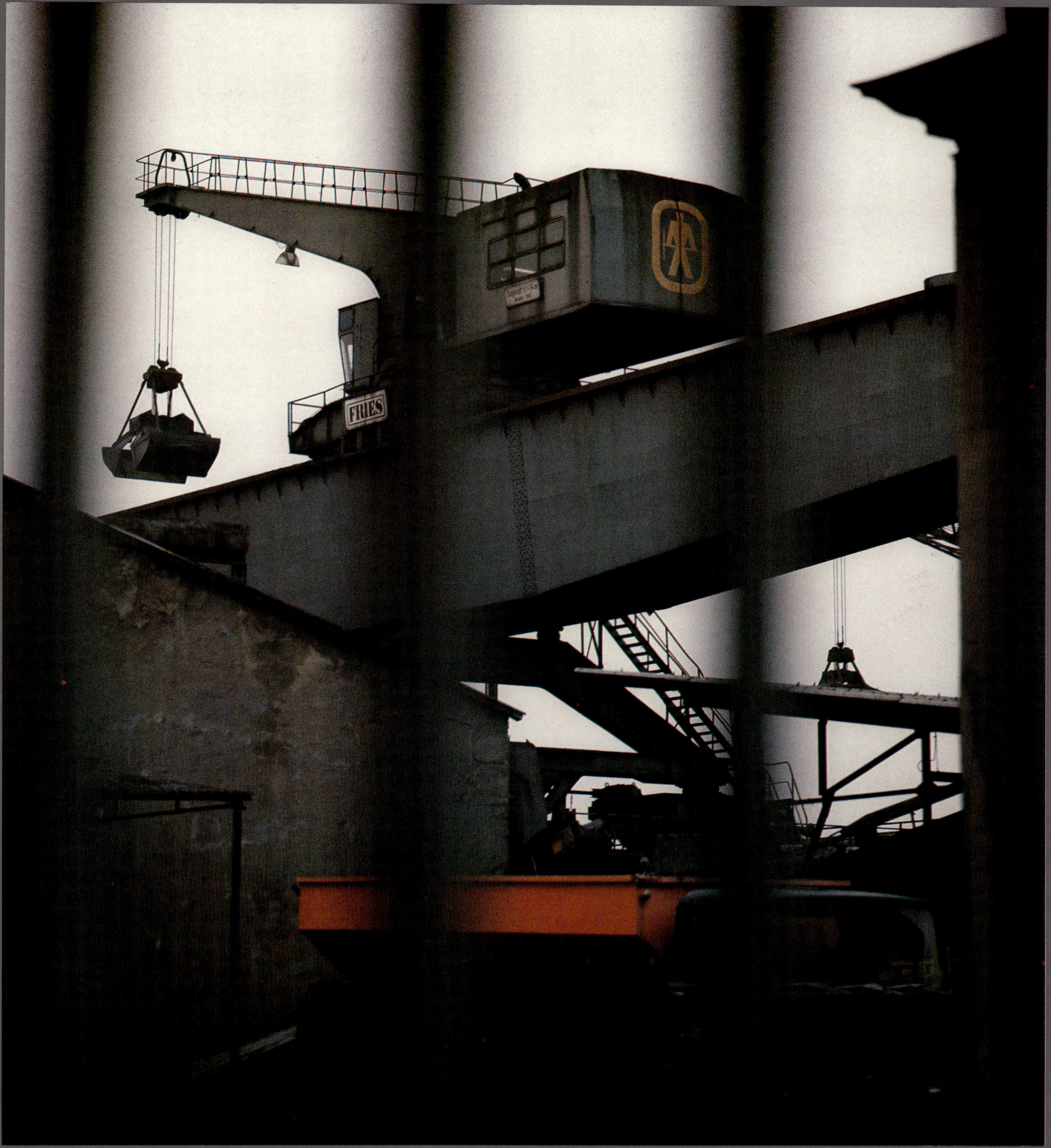
FRIES

A8
DB
103 135-0
Überschreiten
der Gleise
für Unbefugte
verboten
F
71

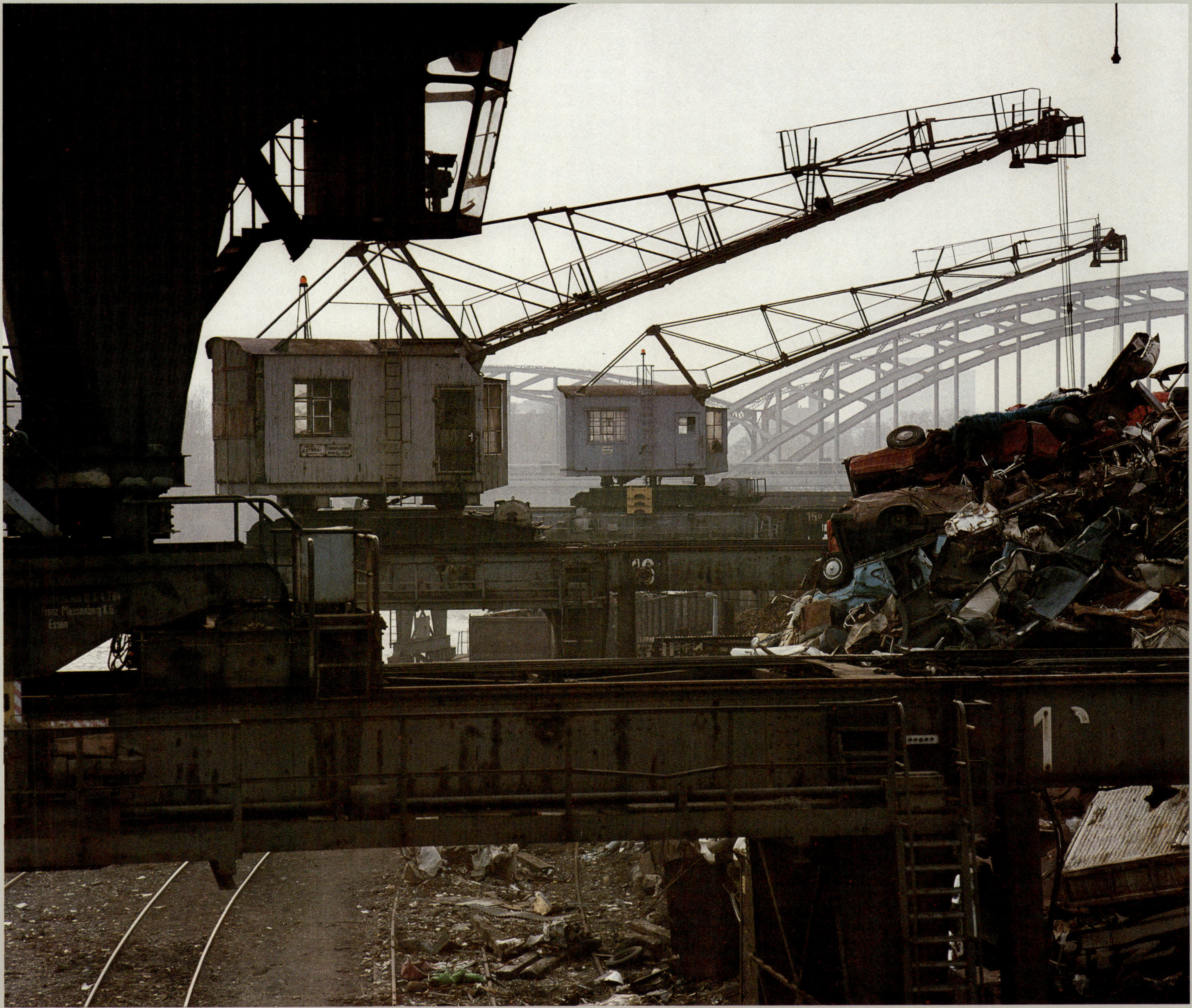

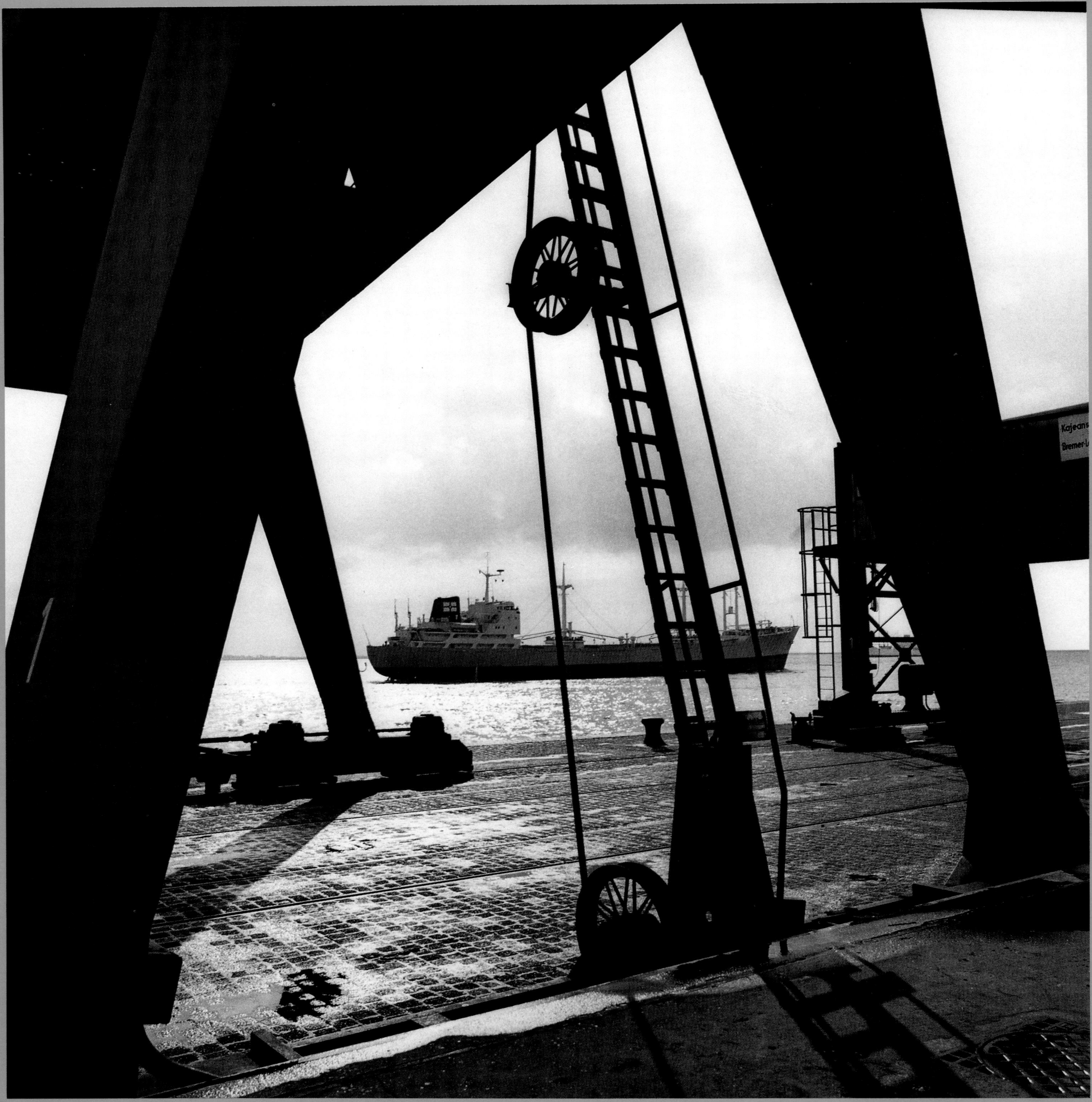

10

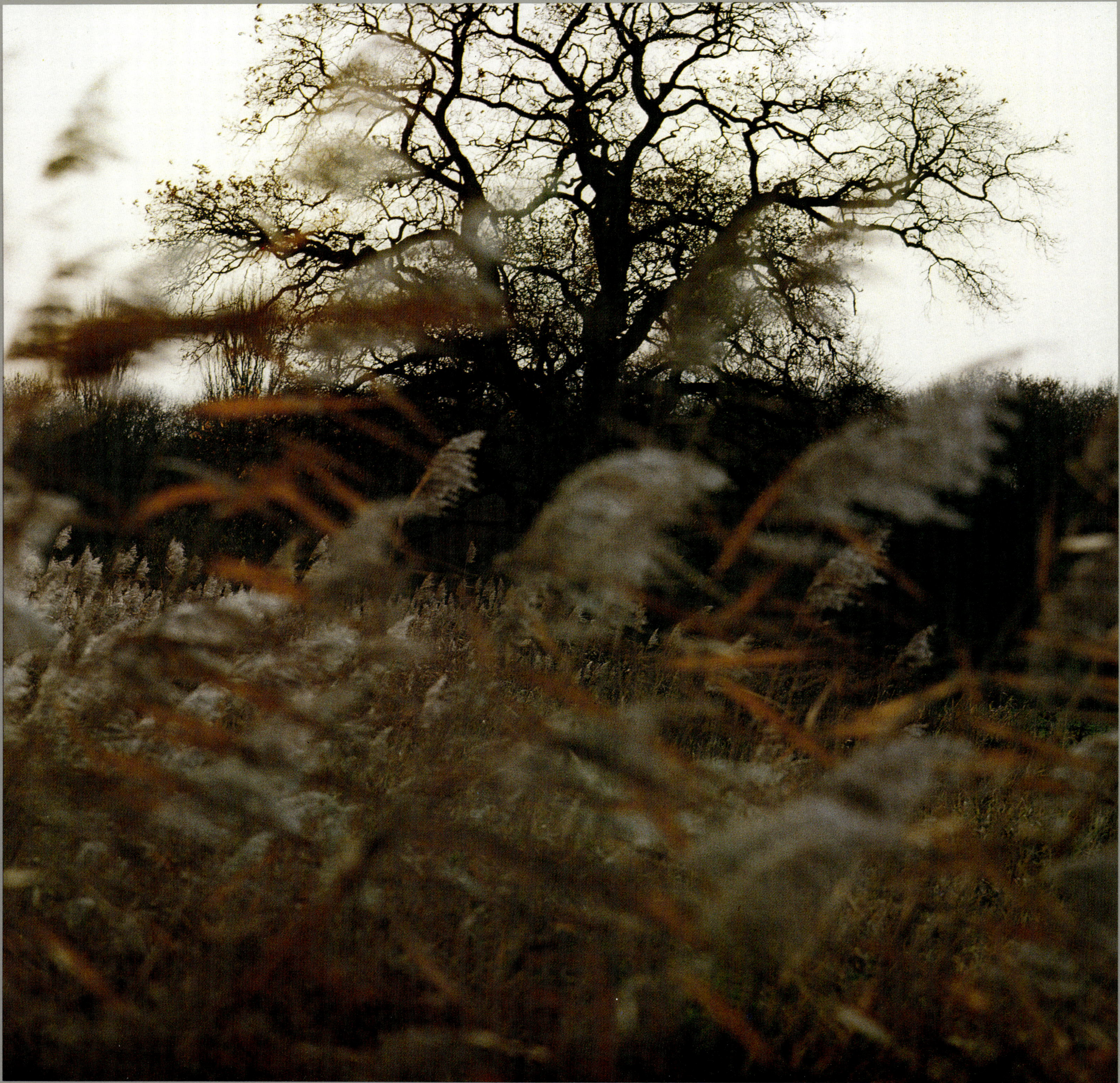

12

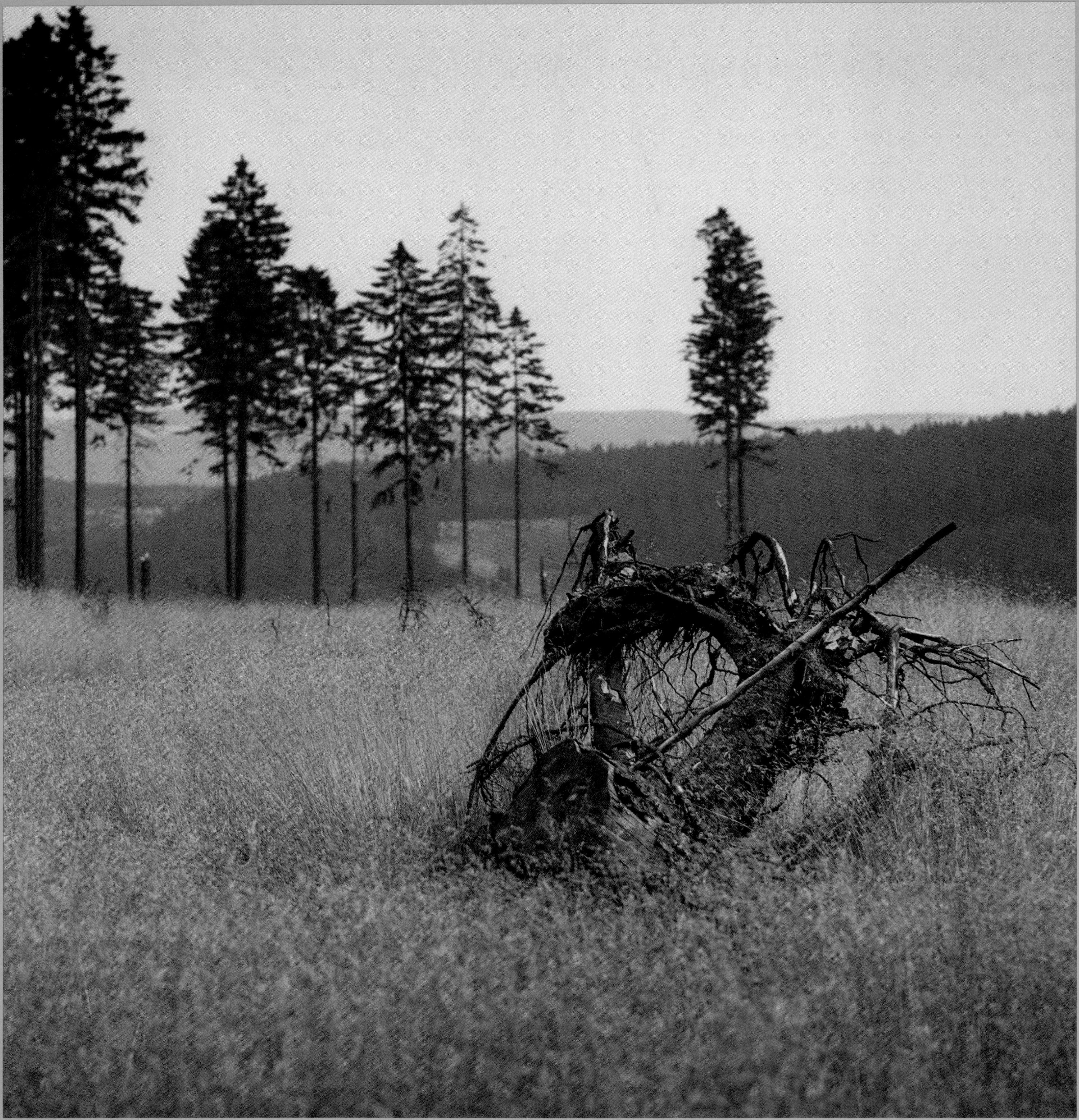

14

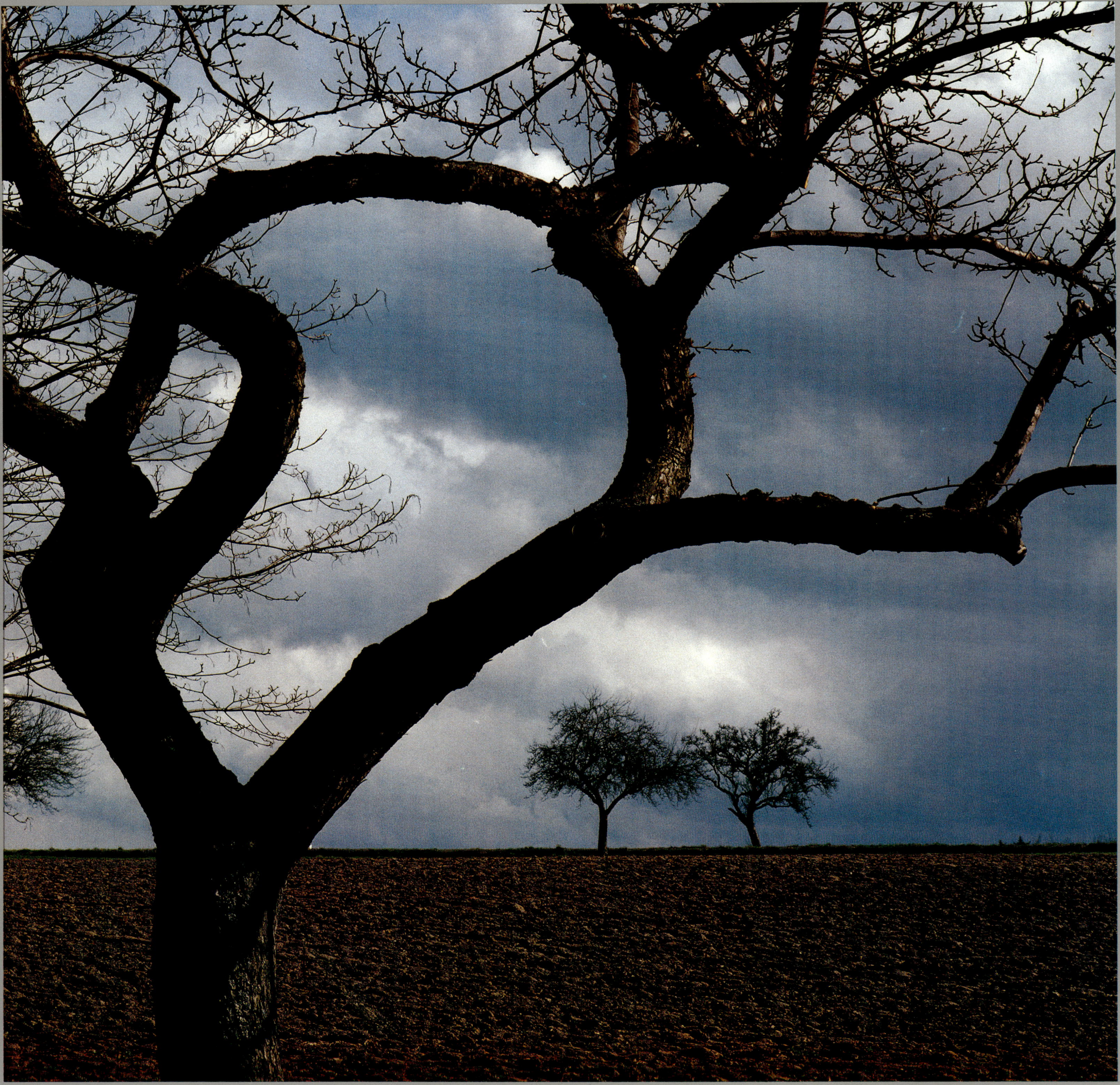

16

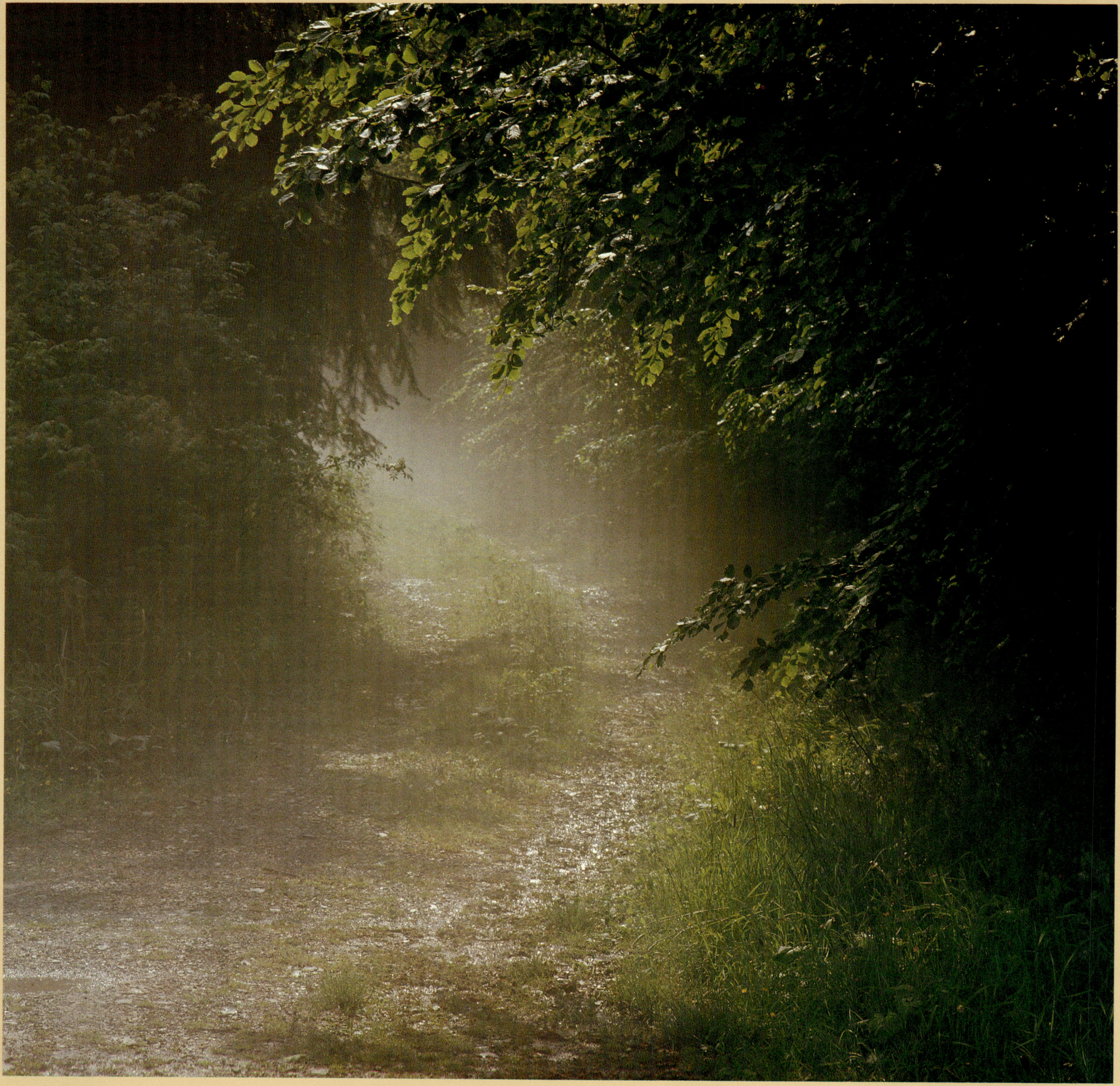

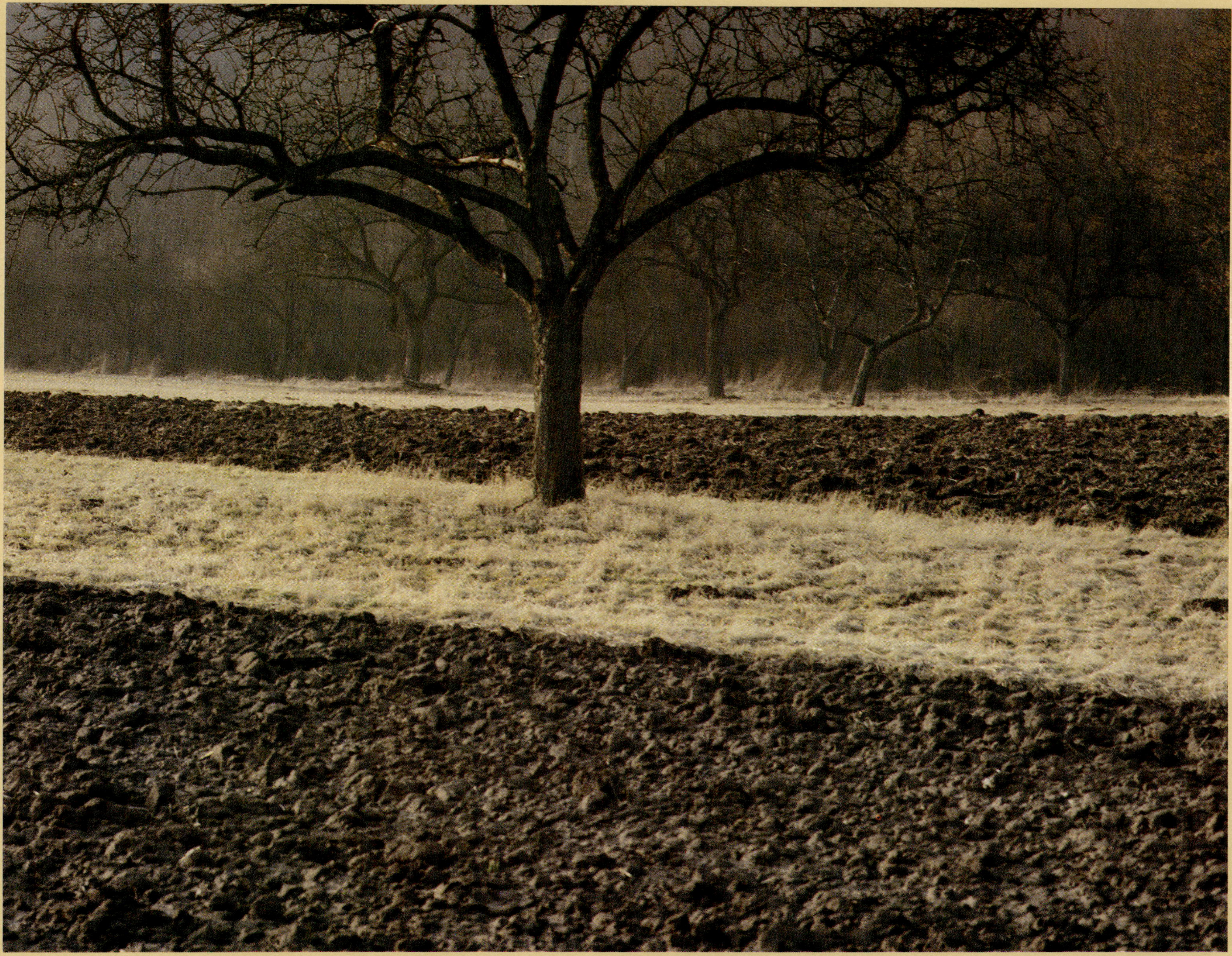

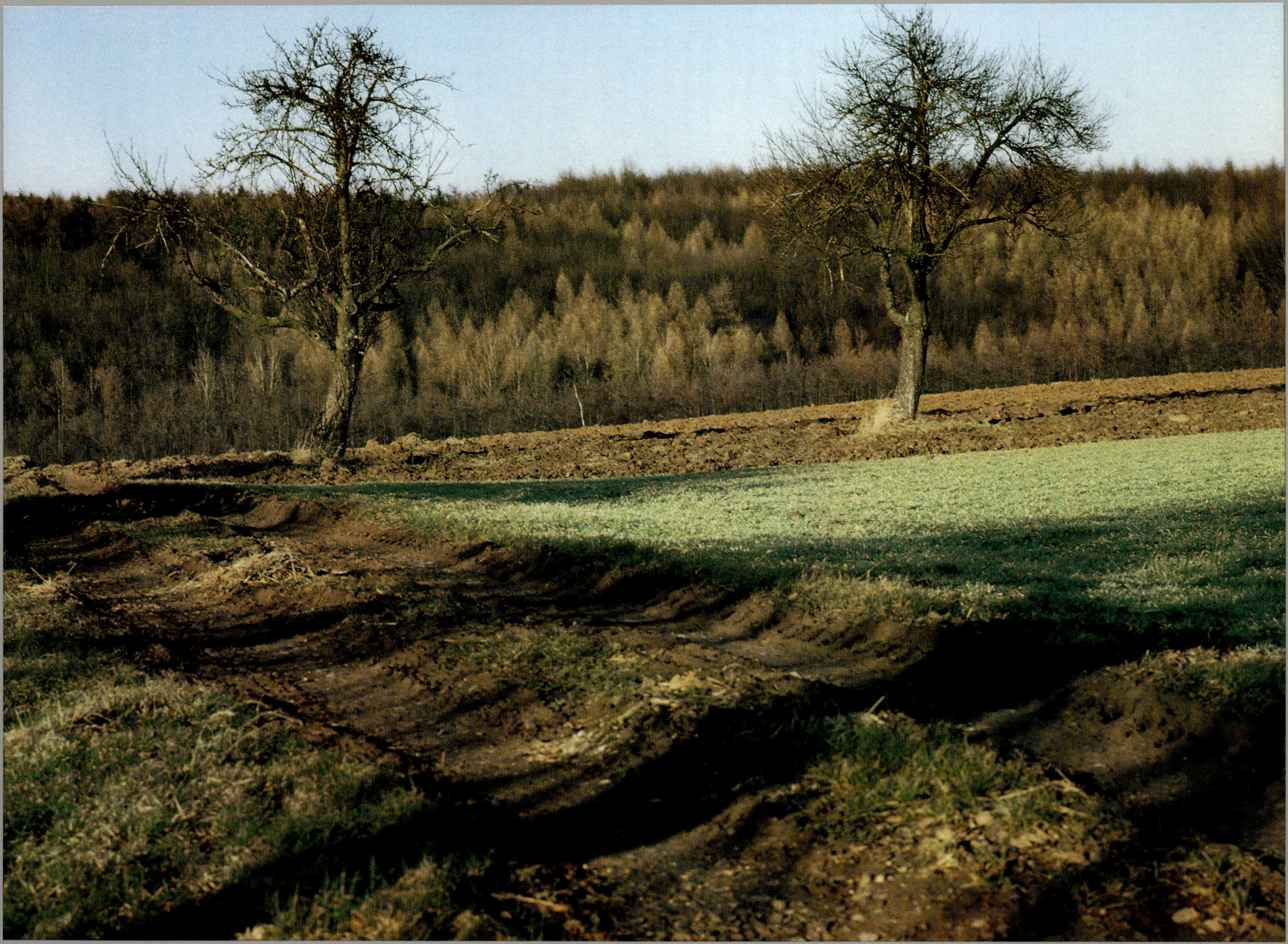

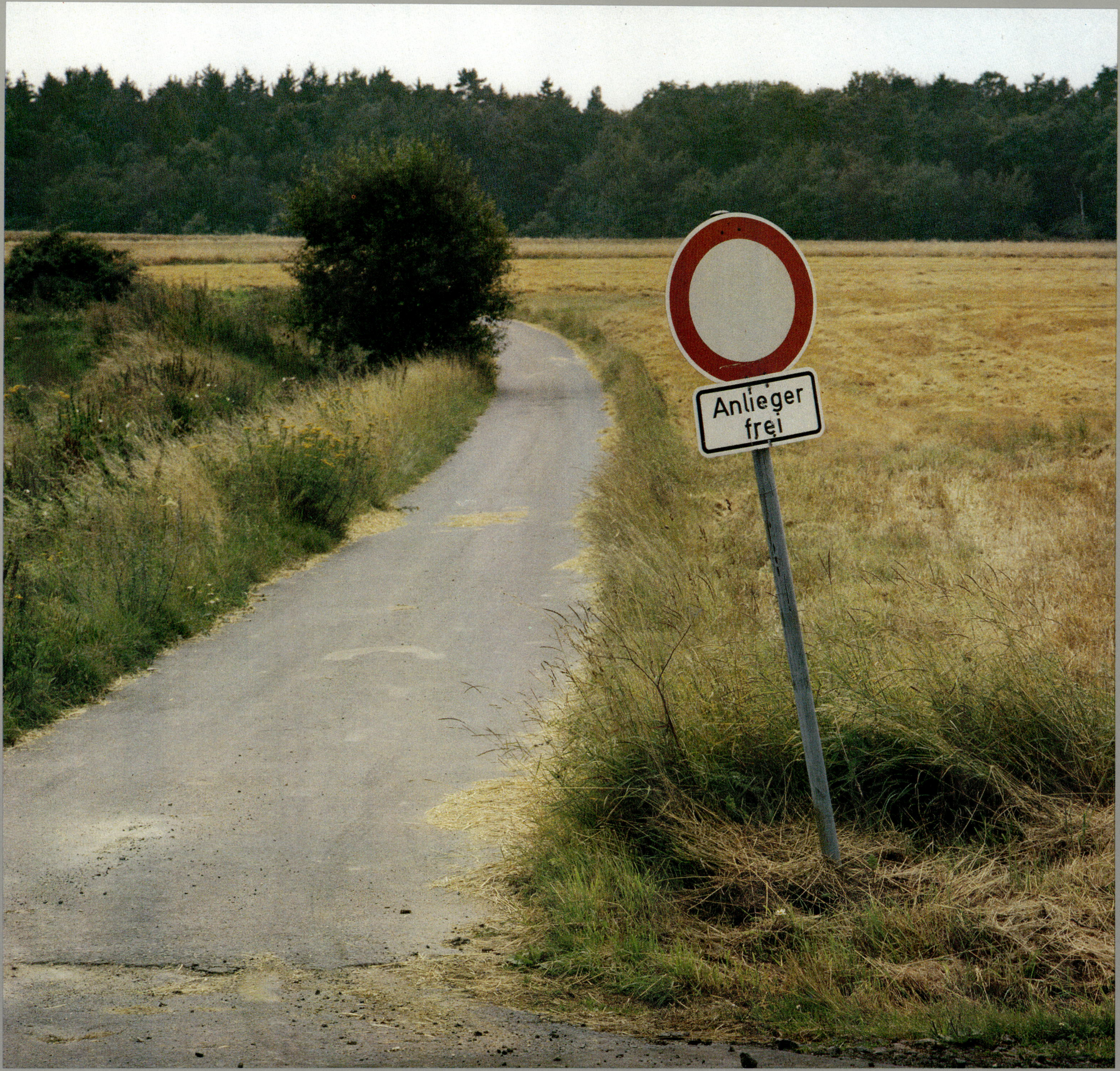
Anlieger
frei

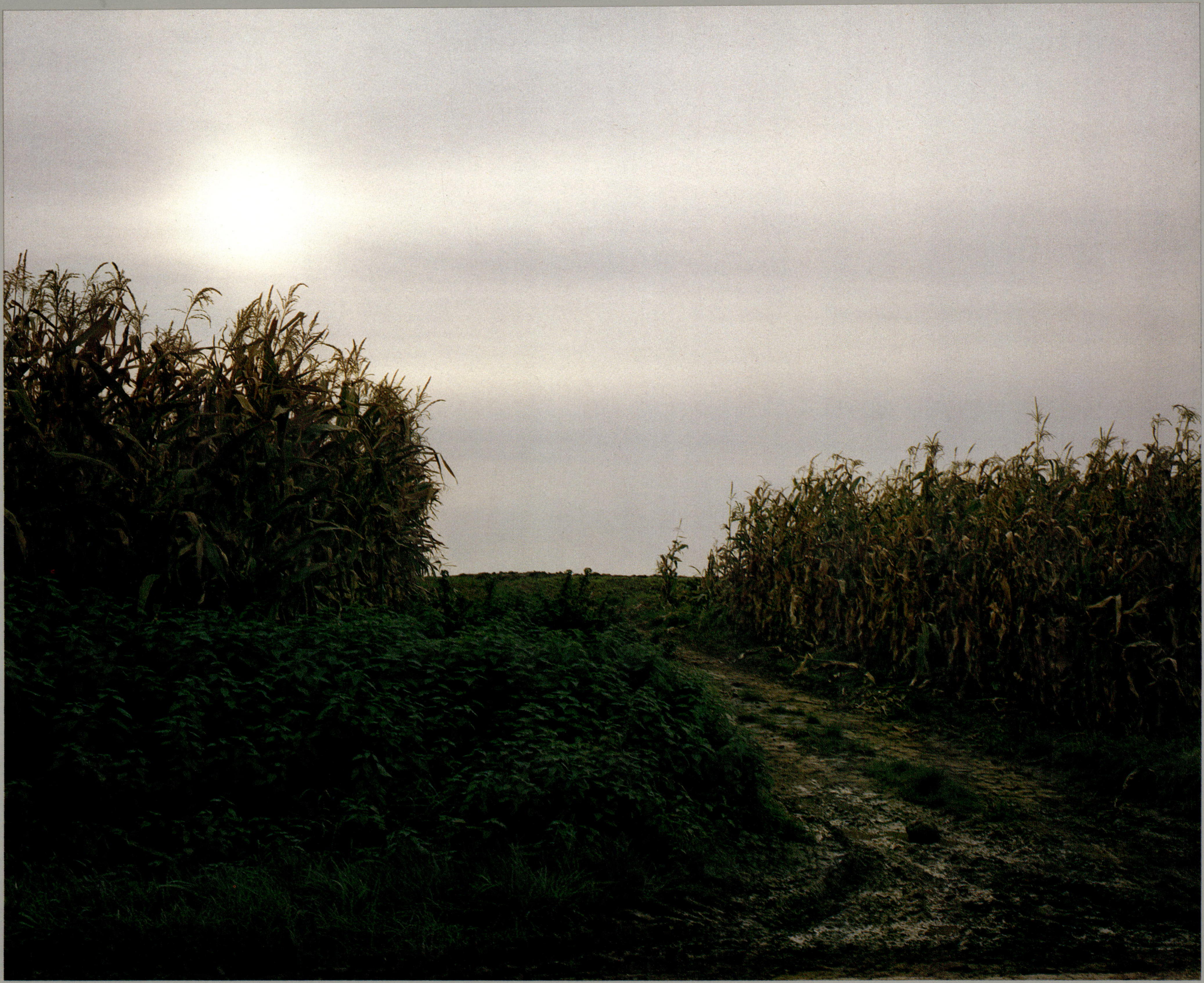

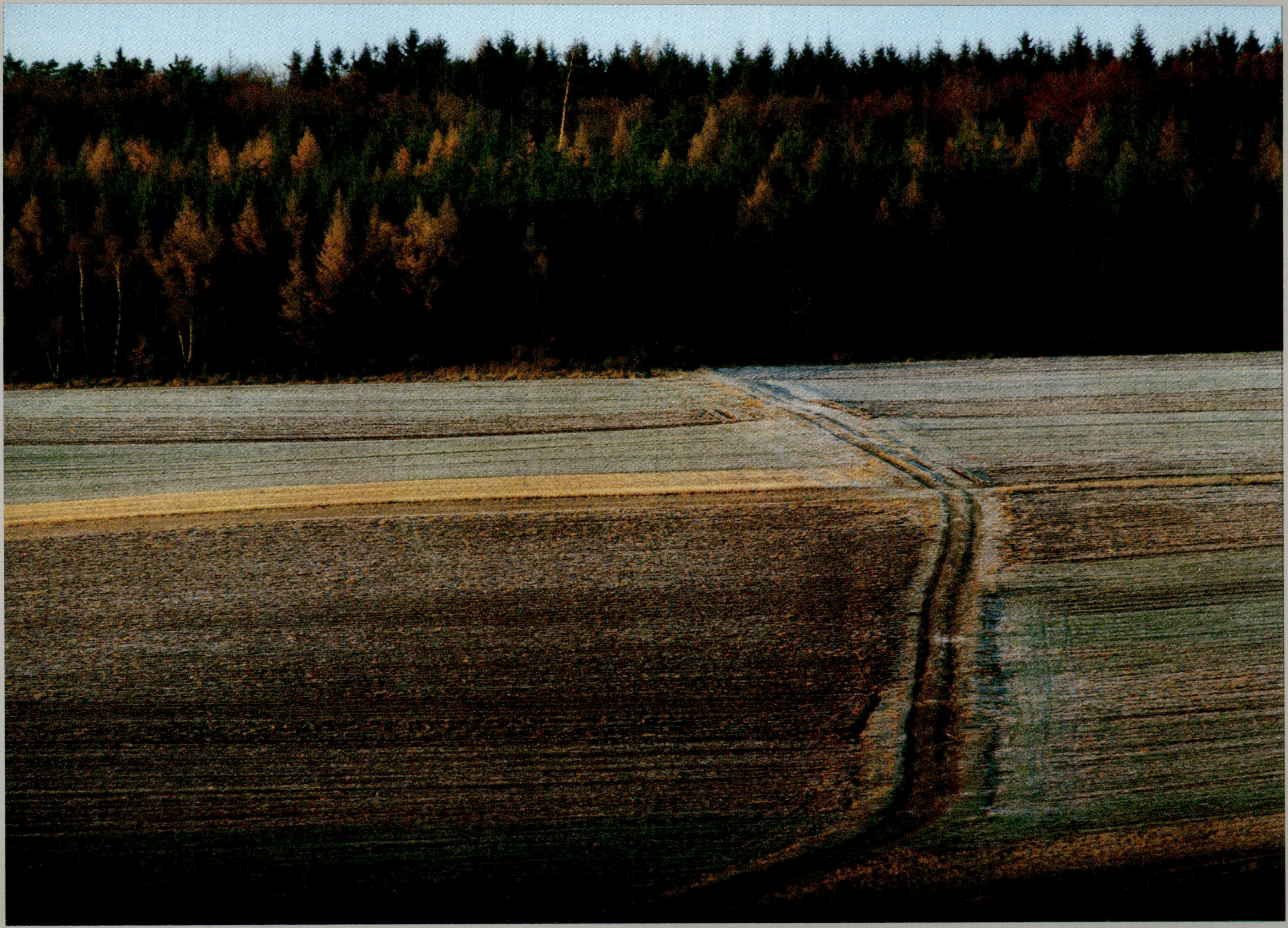

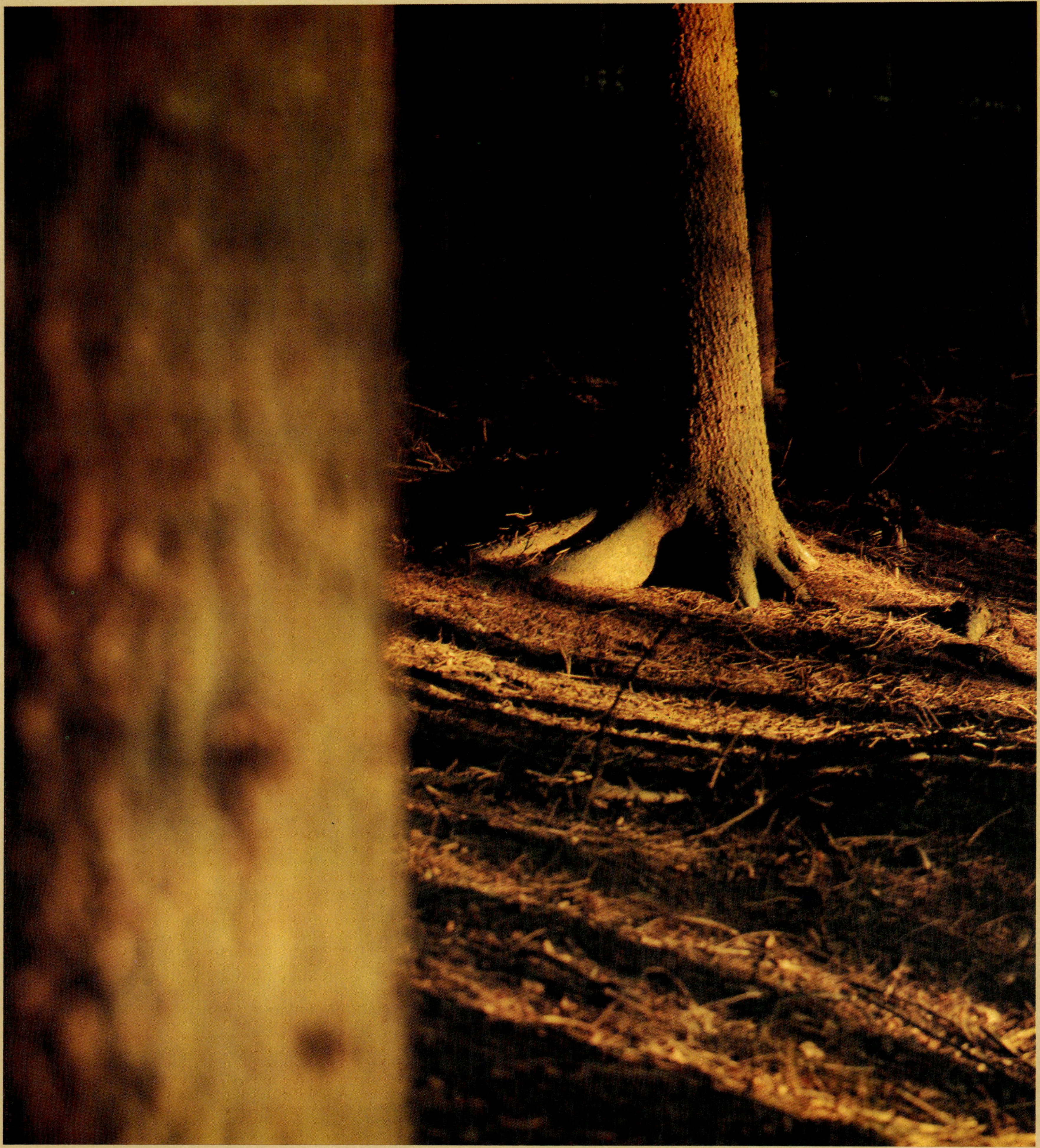

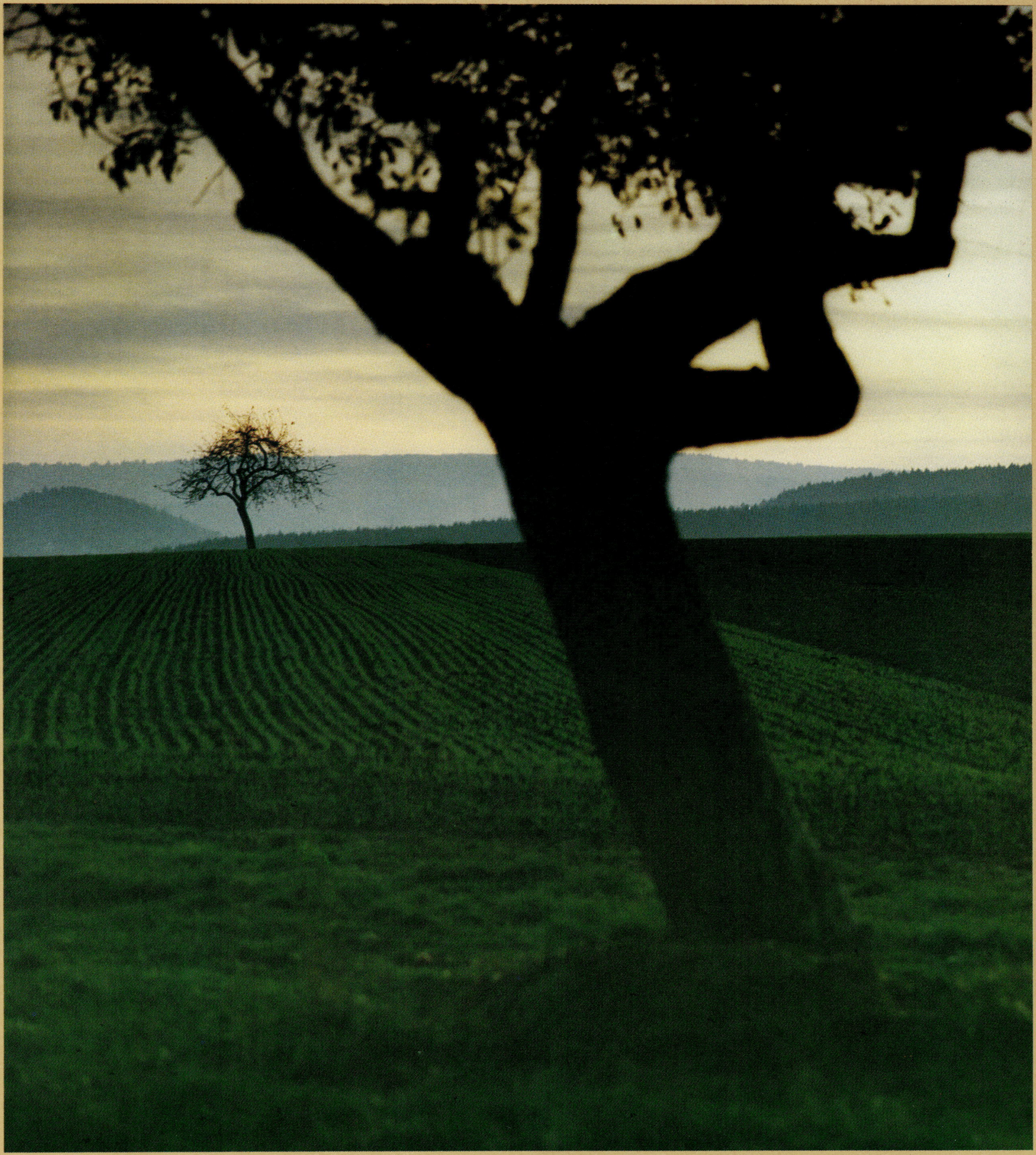

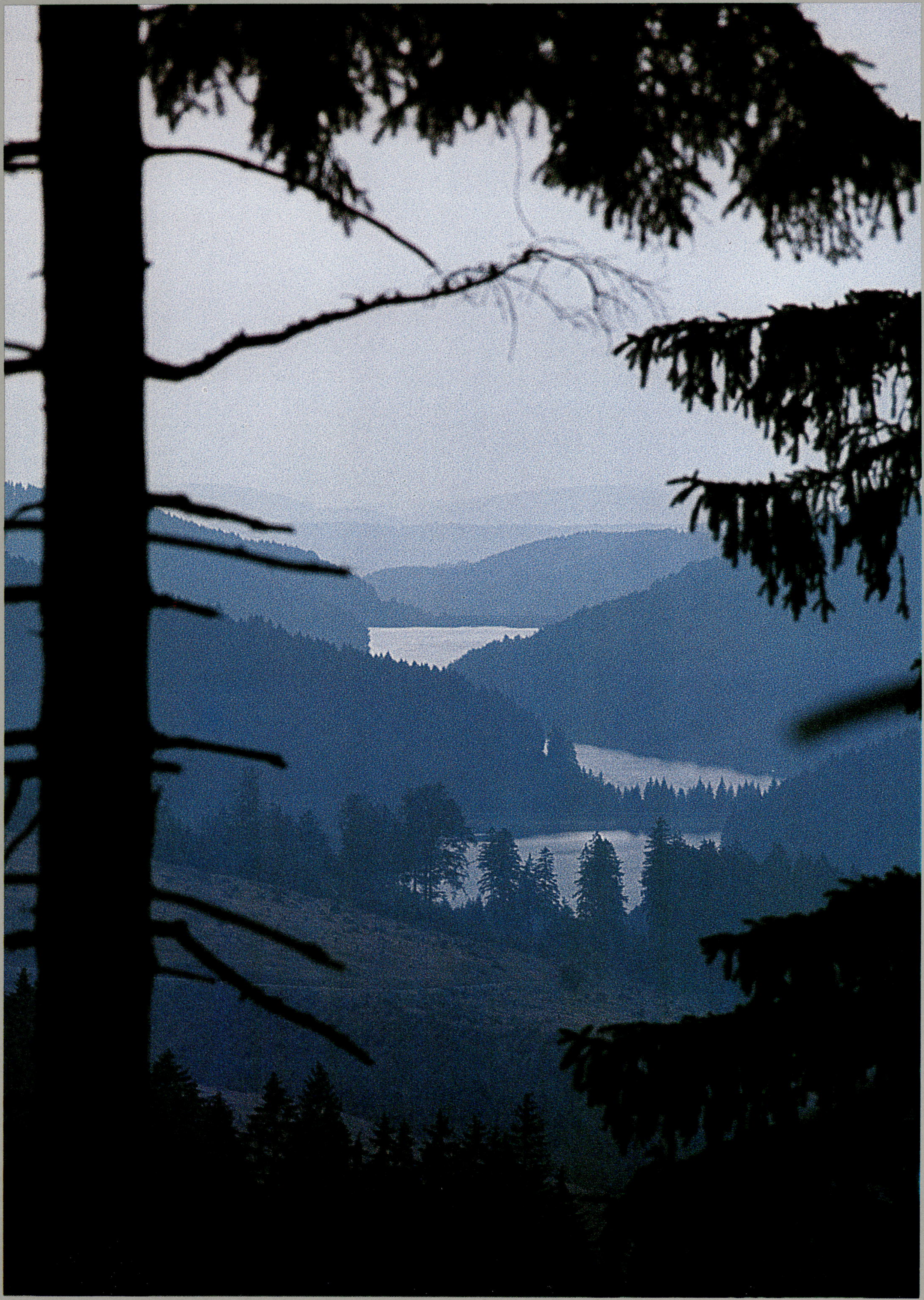

26

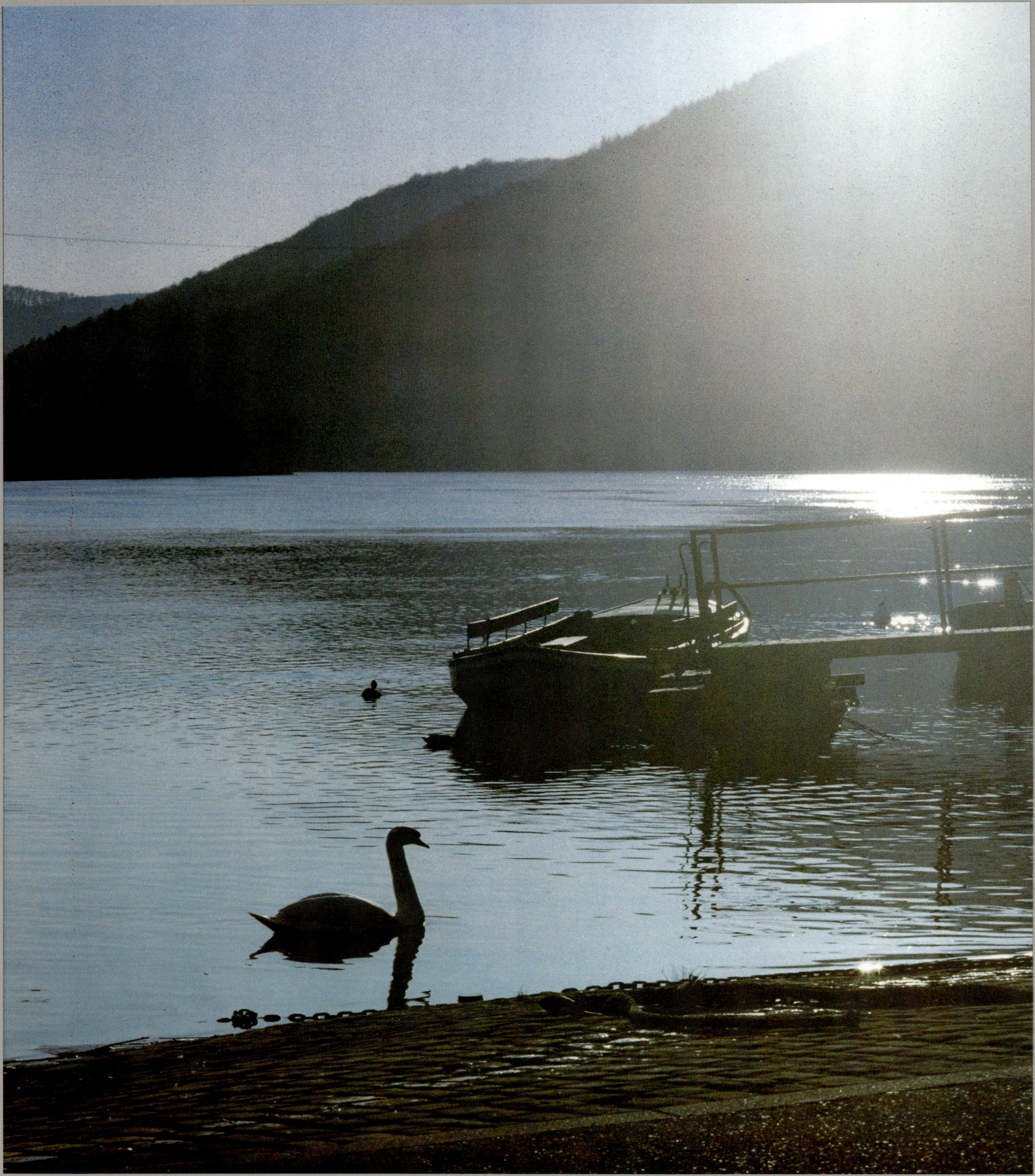

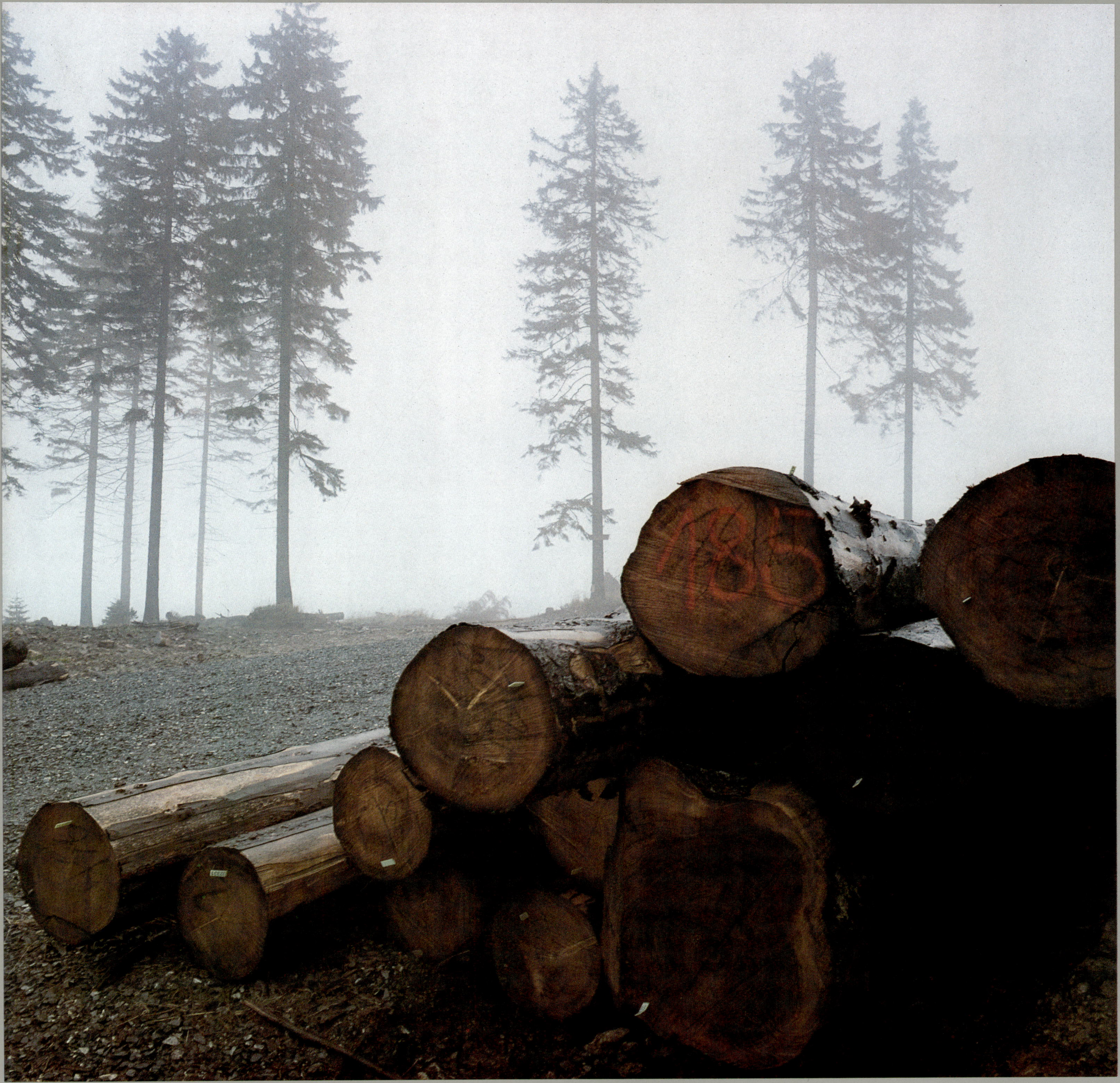

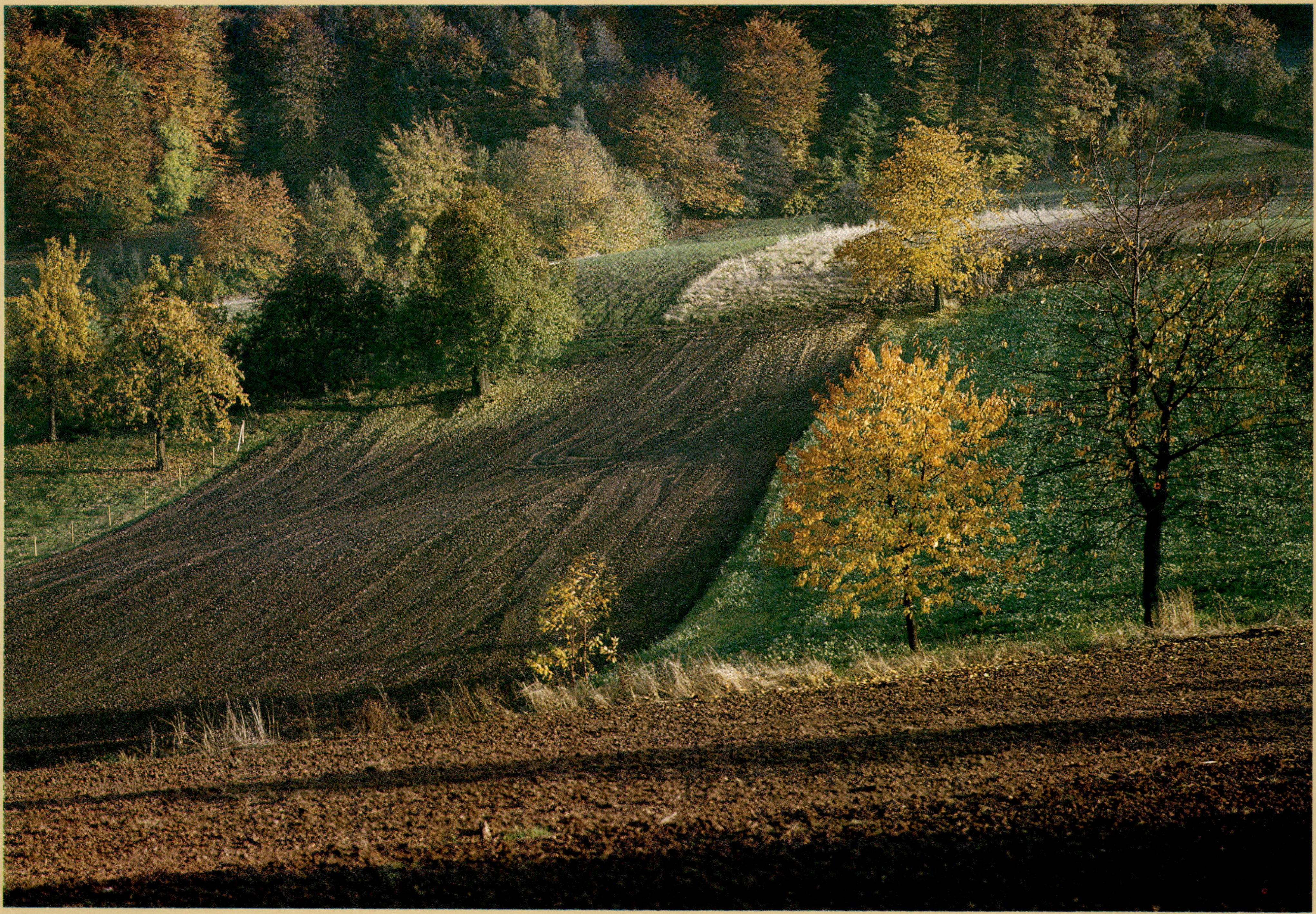

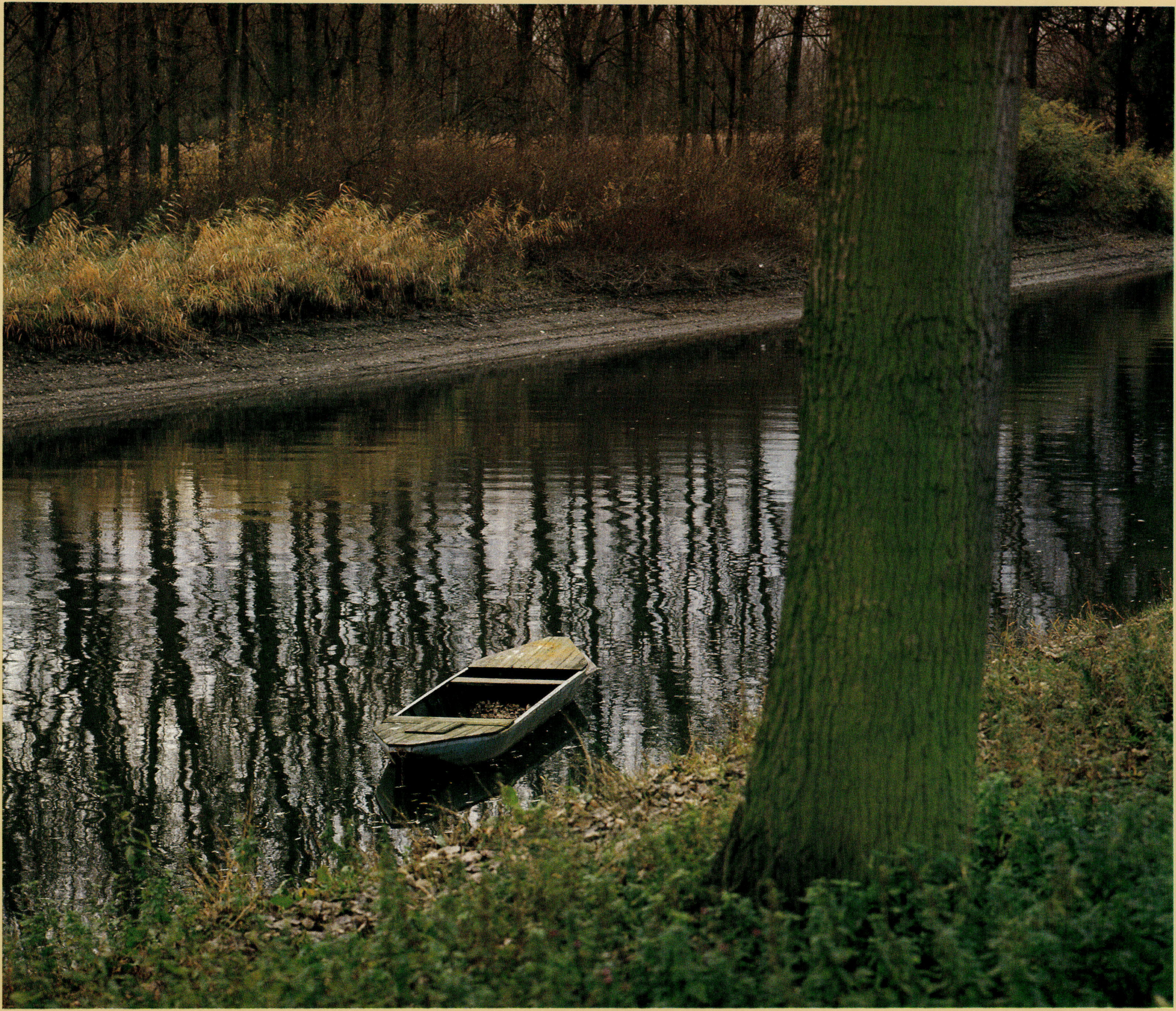

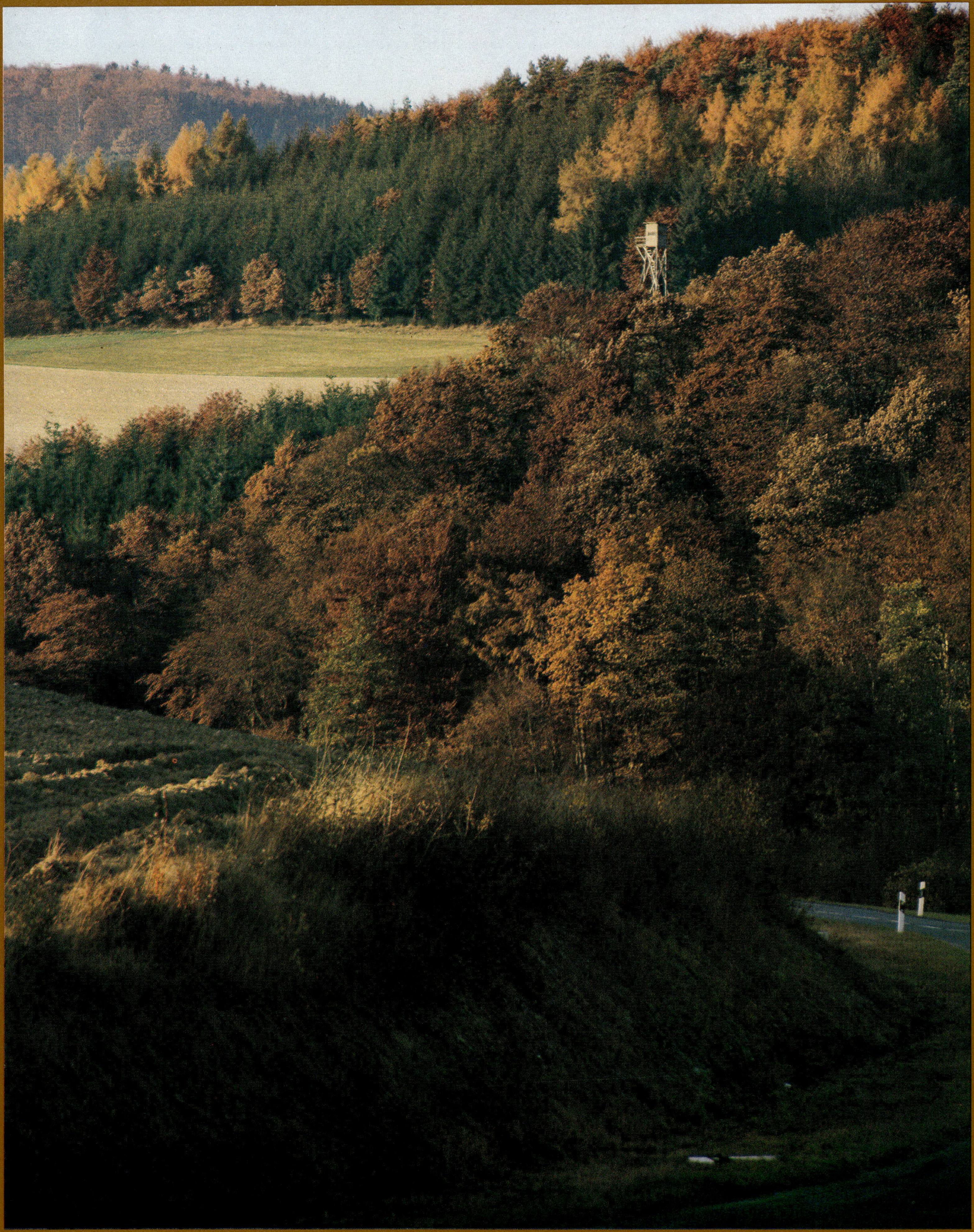

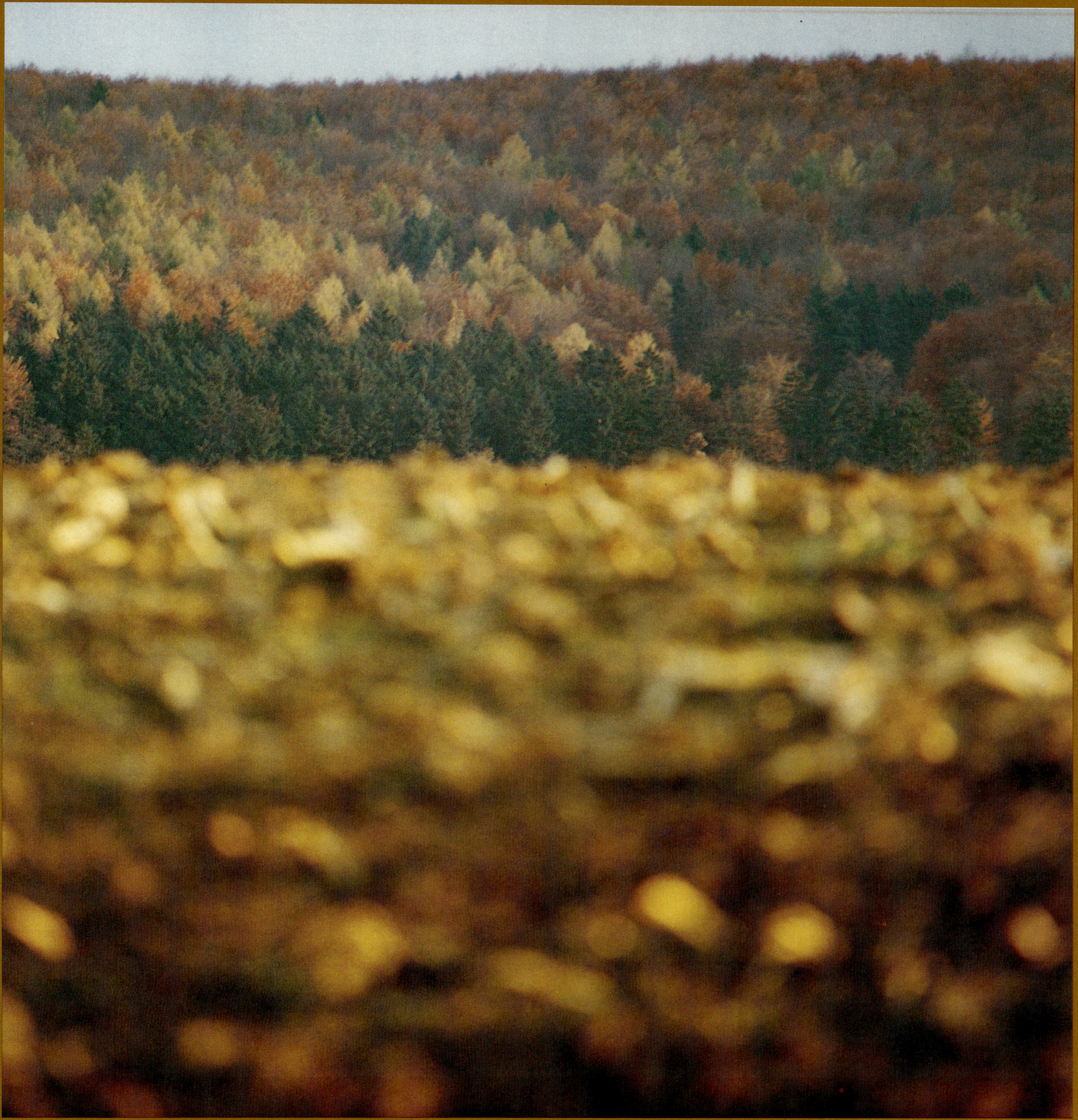

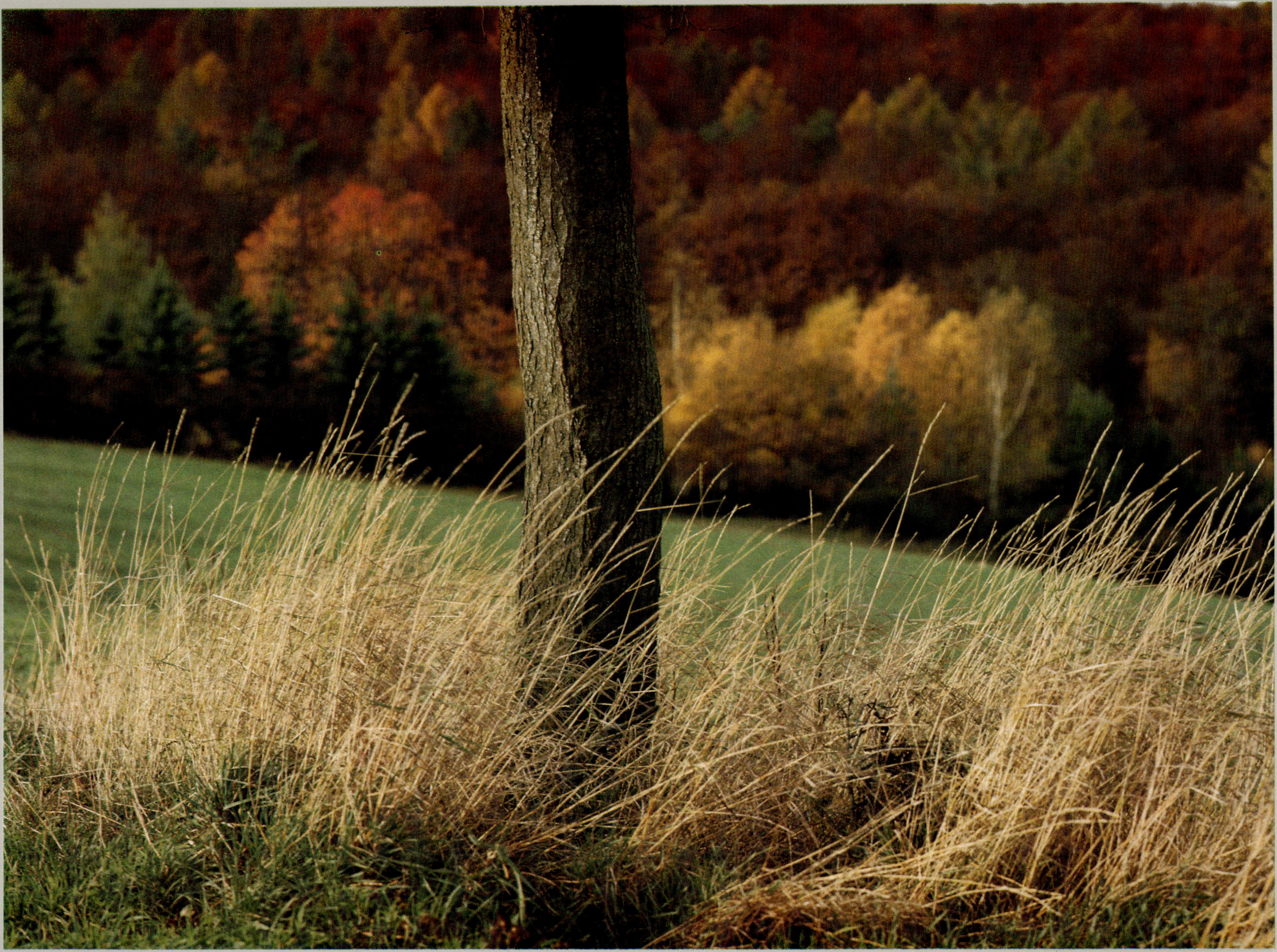

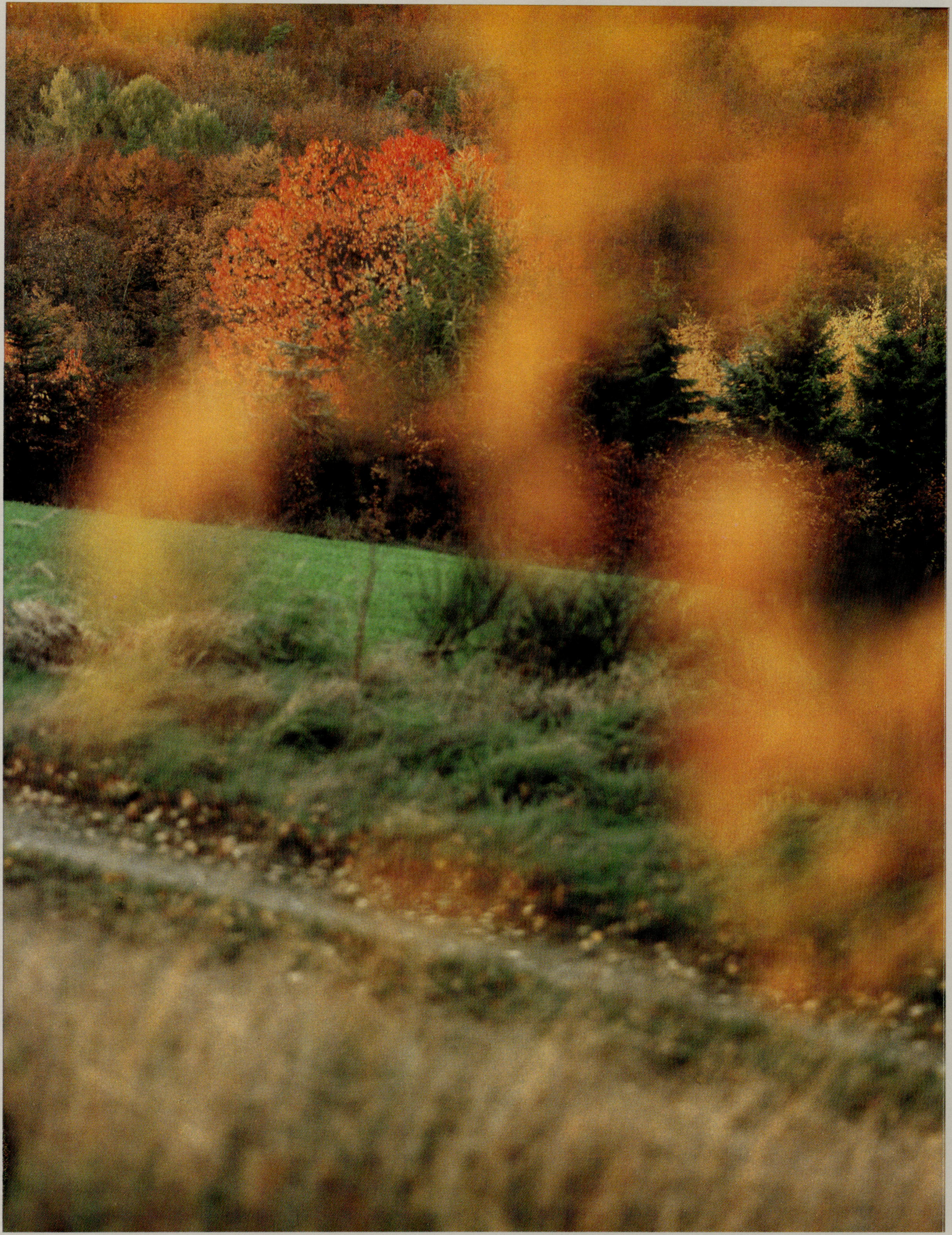

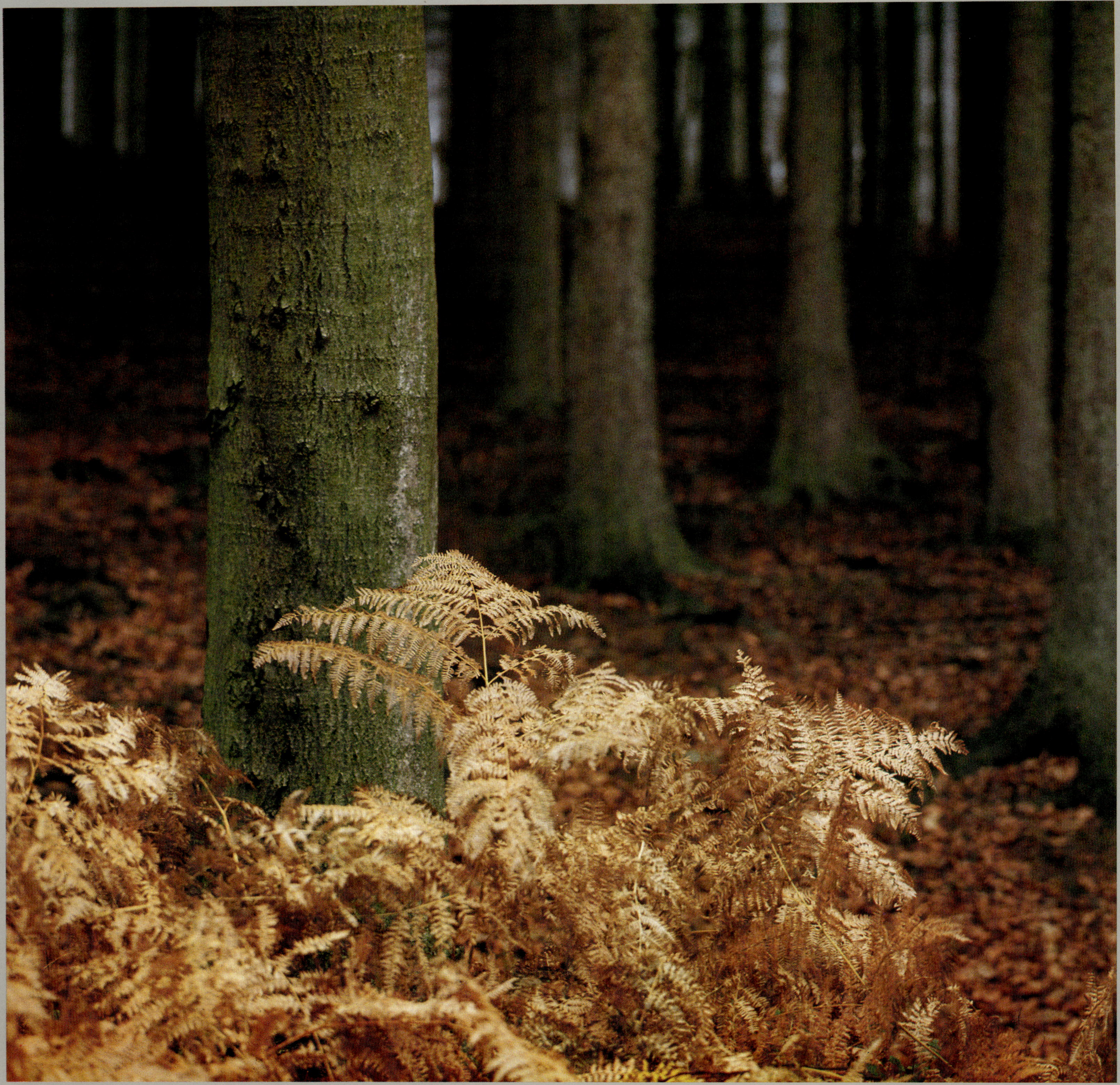

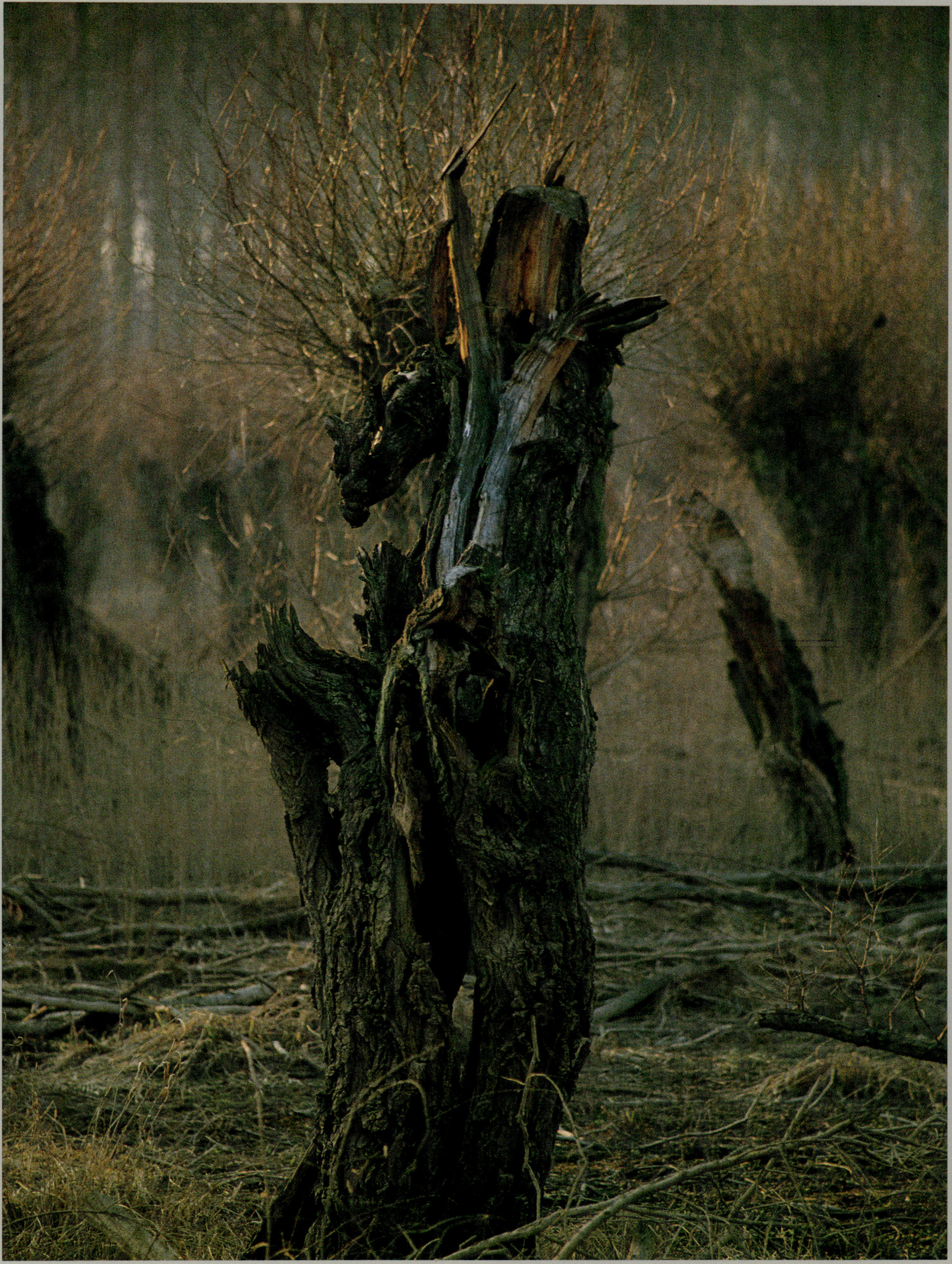

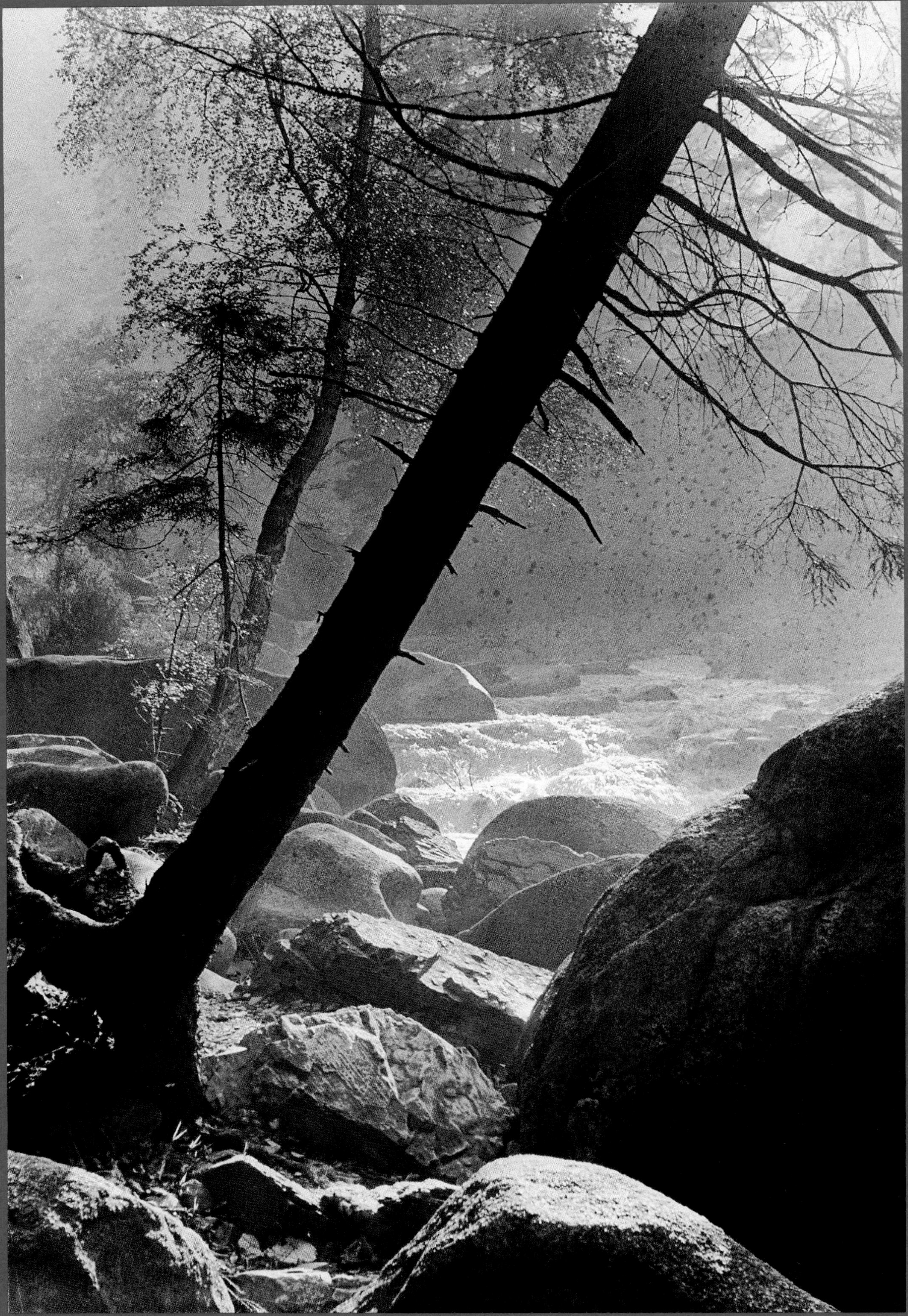

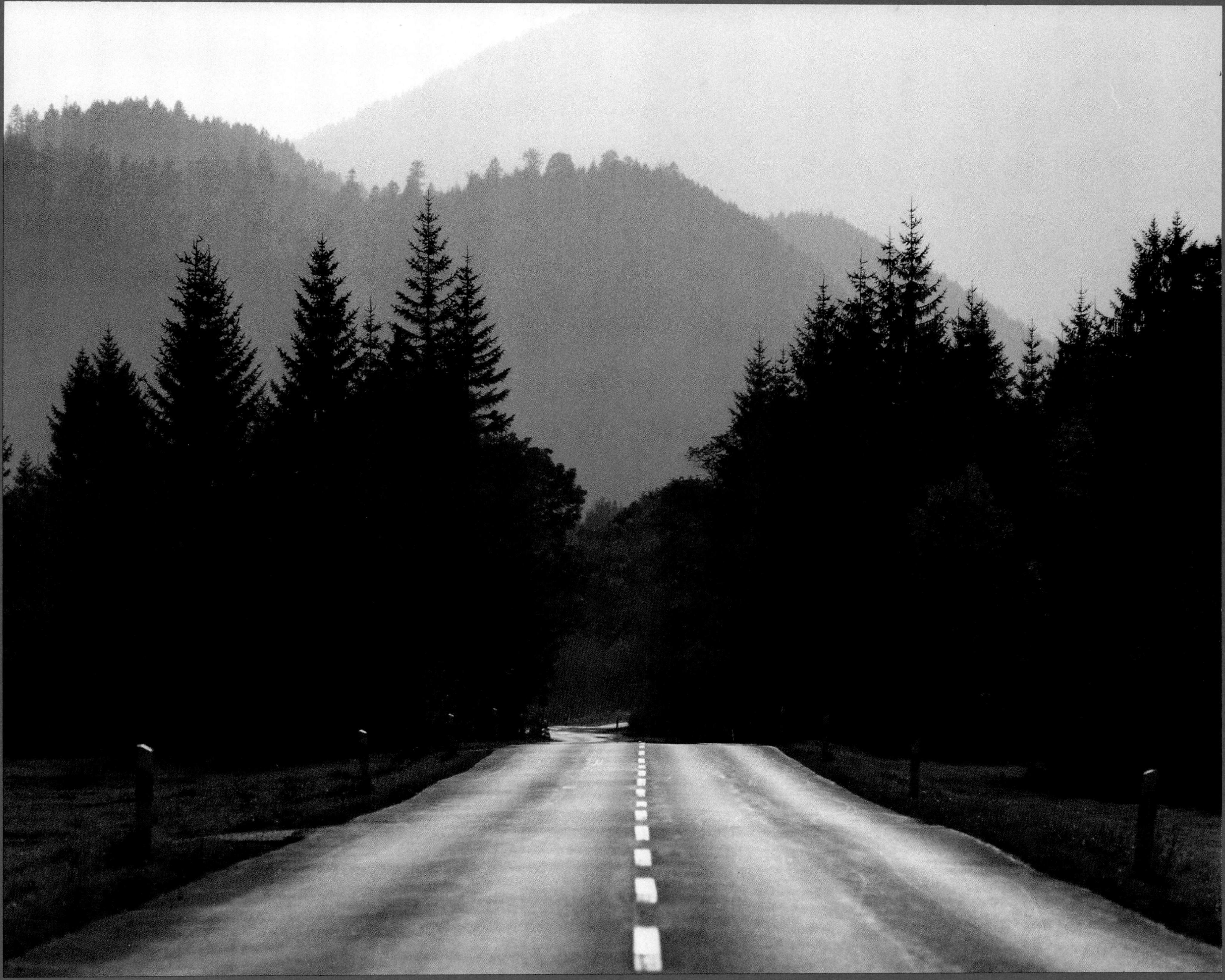

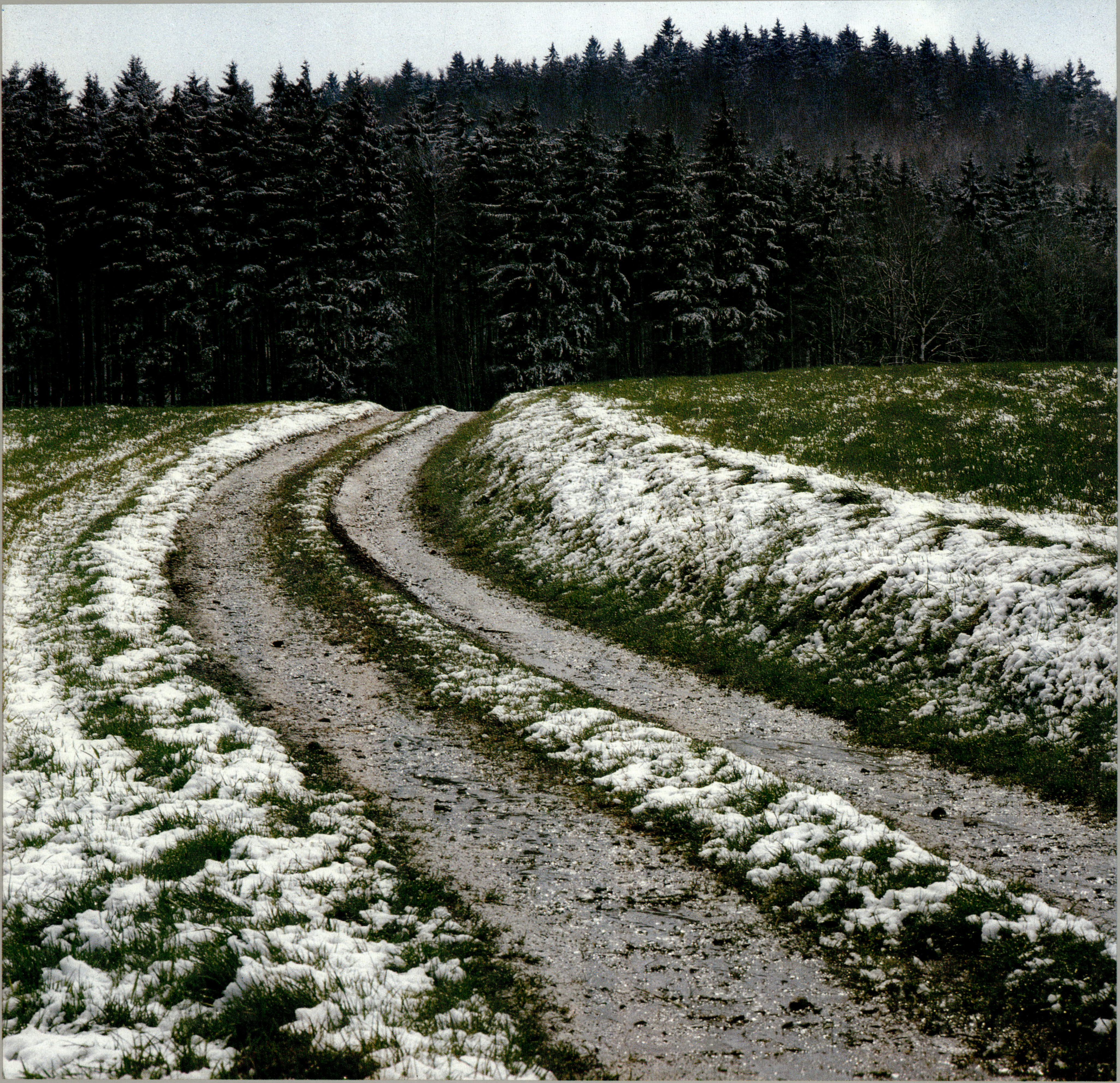

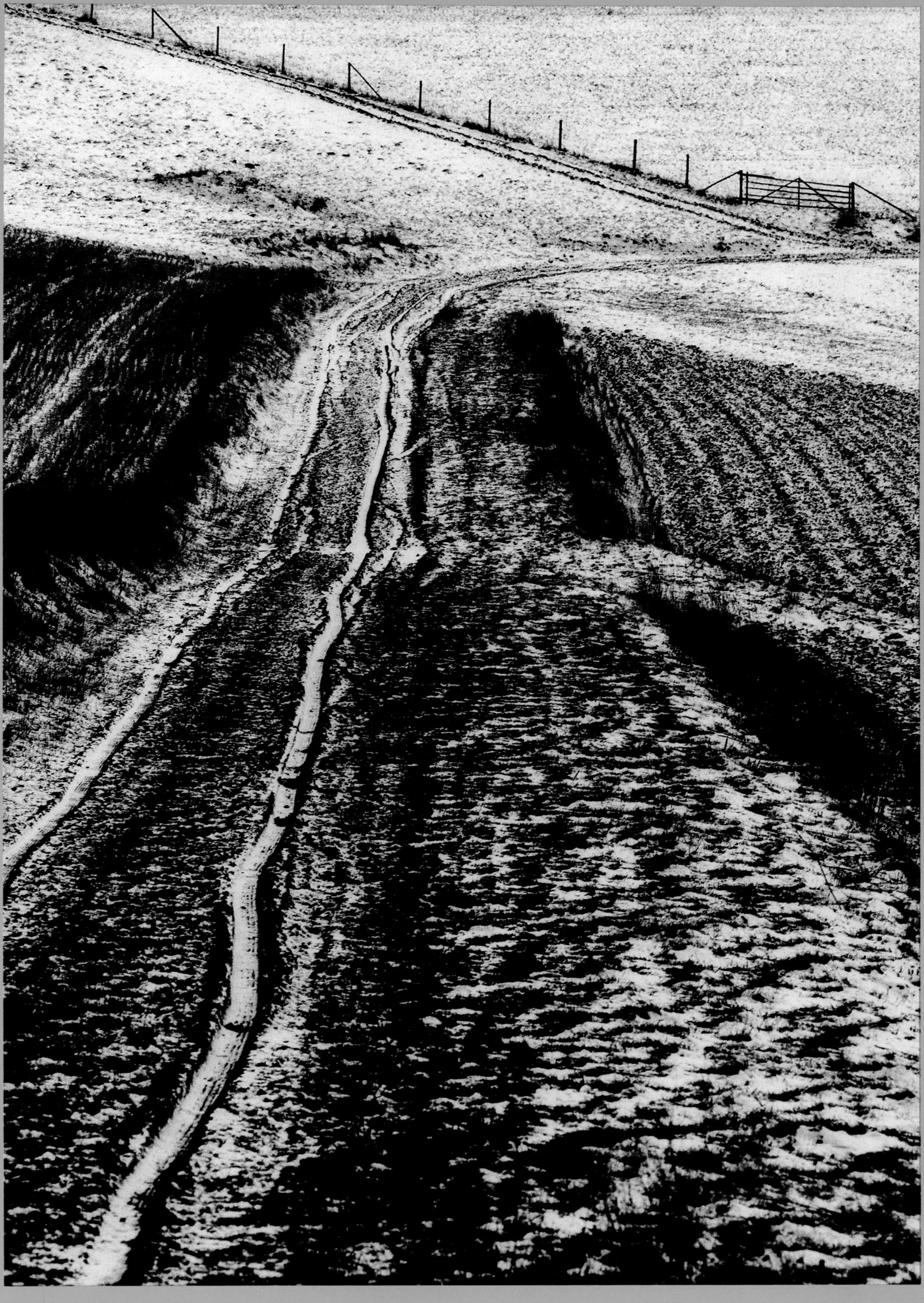

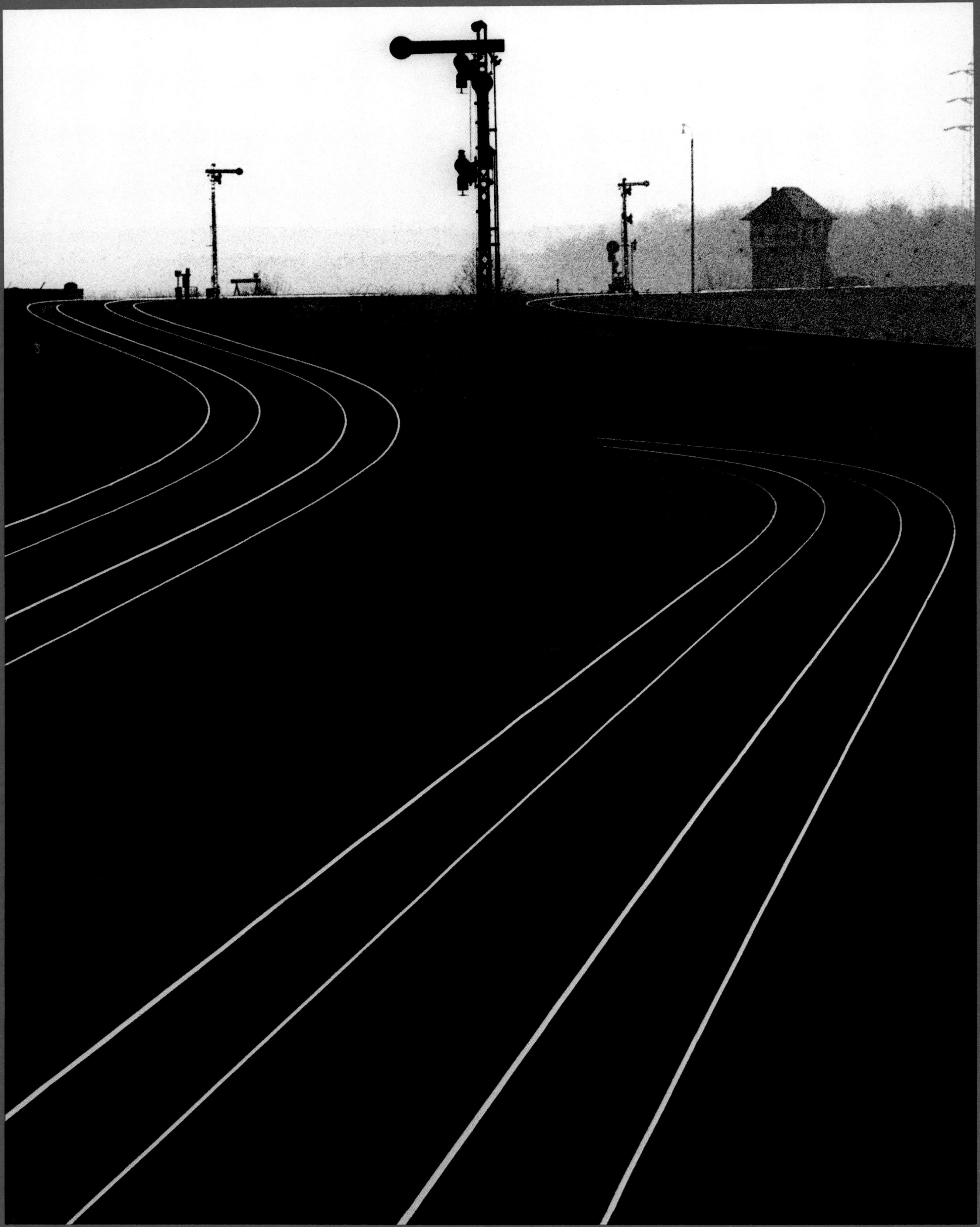

42

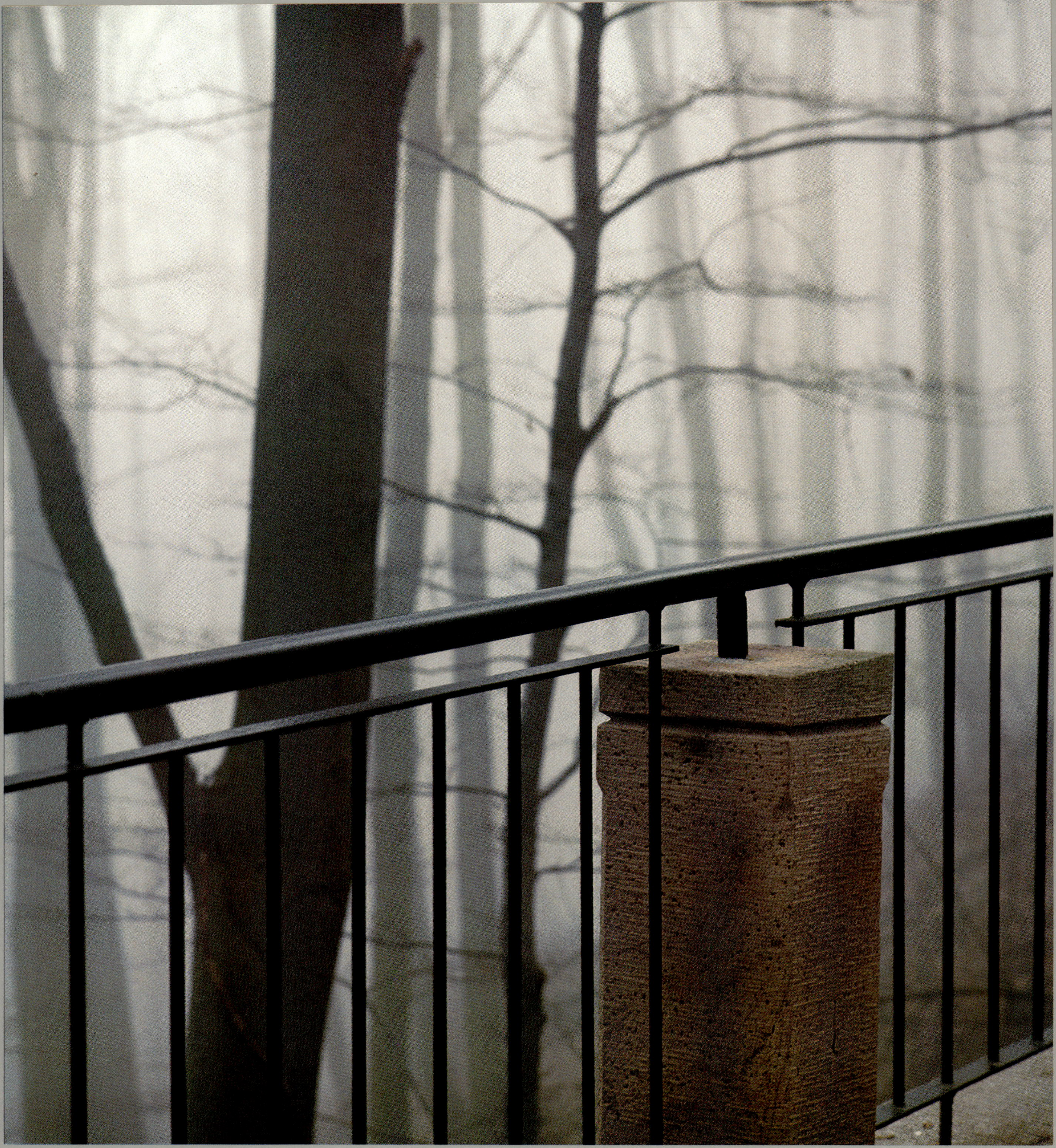

44

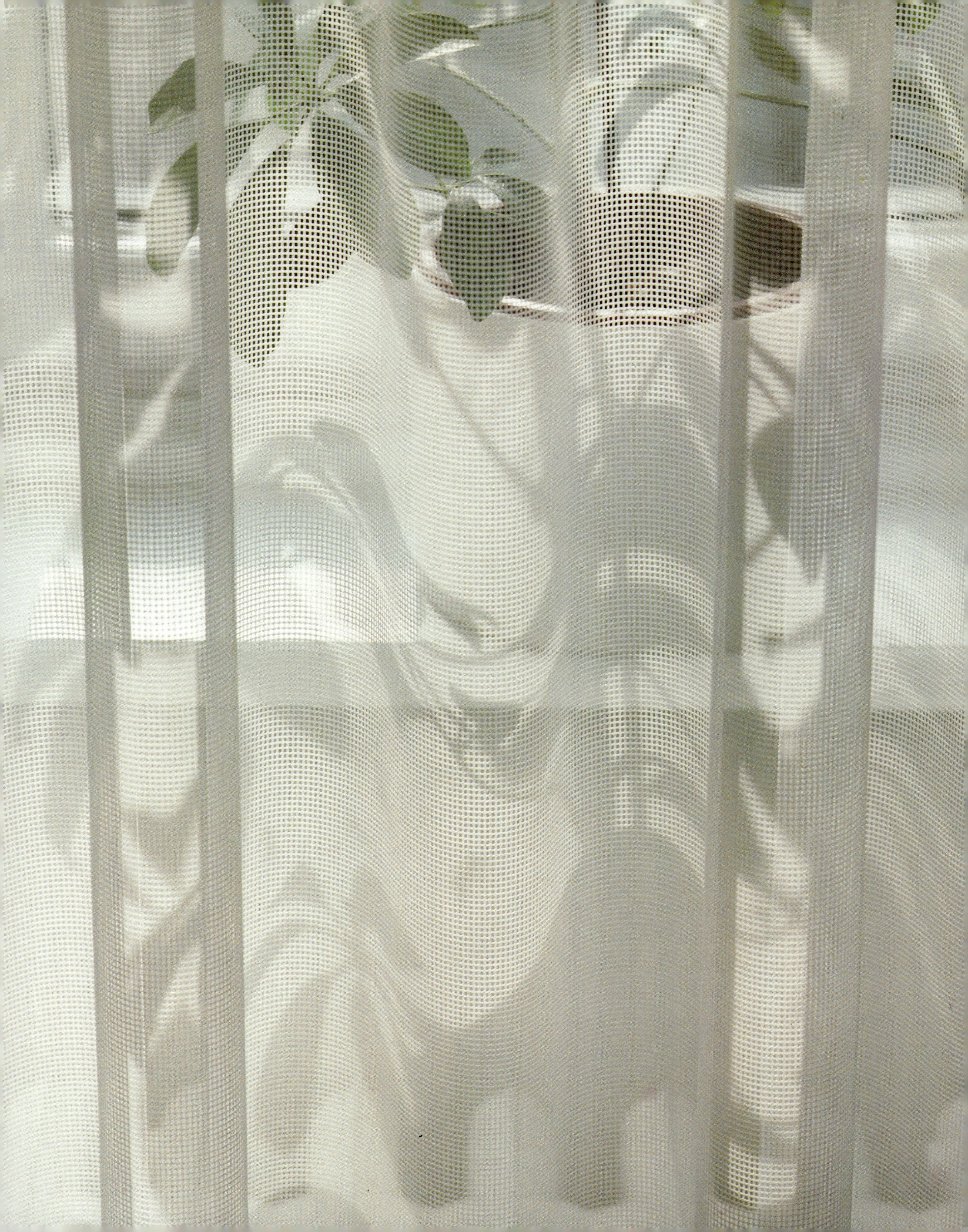

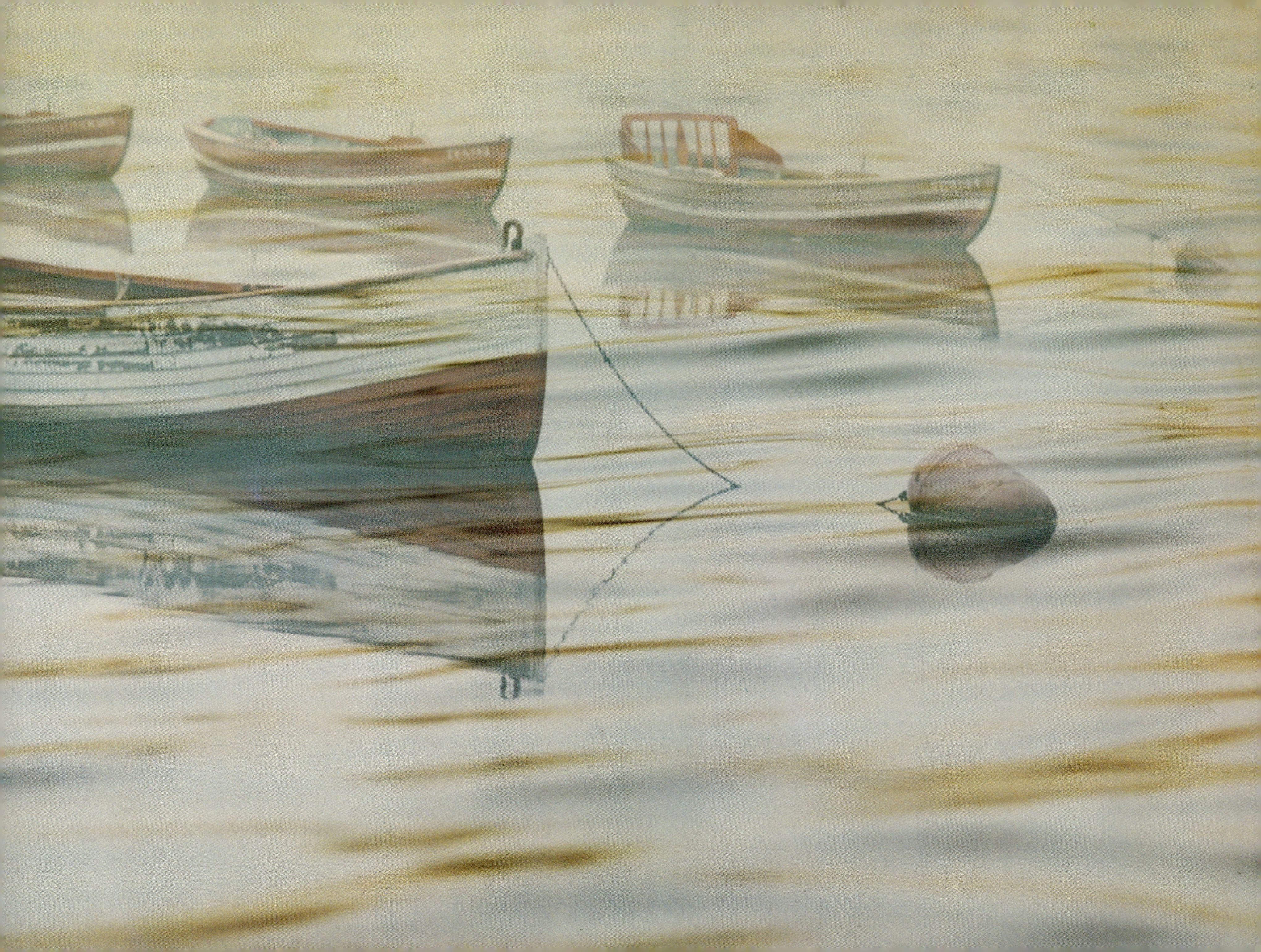

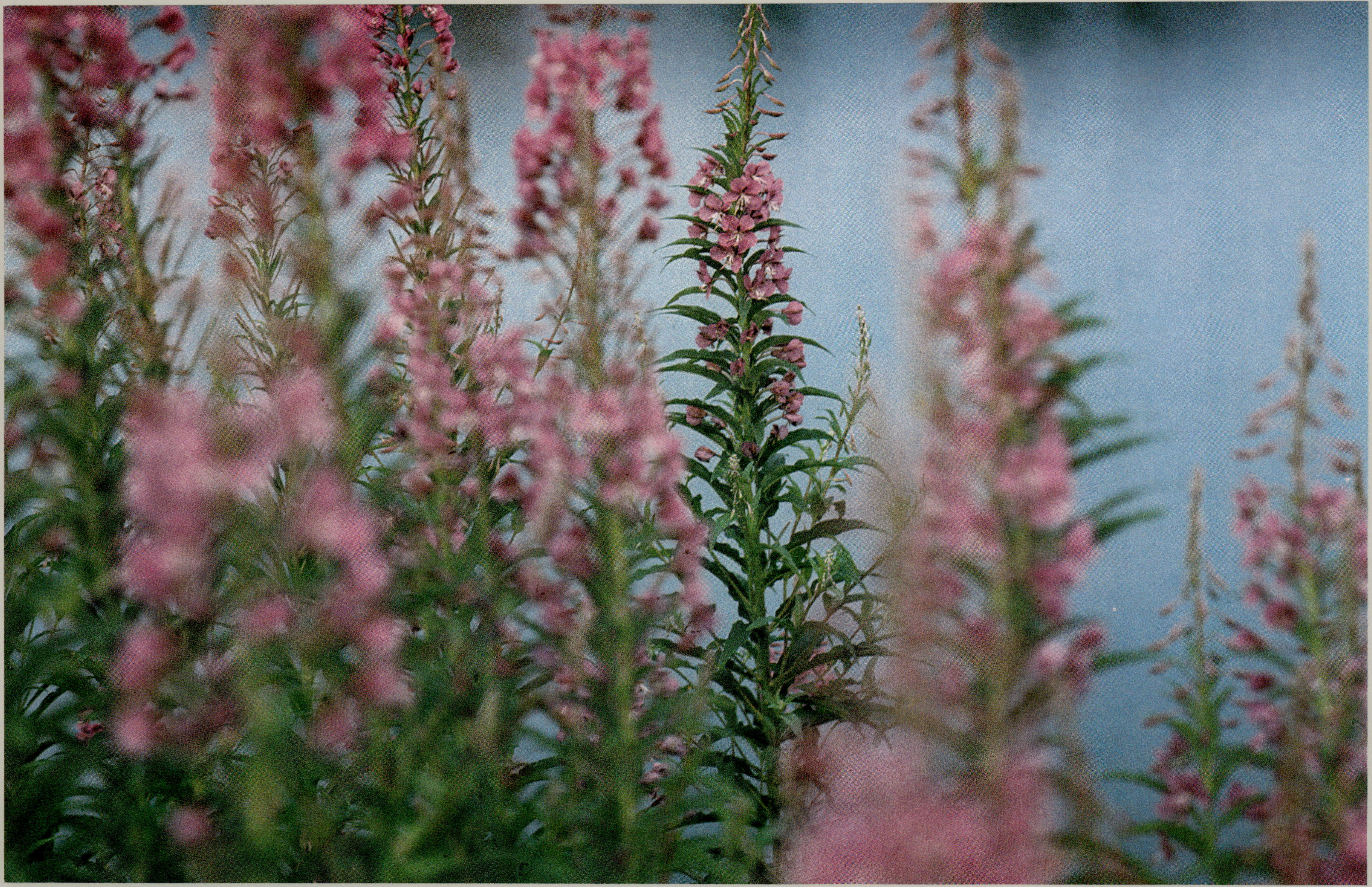

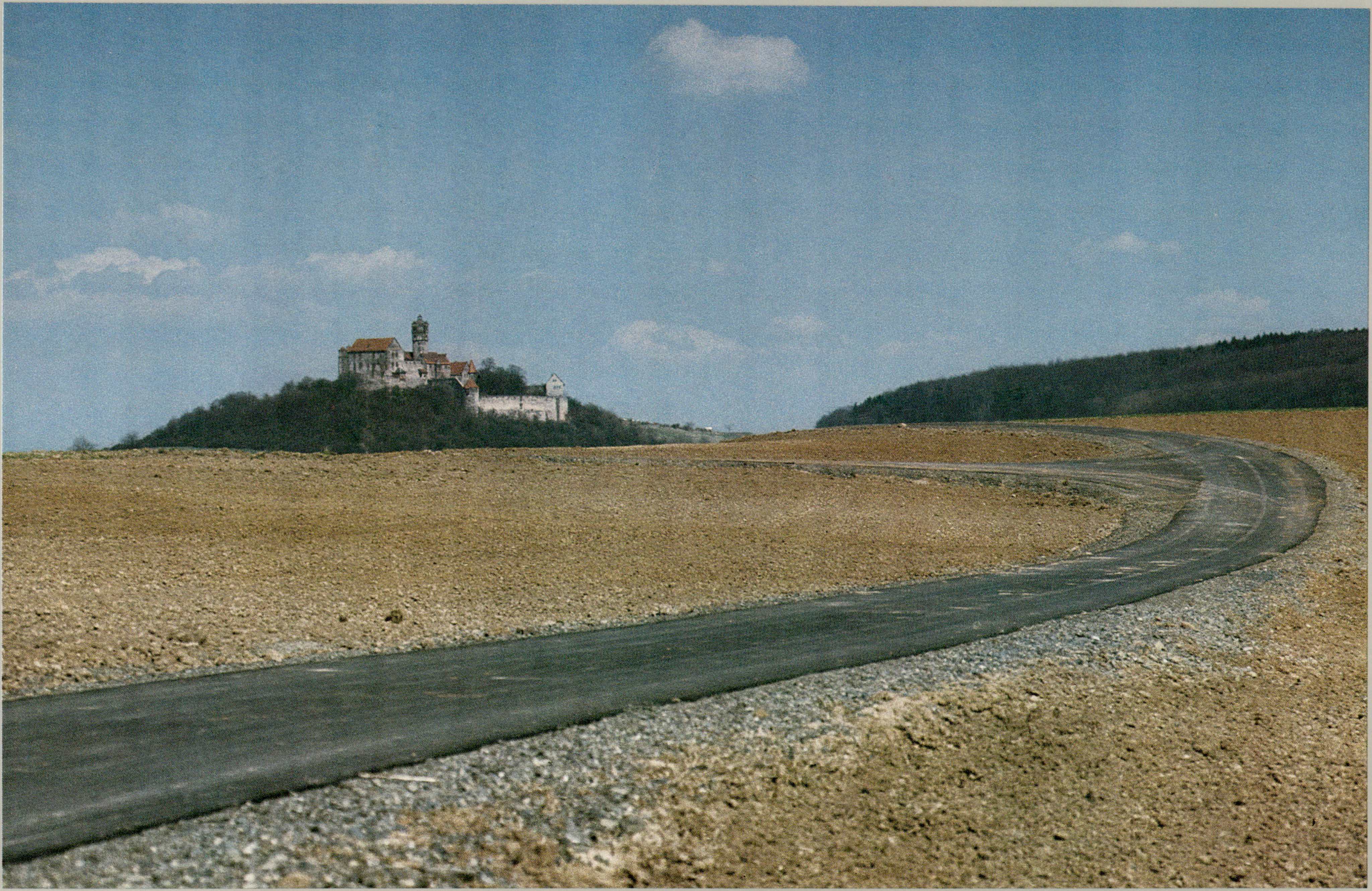

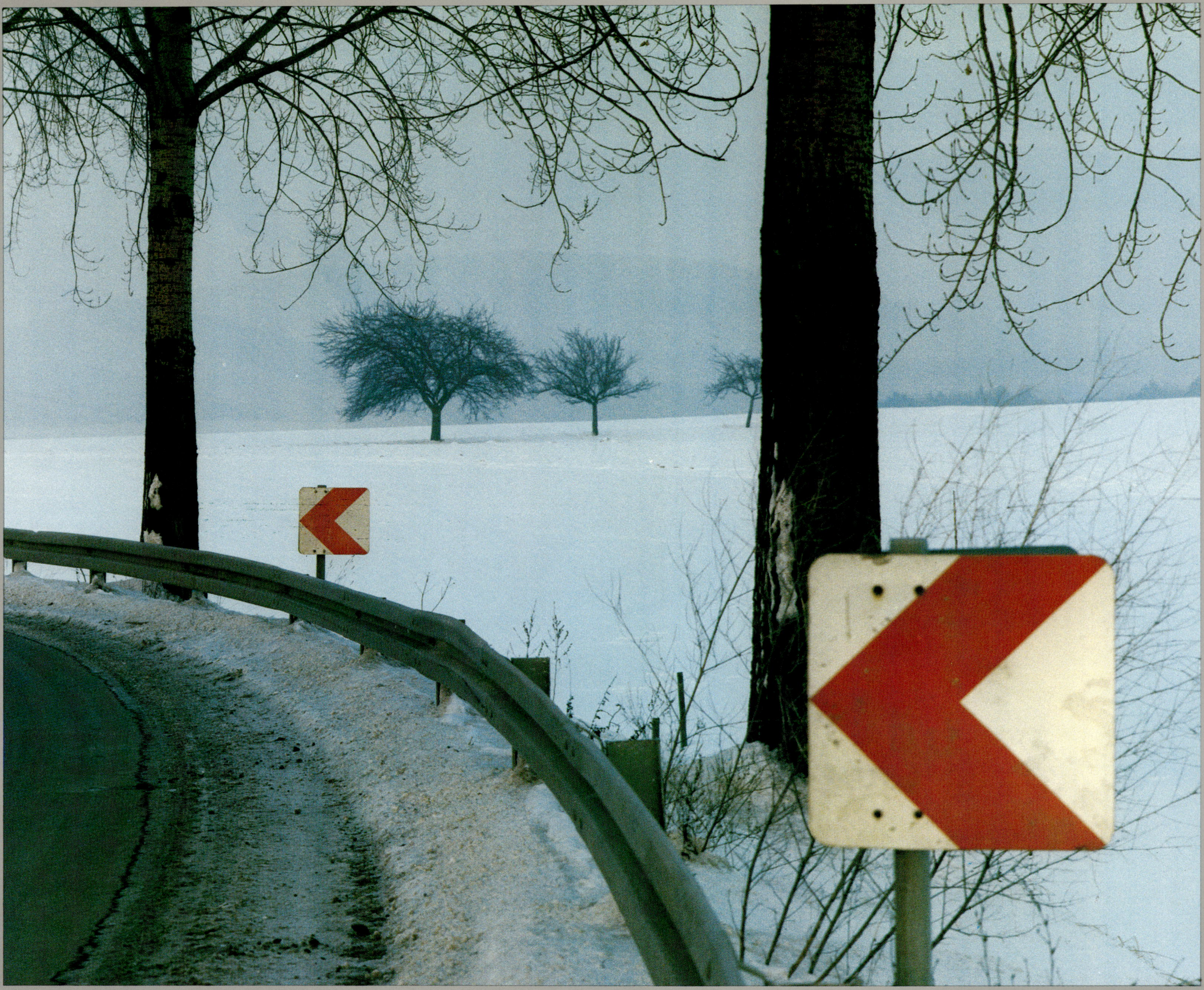

50

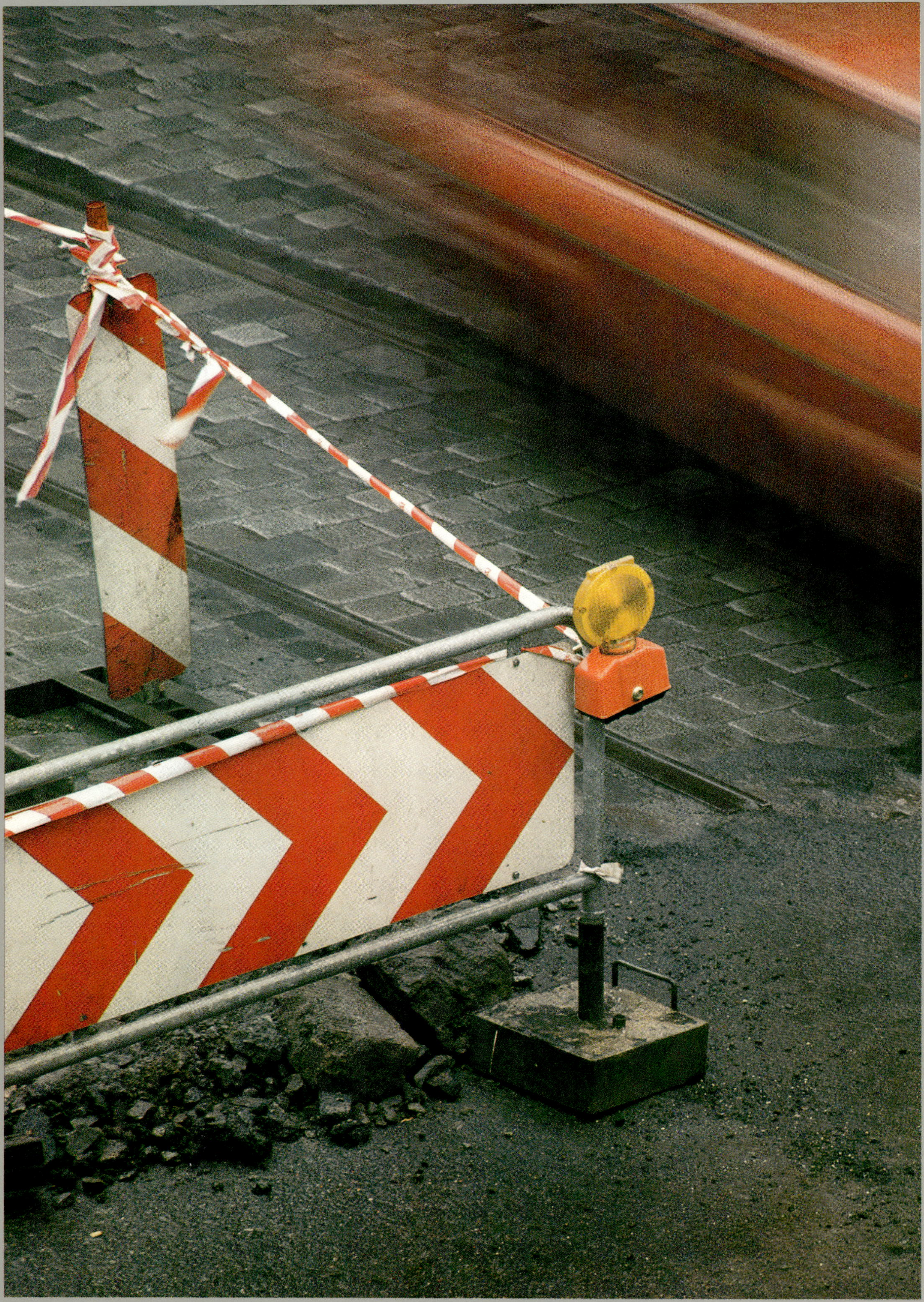

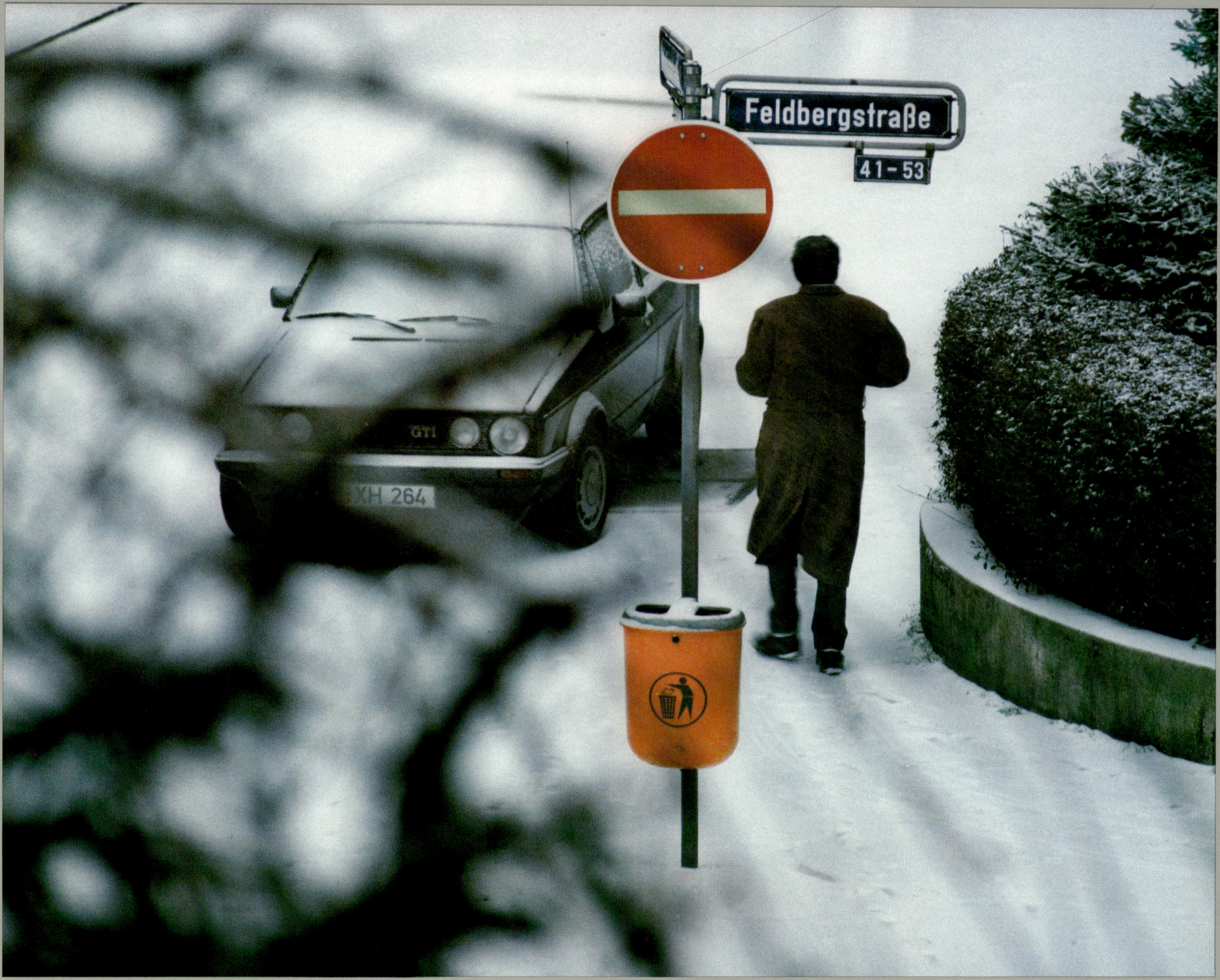
Feldbergstraße
41-53
GTI
XH 264

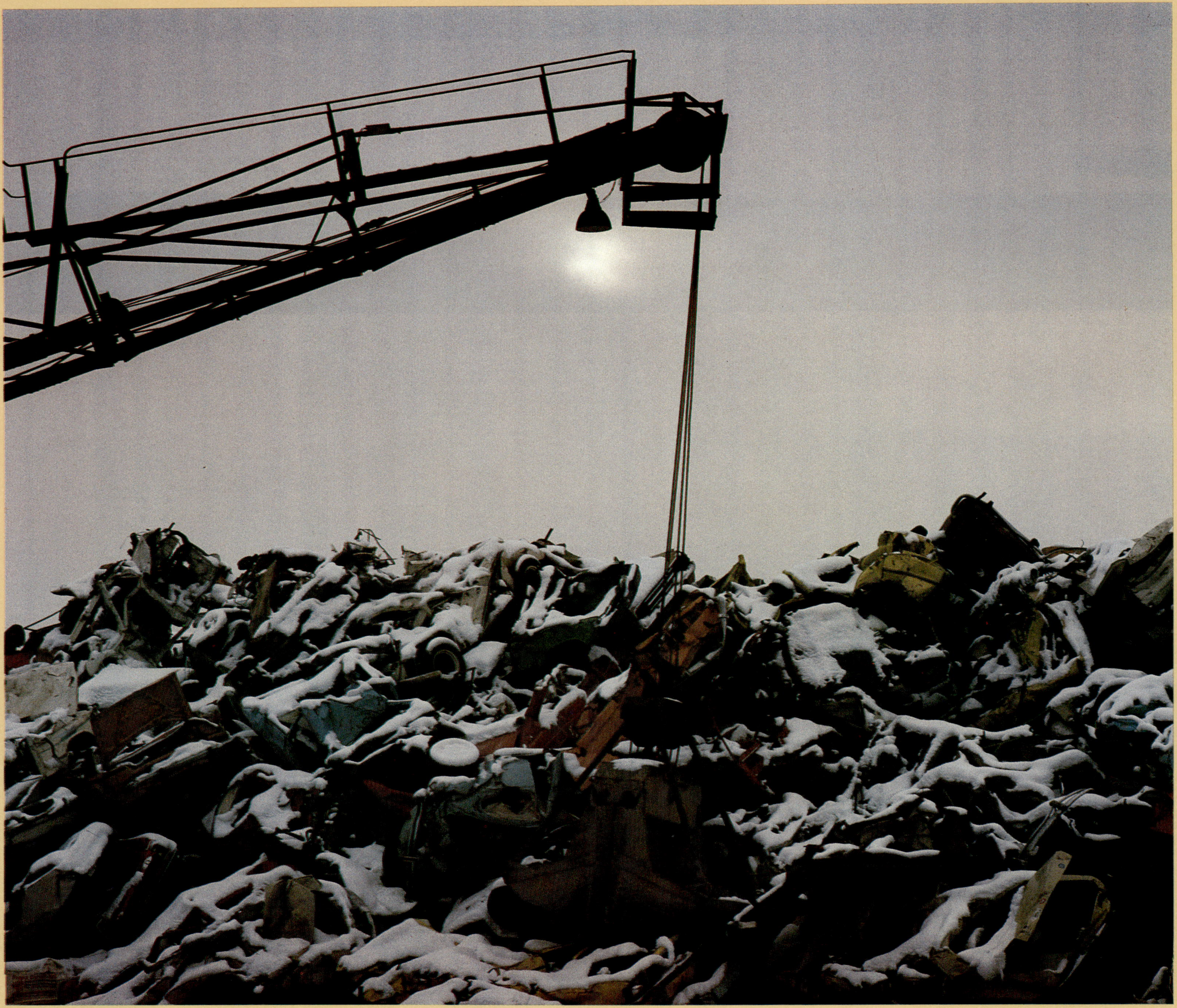

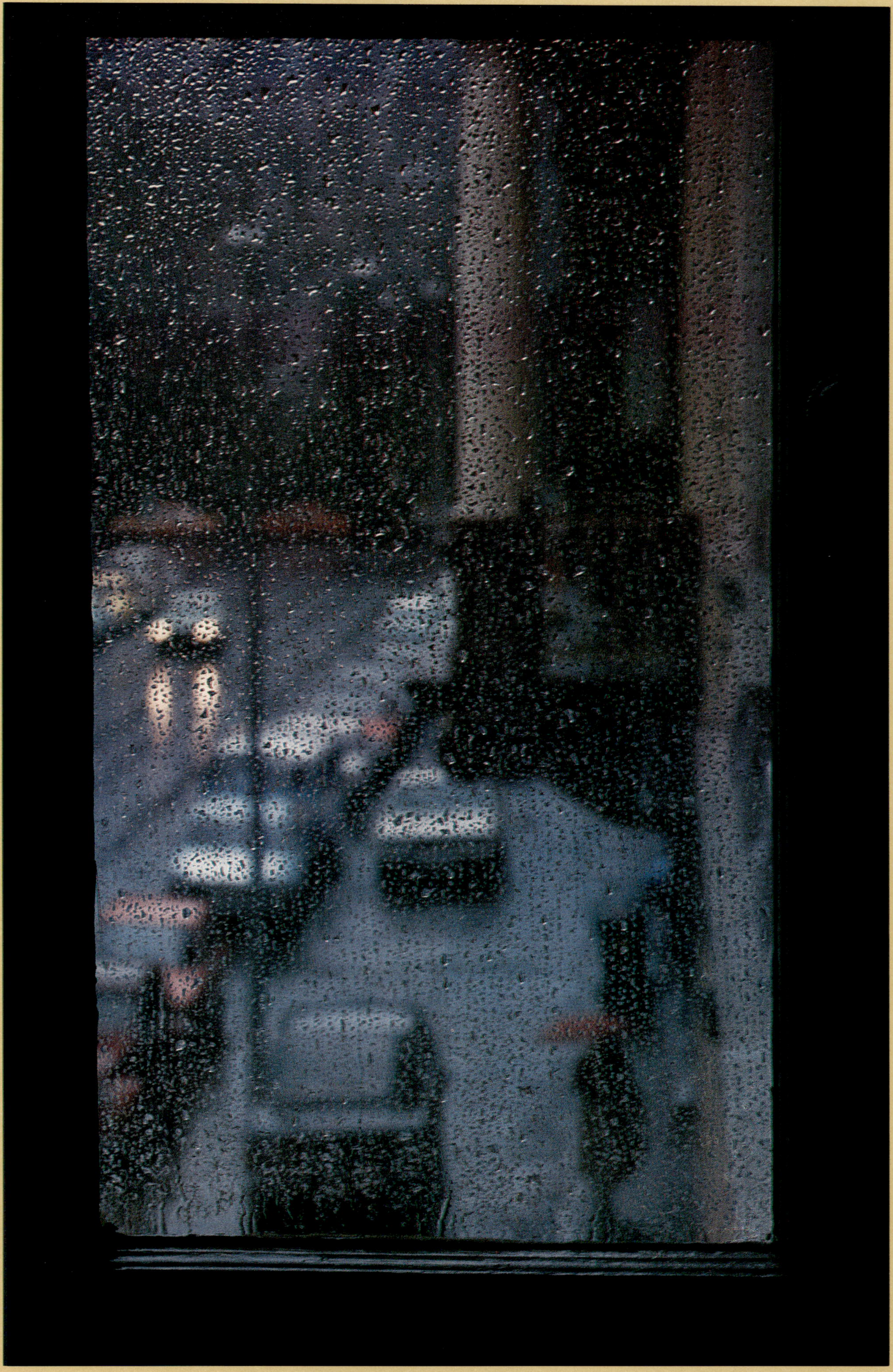

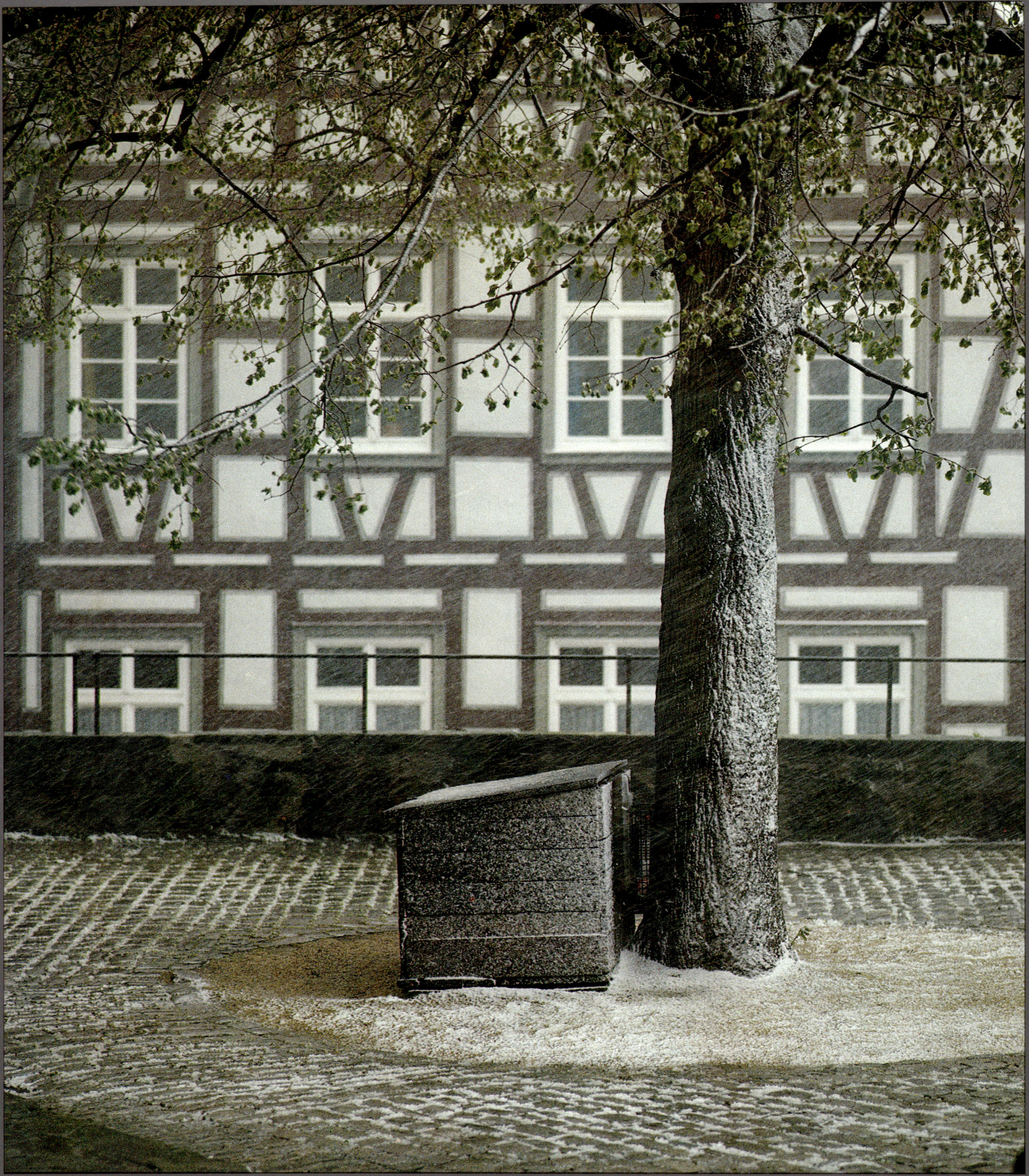

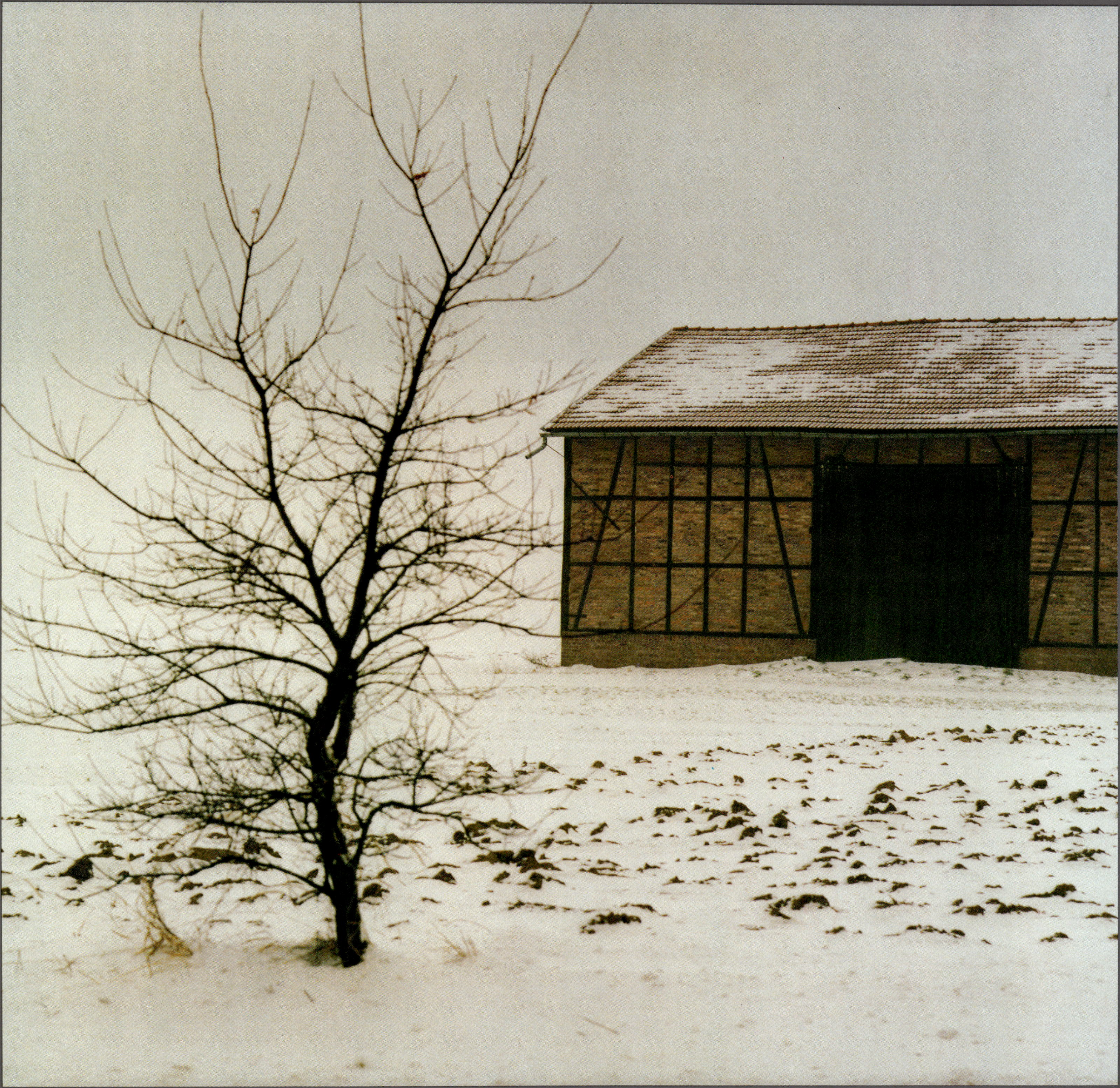

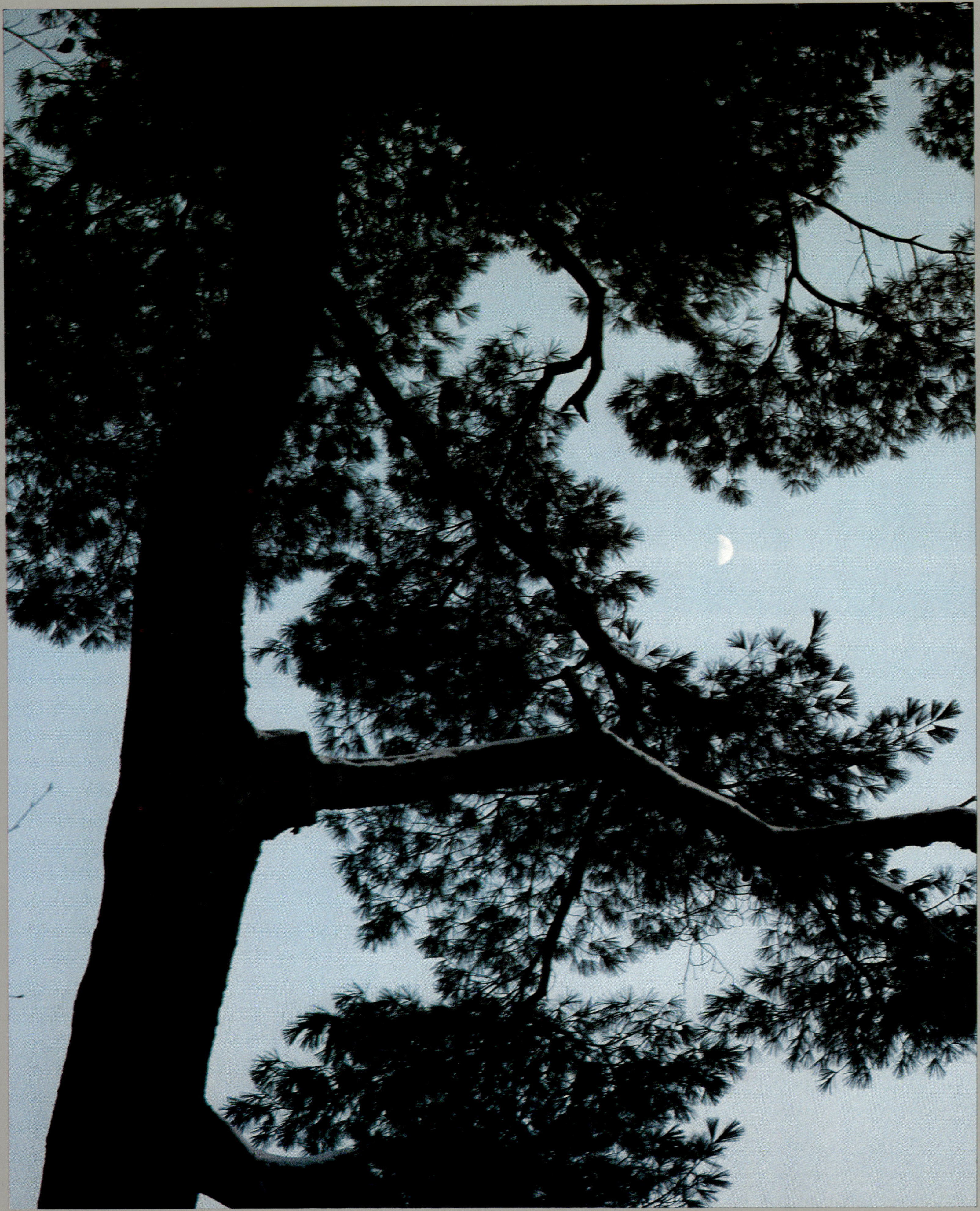

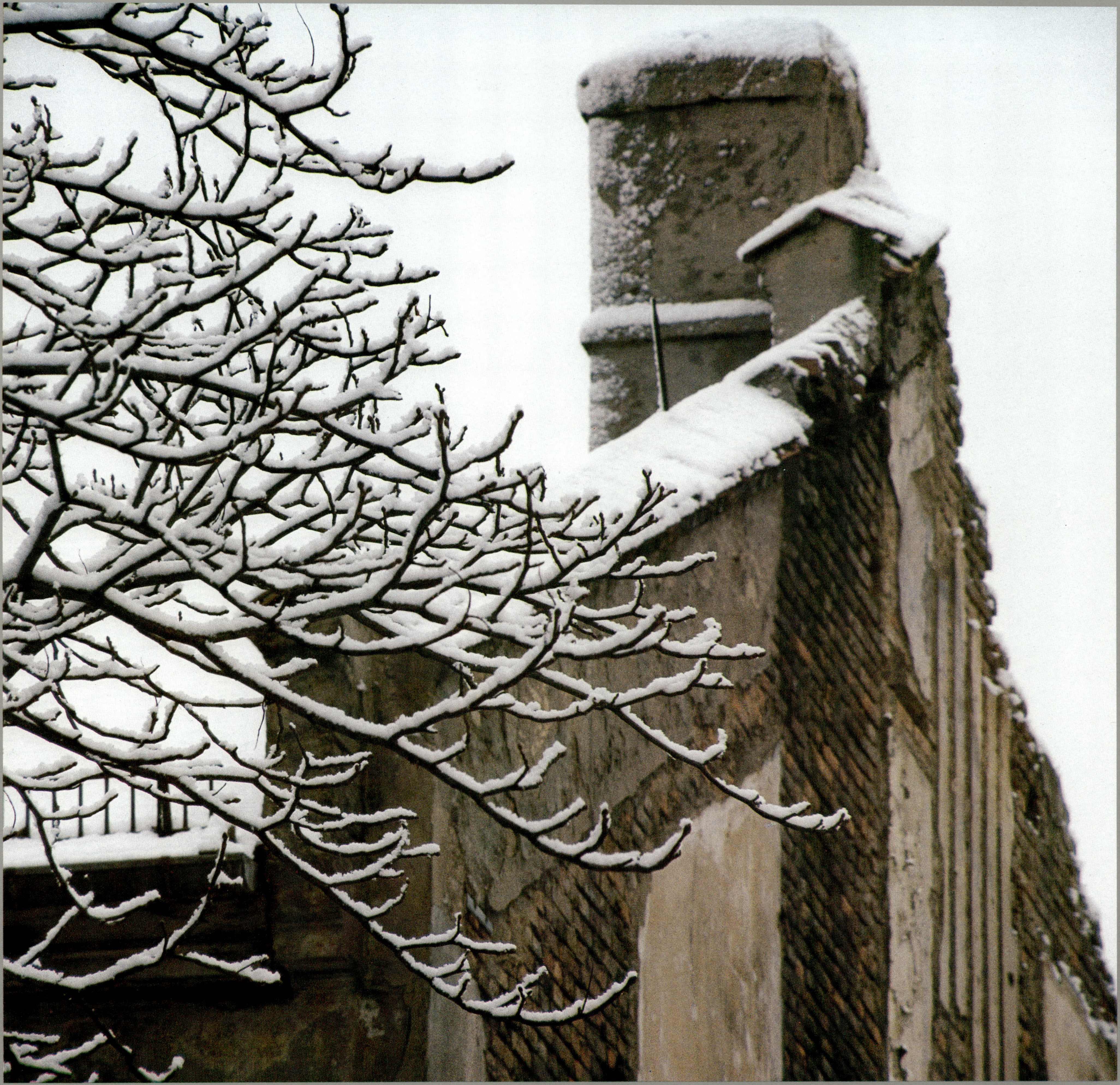

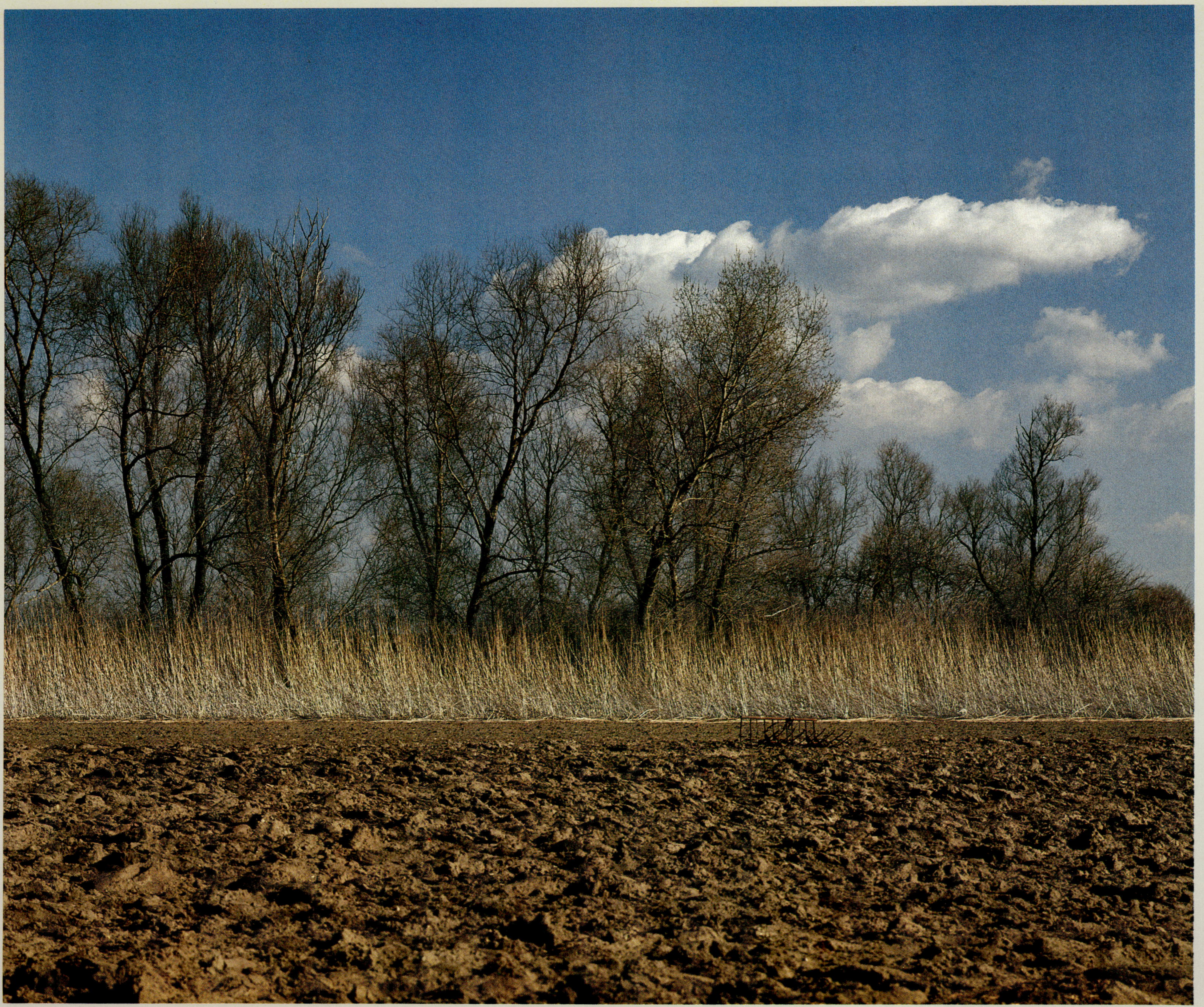

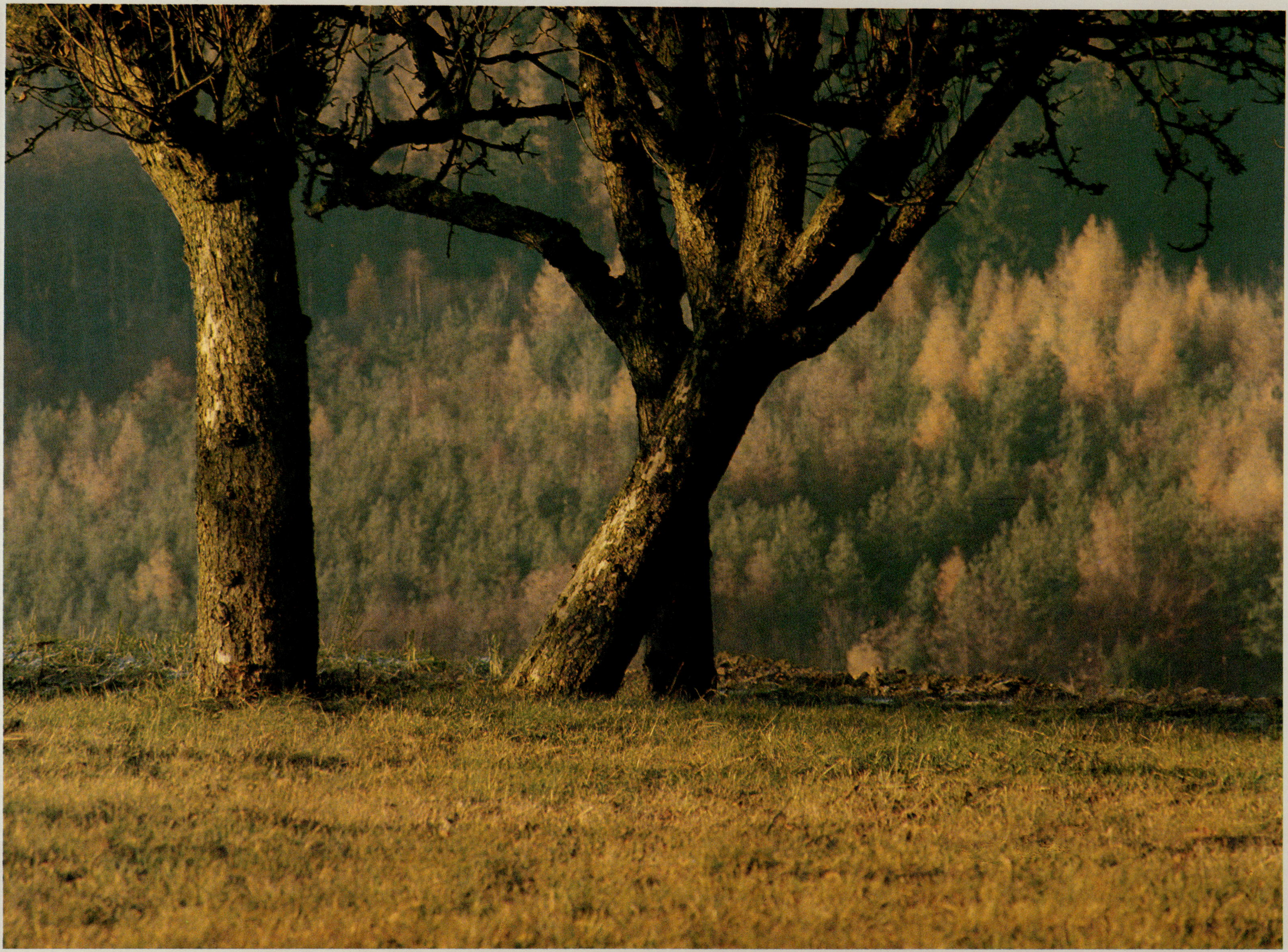

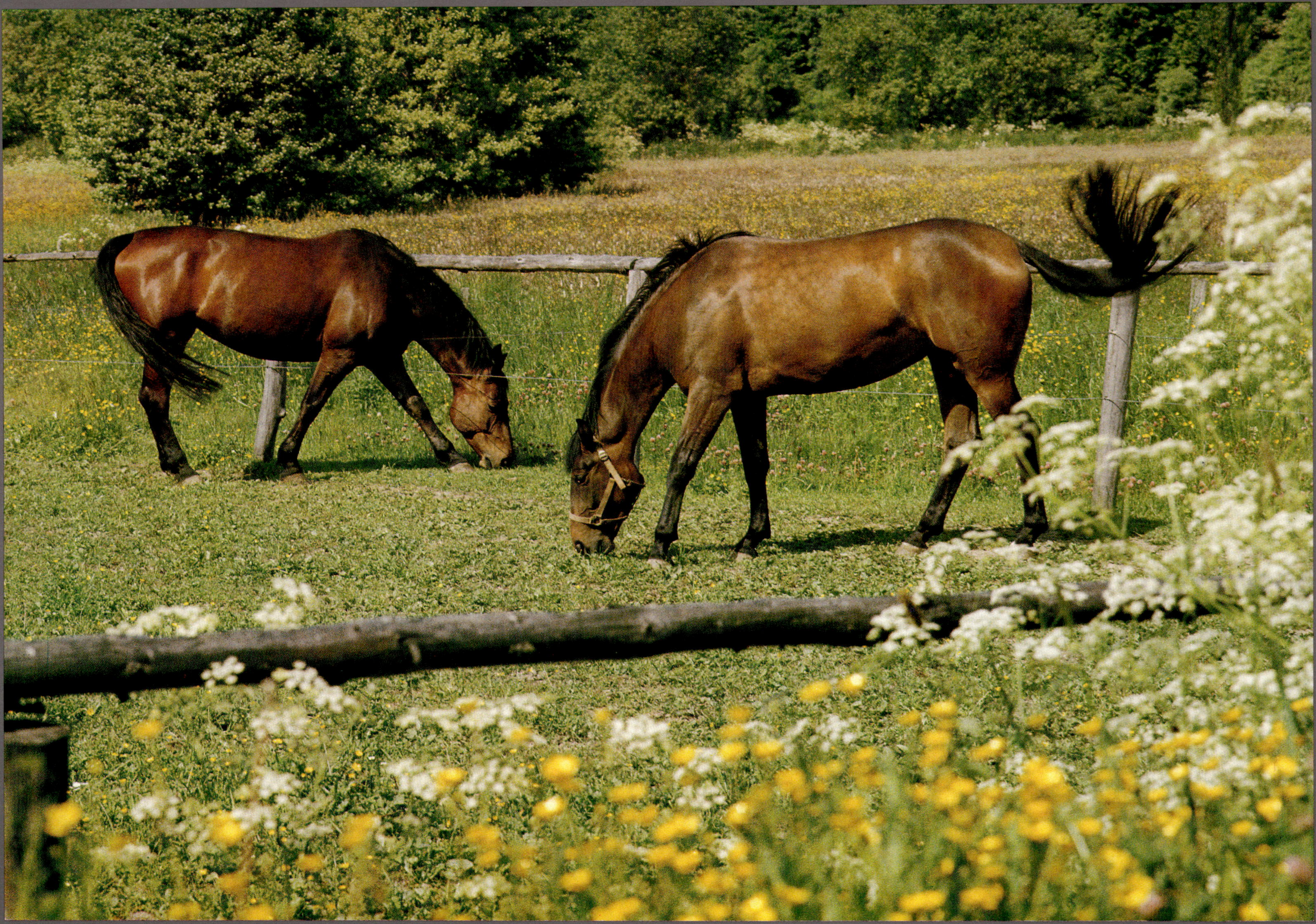

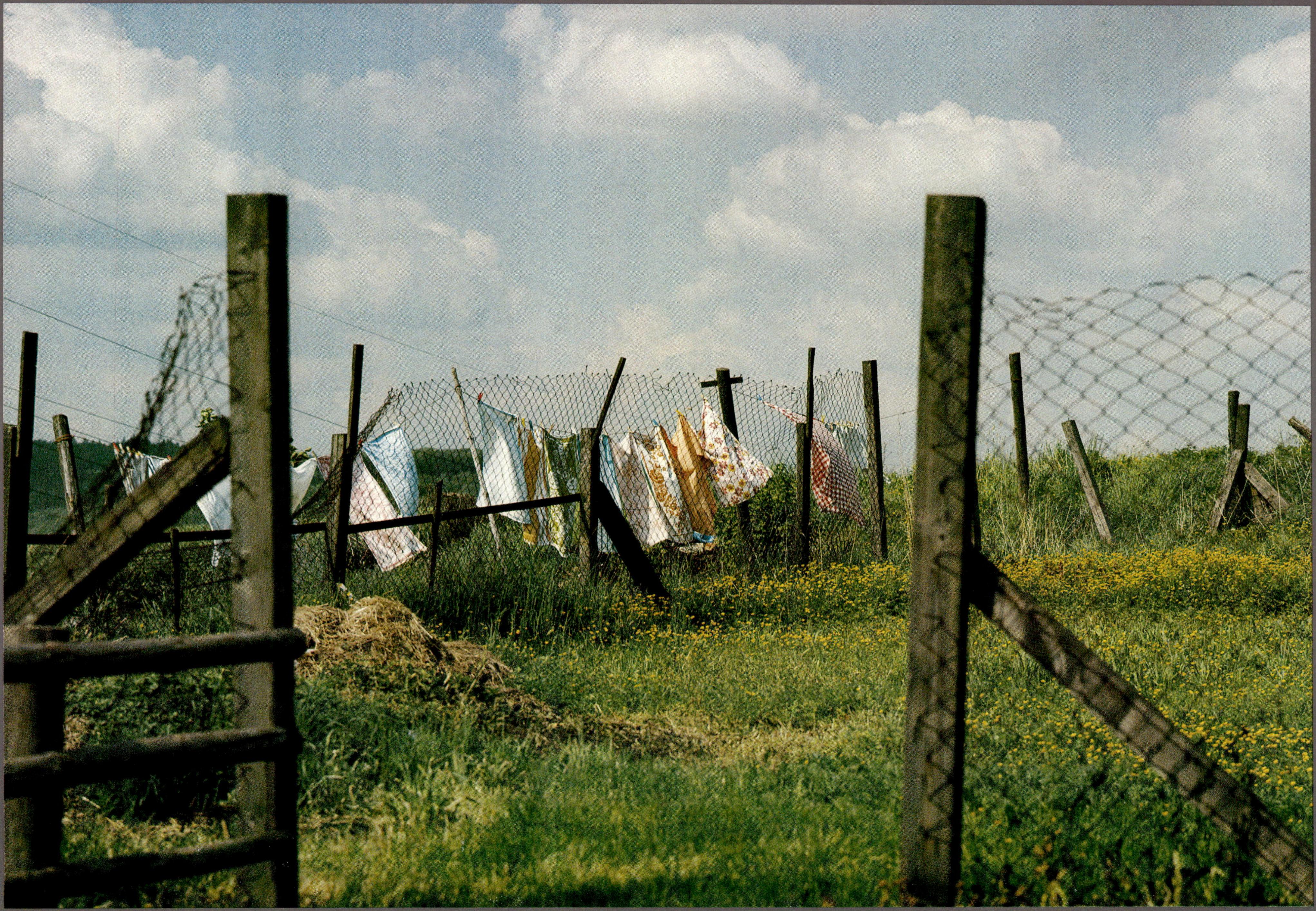

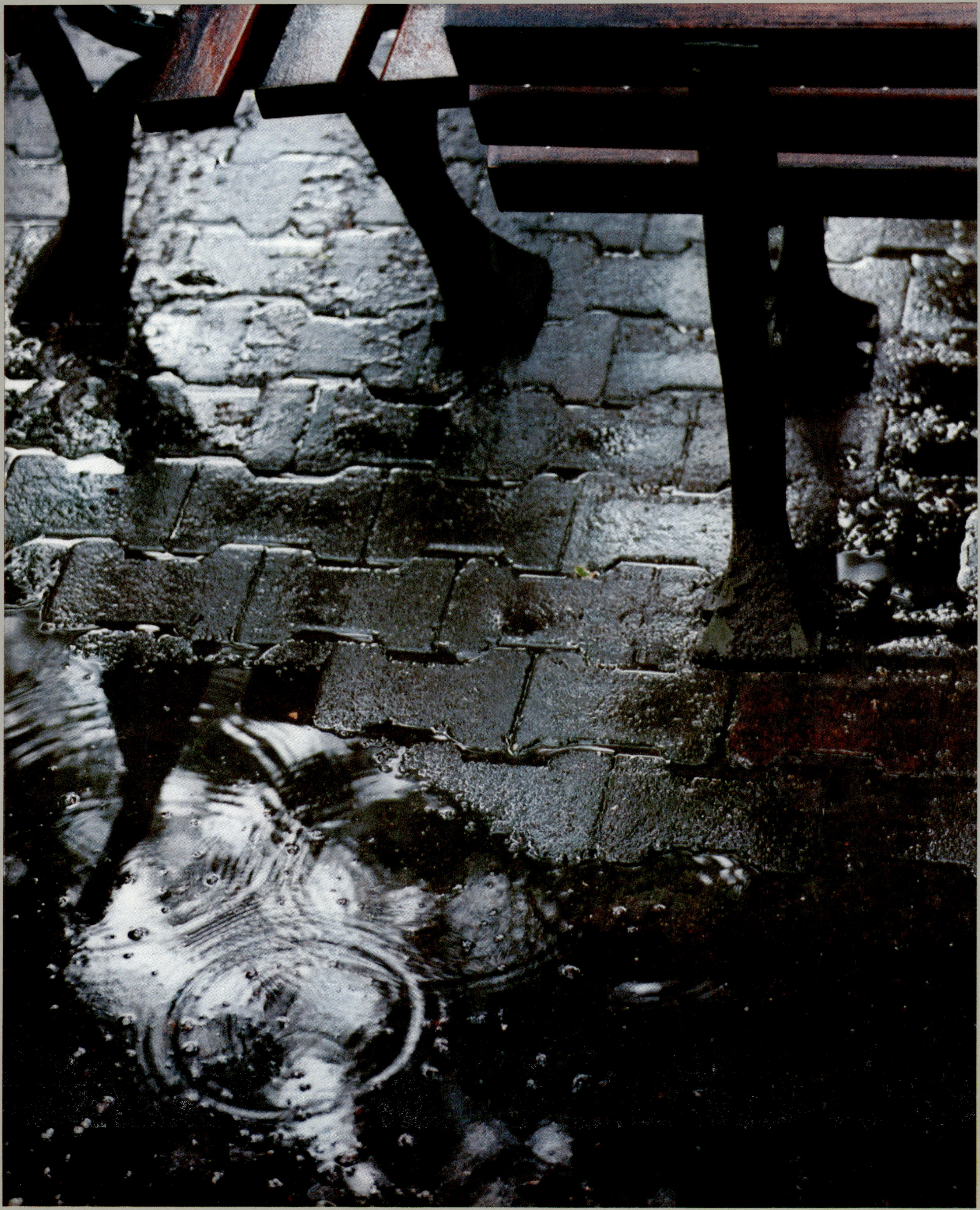

64

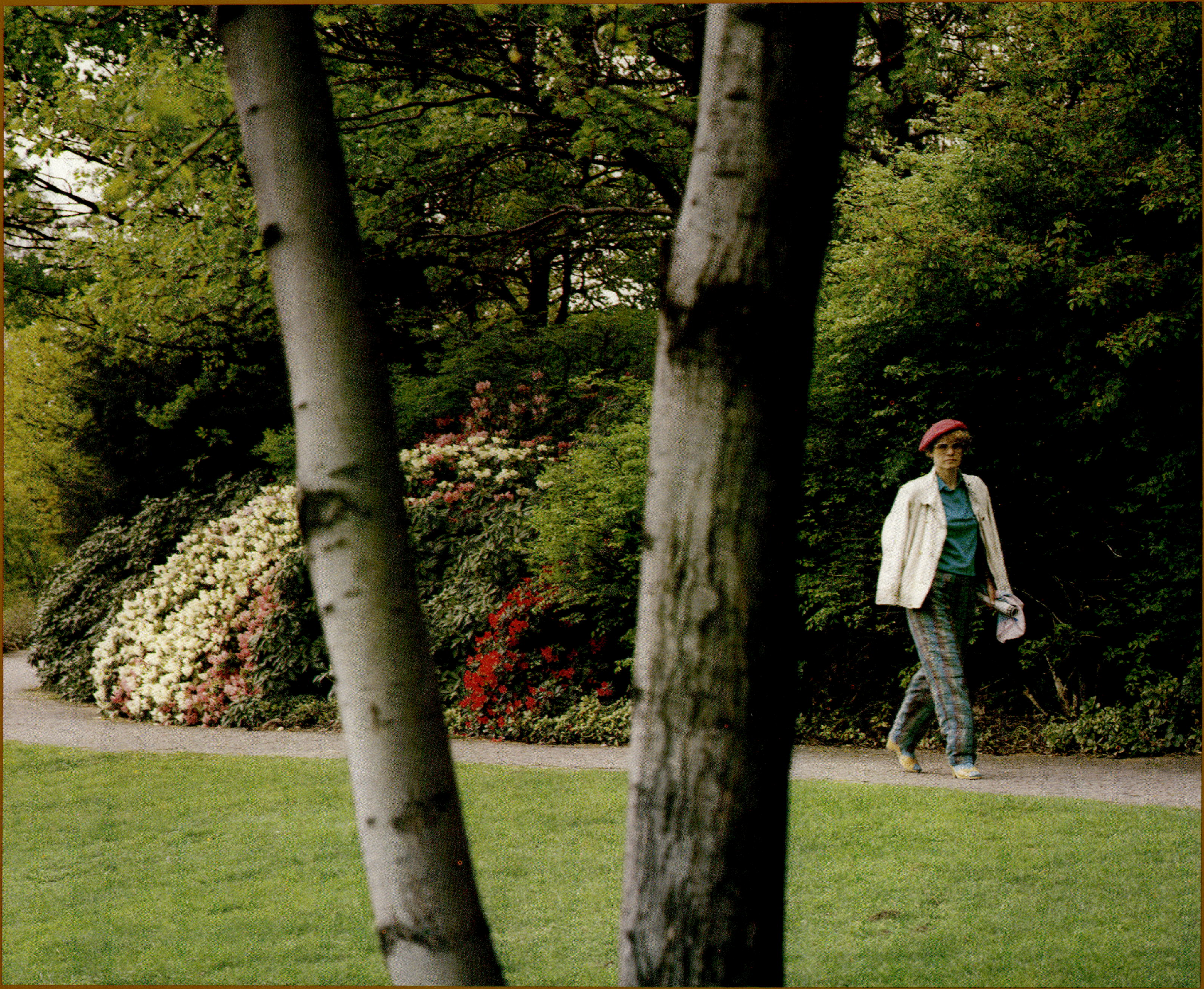

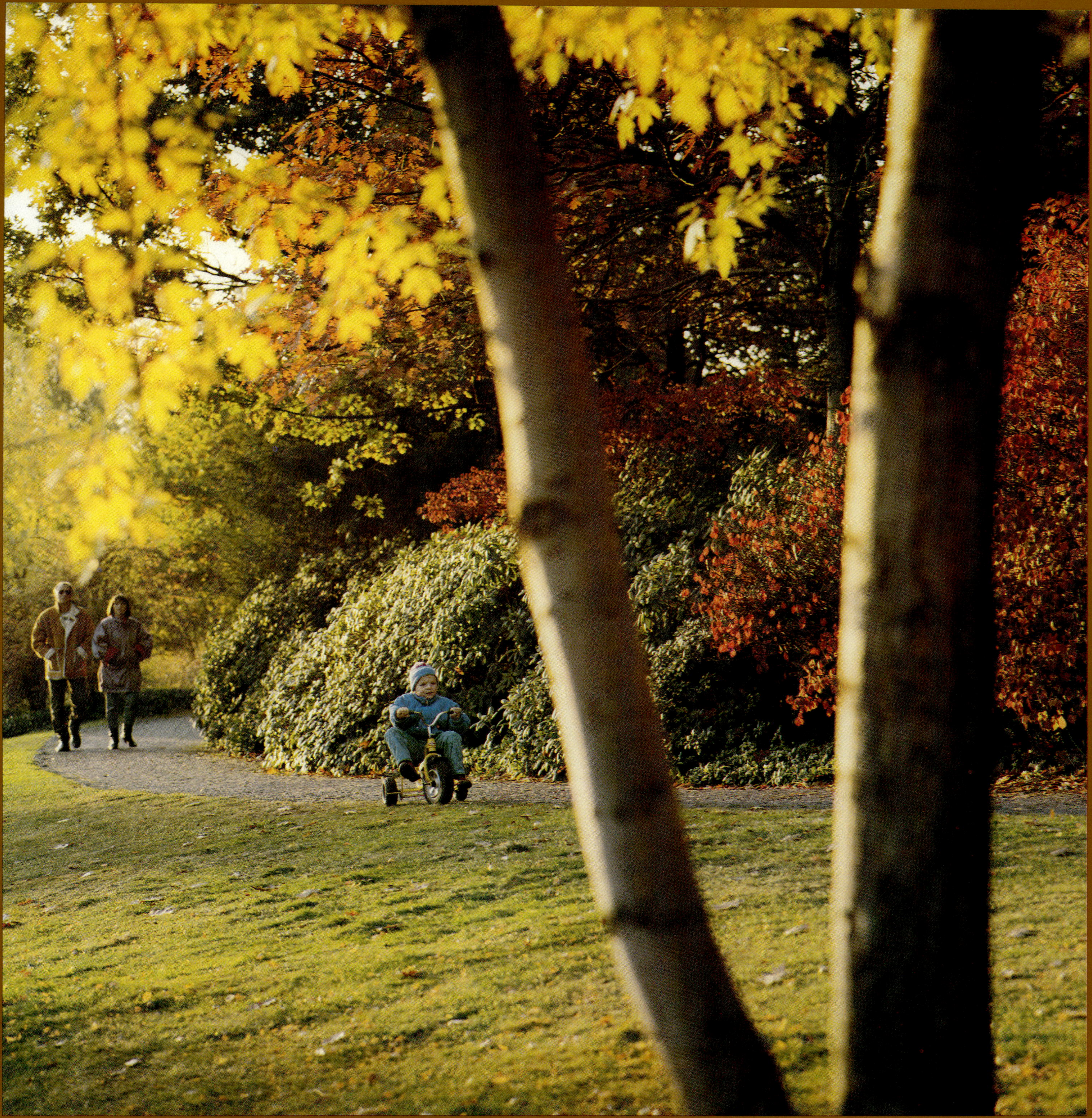

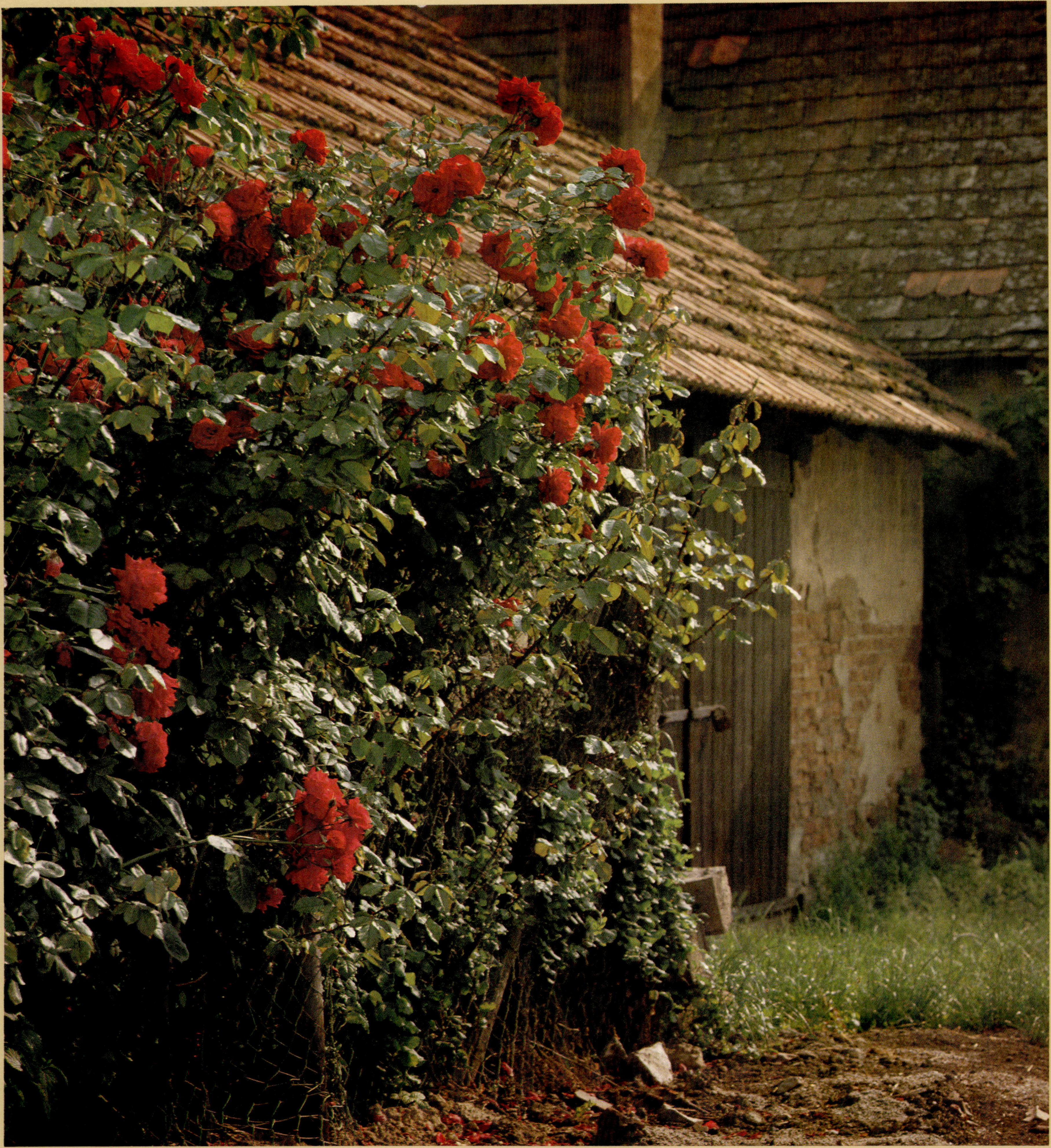

68

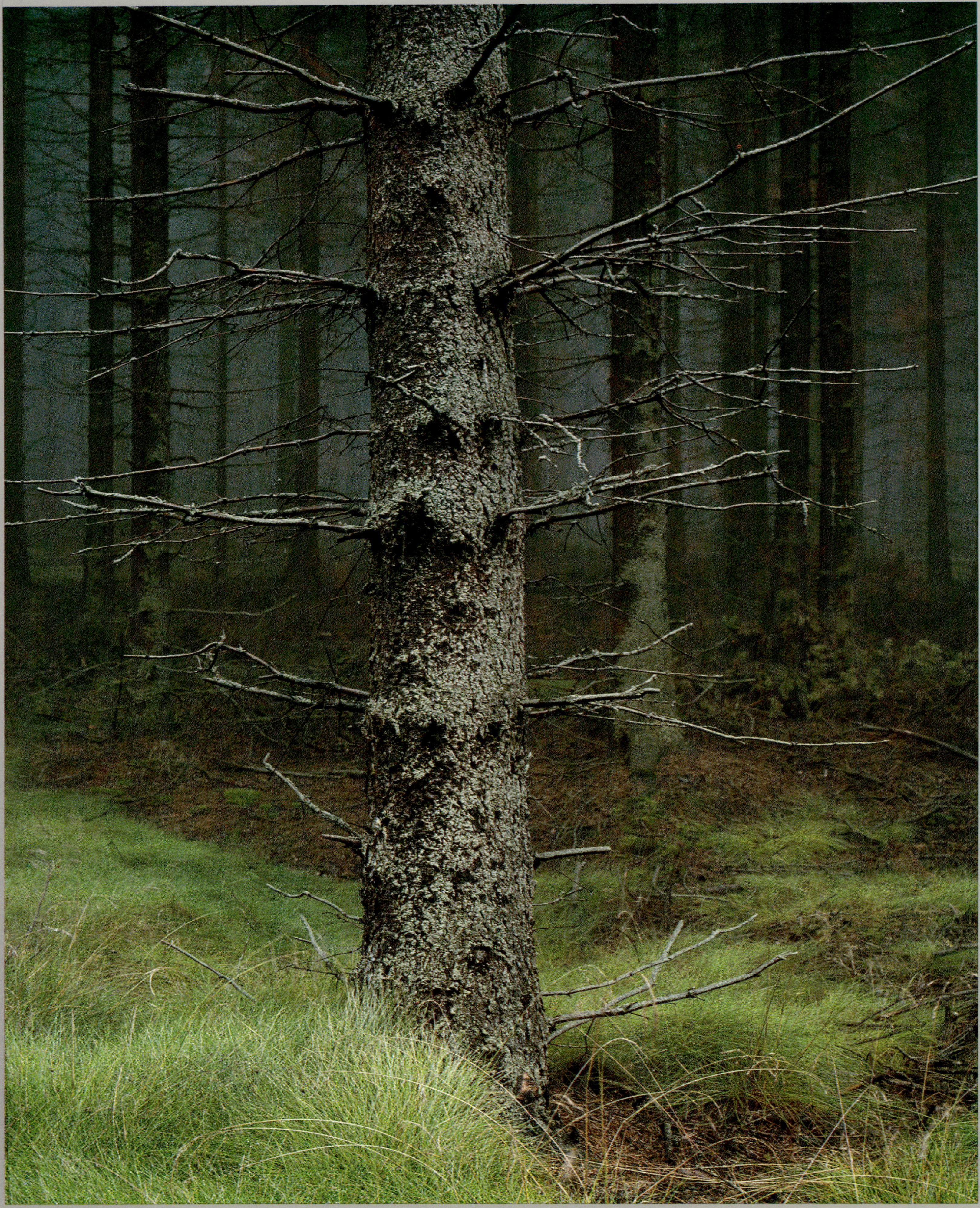

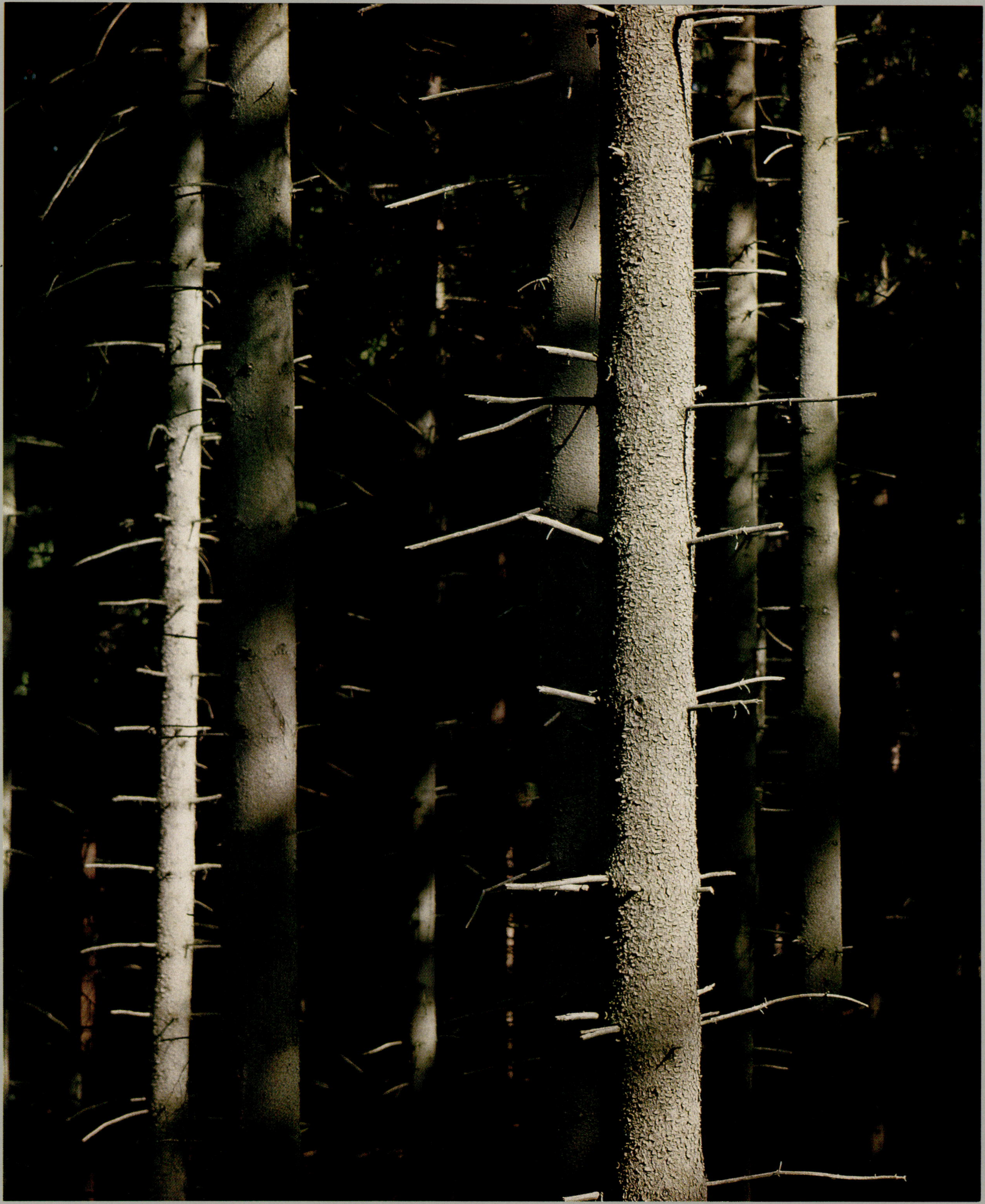

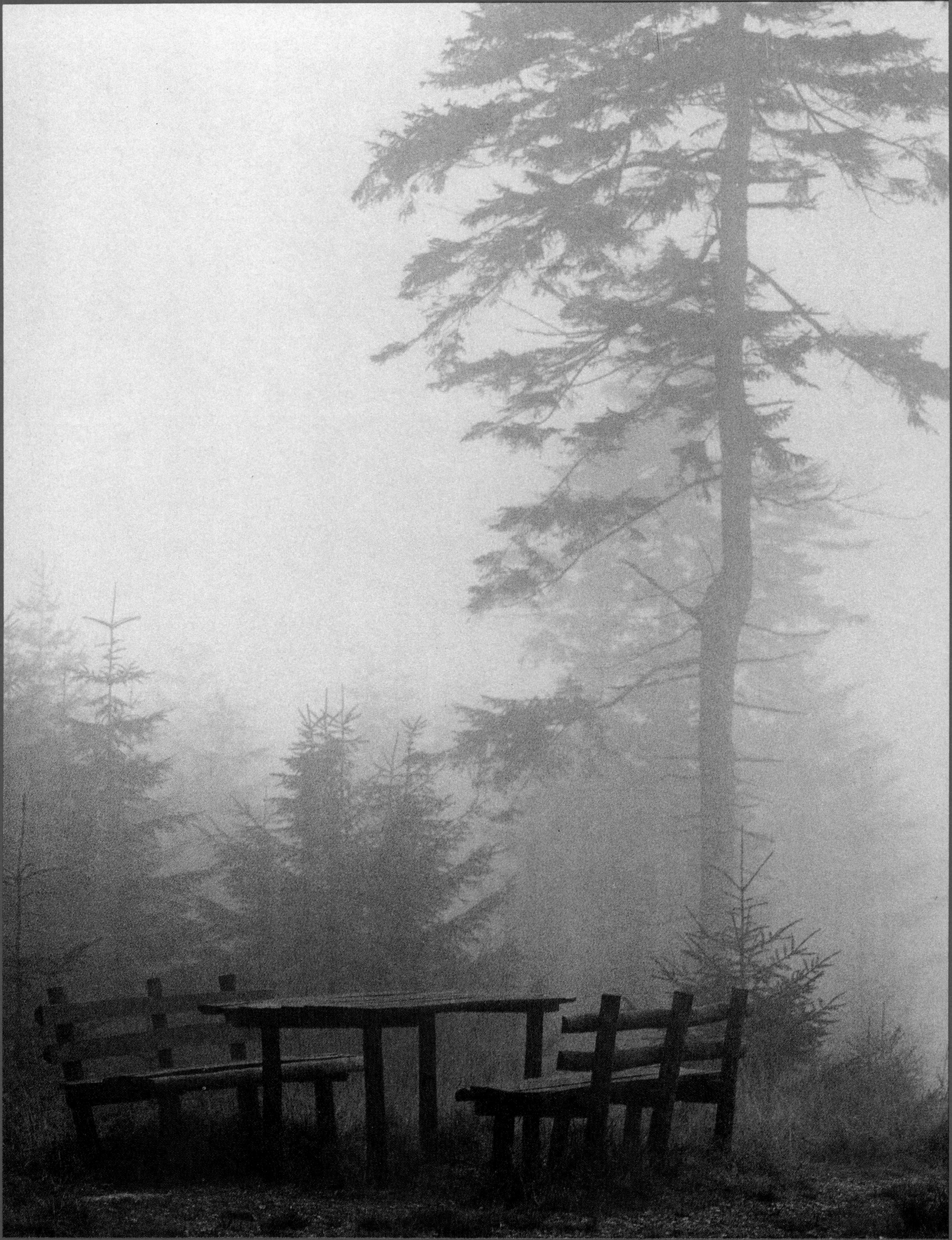

72

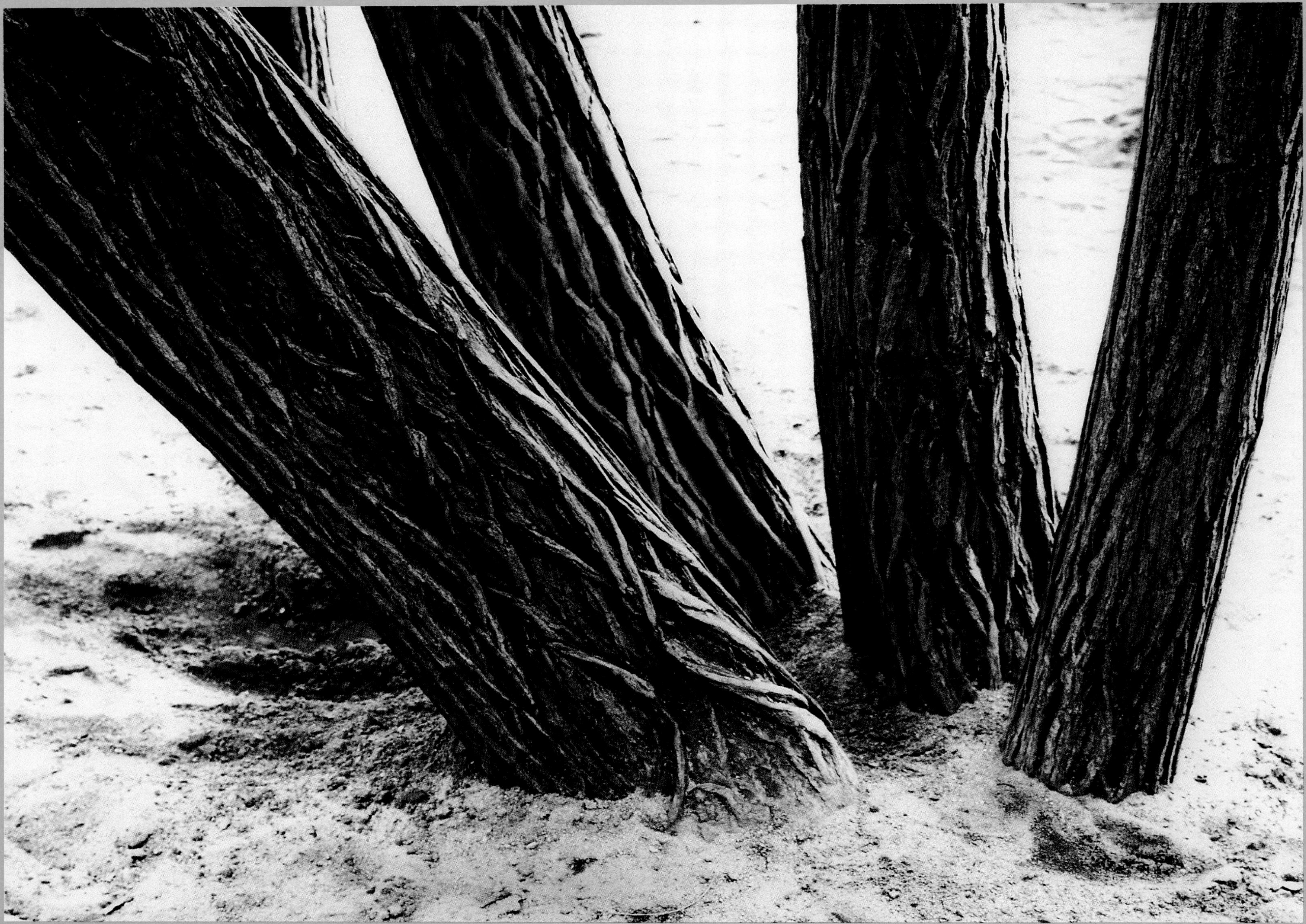

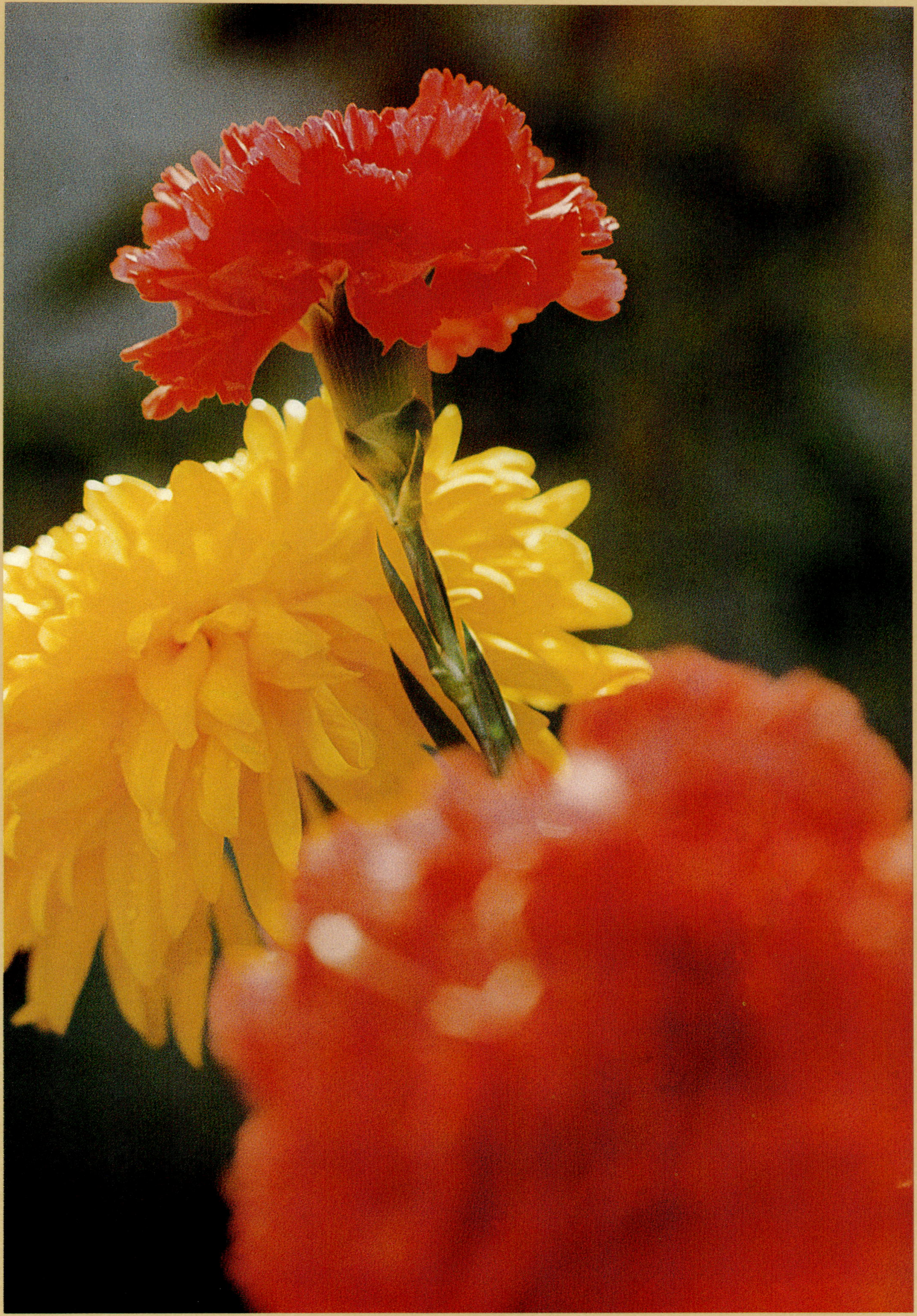

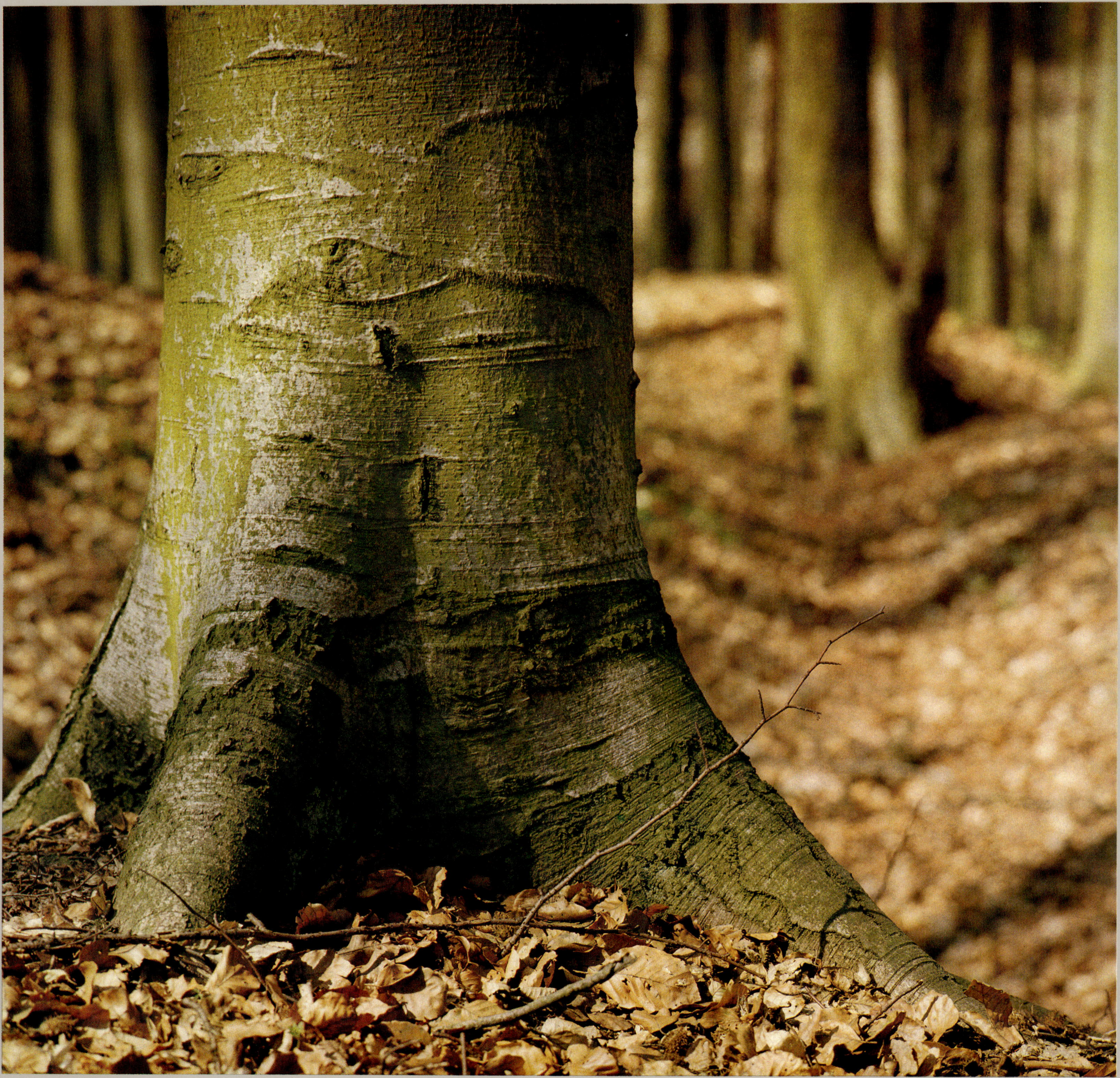

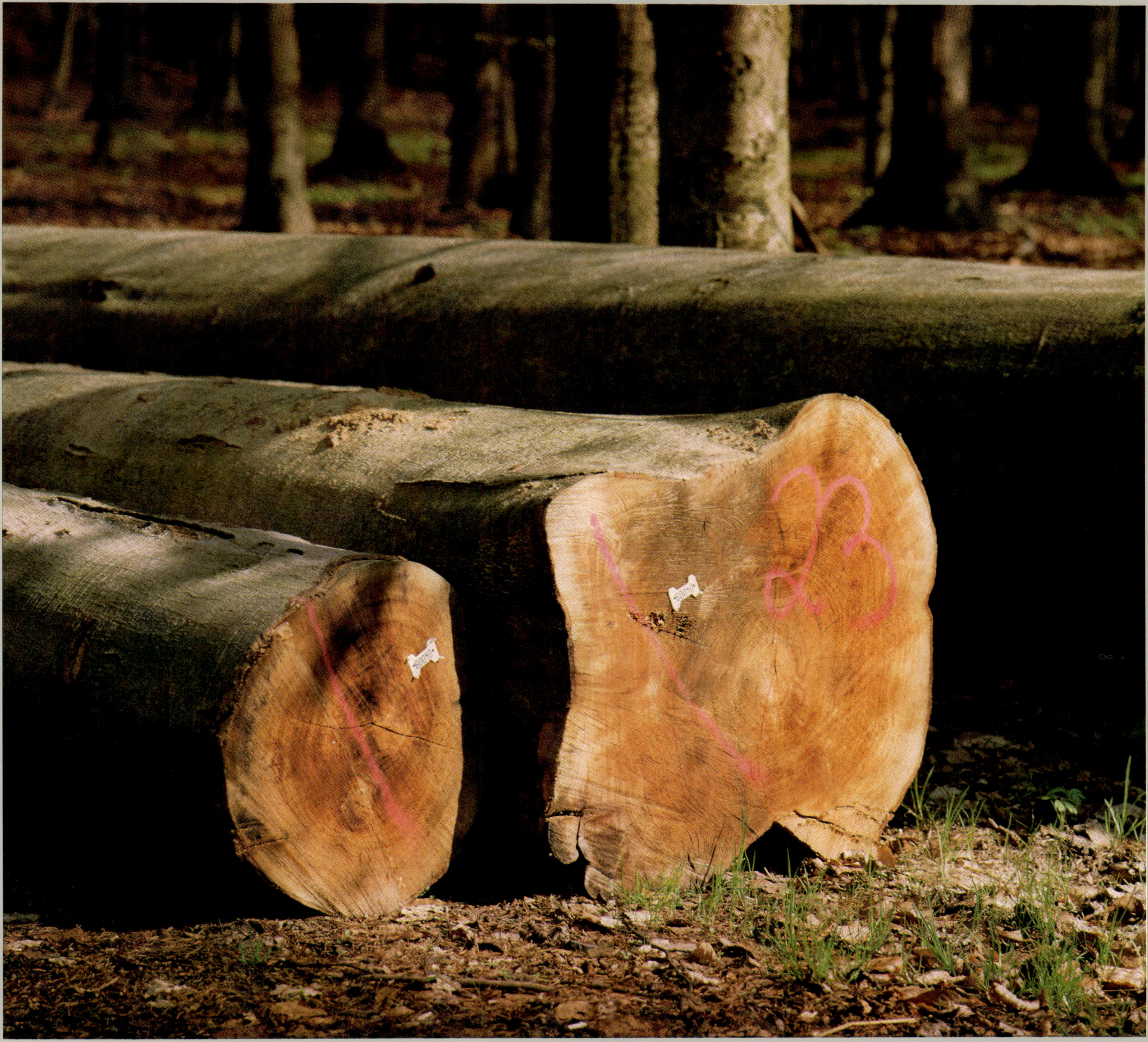

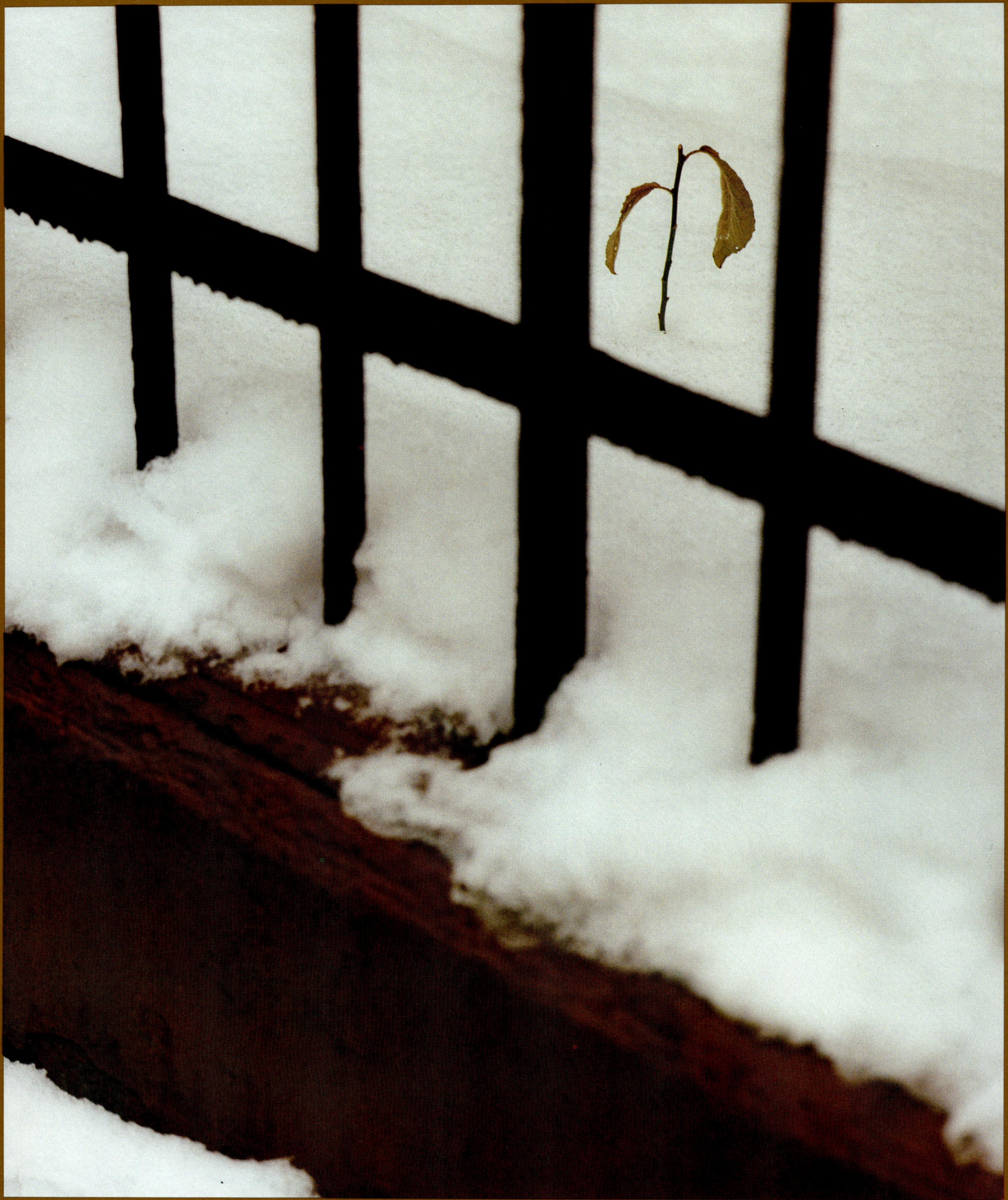

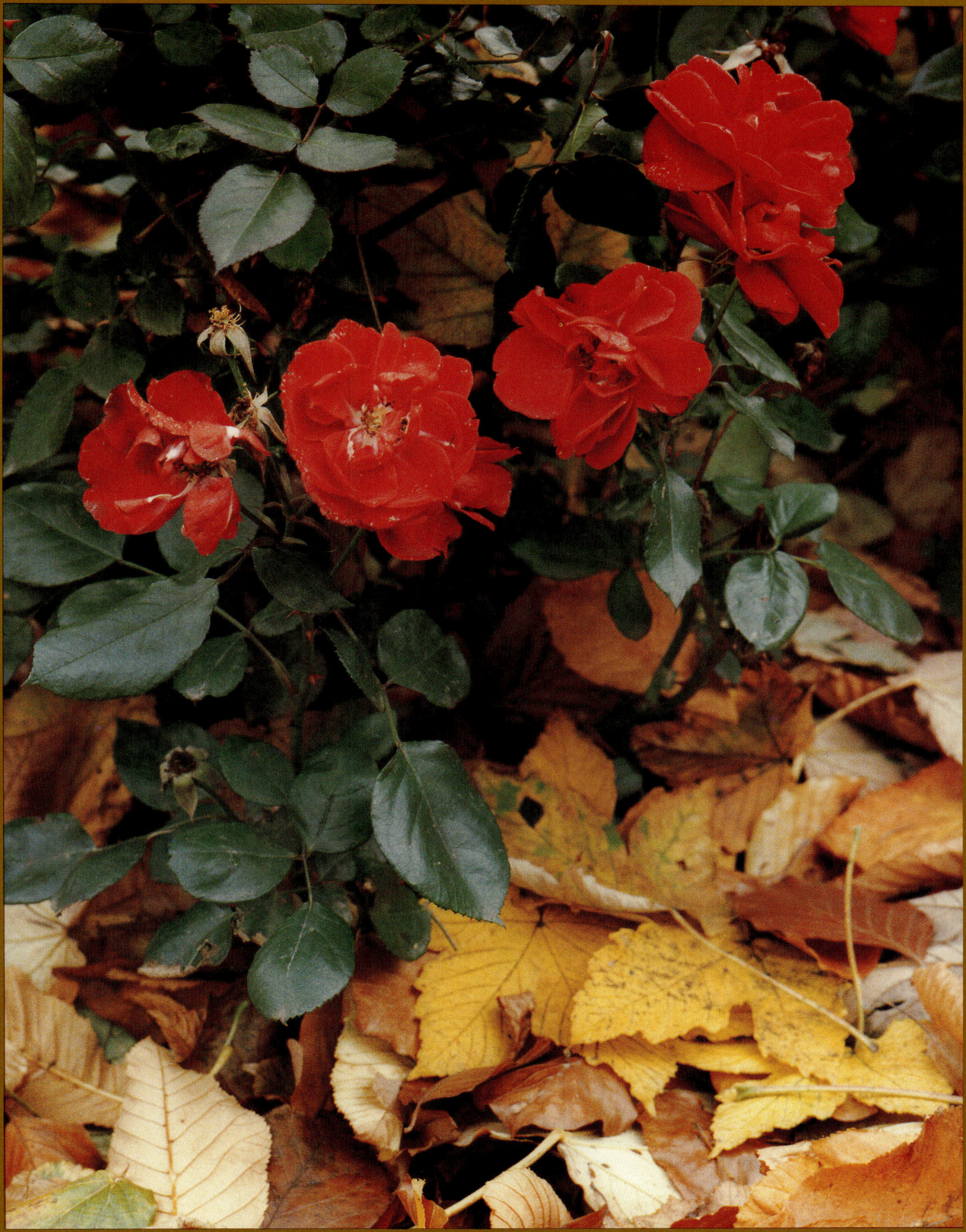

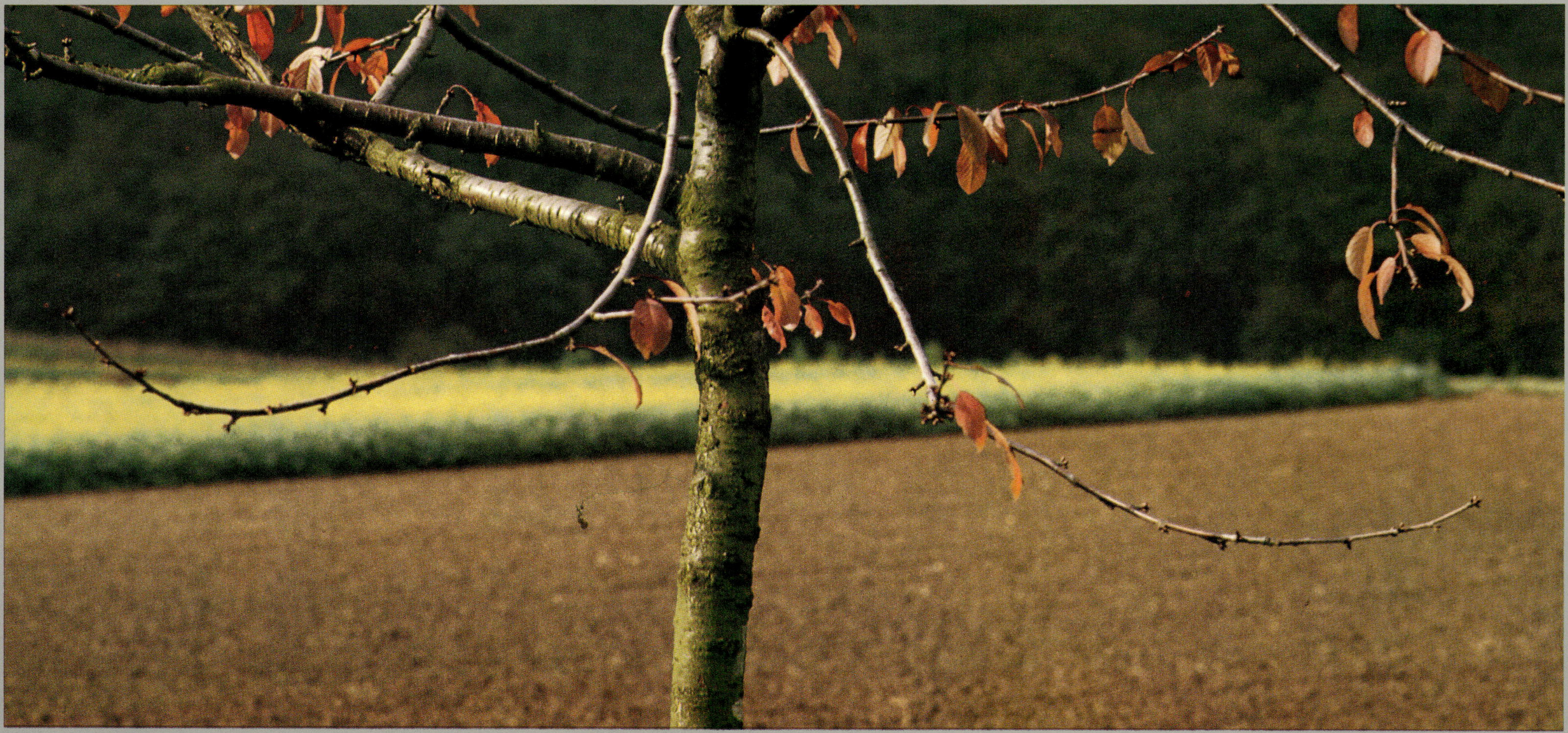

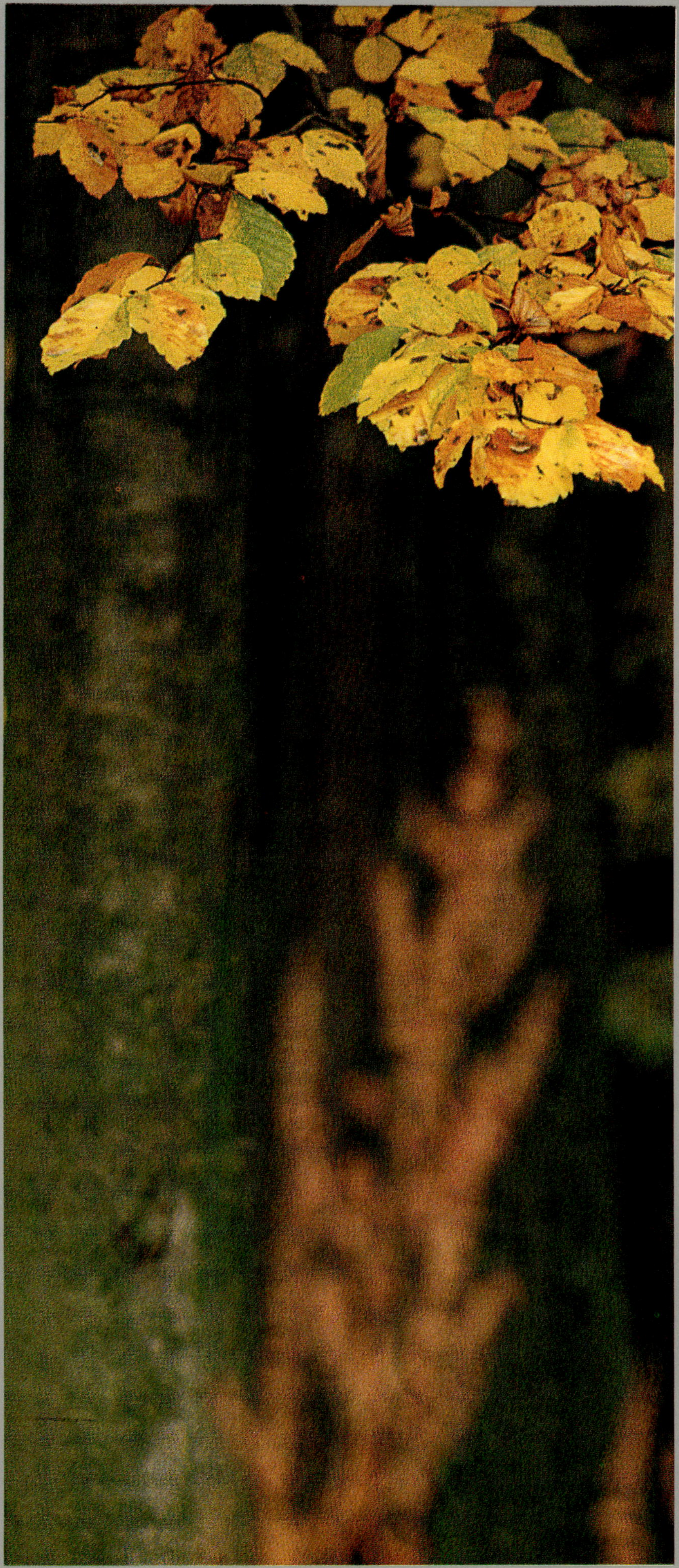

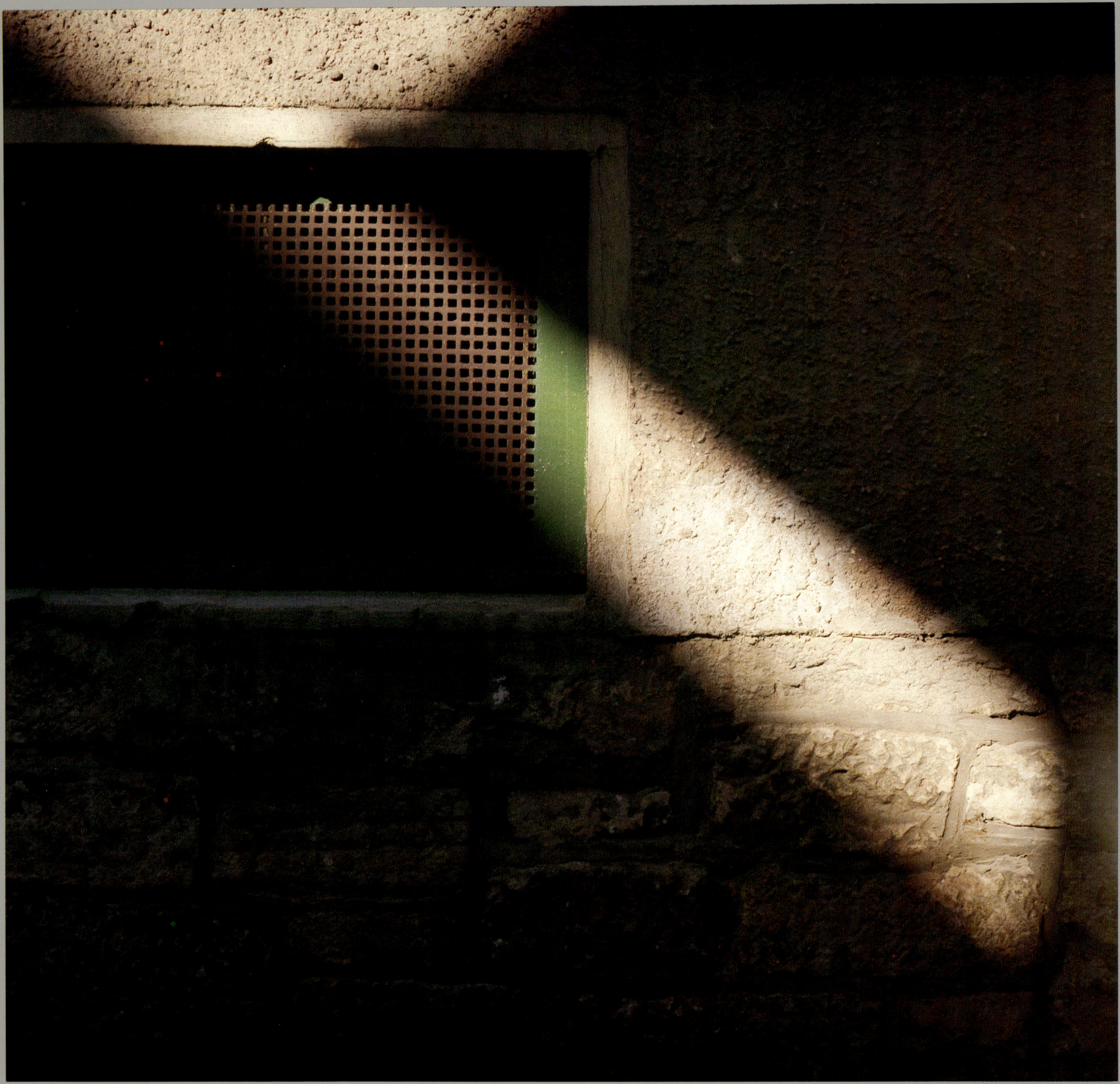

82

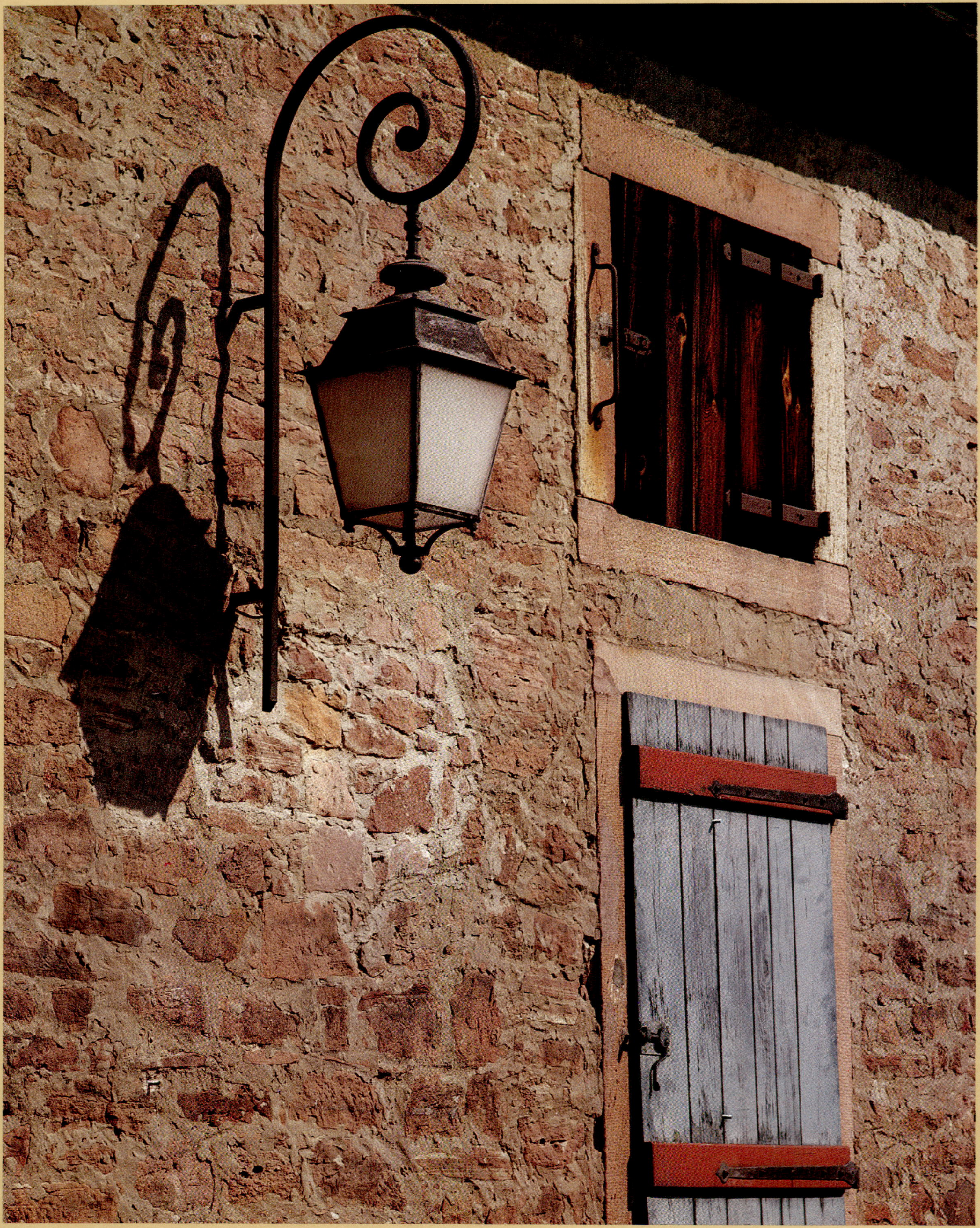

84

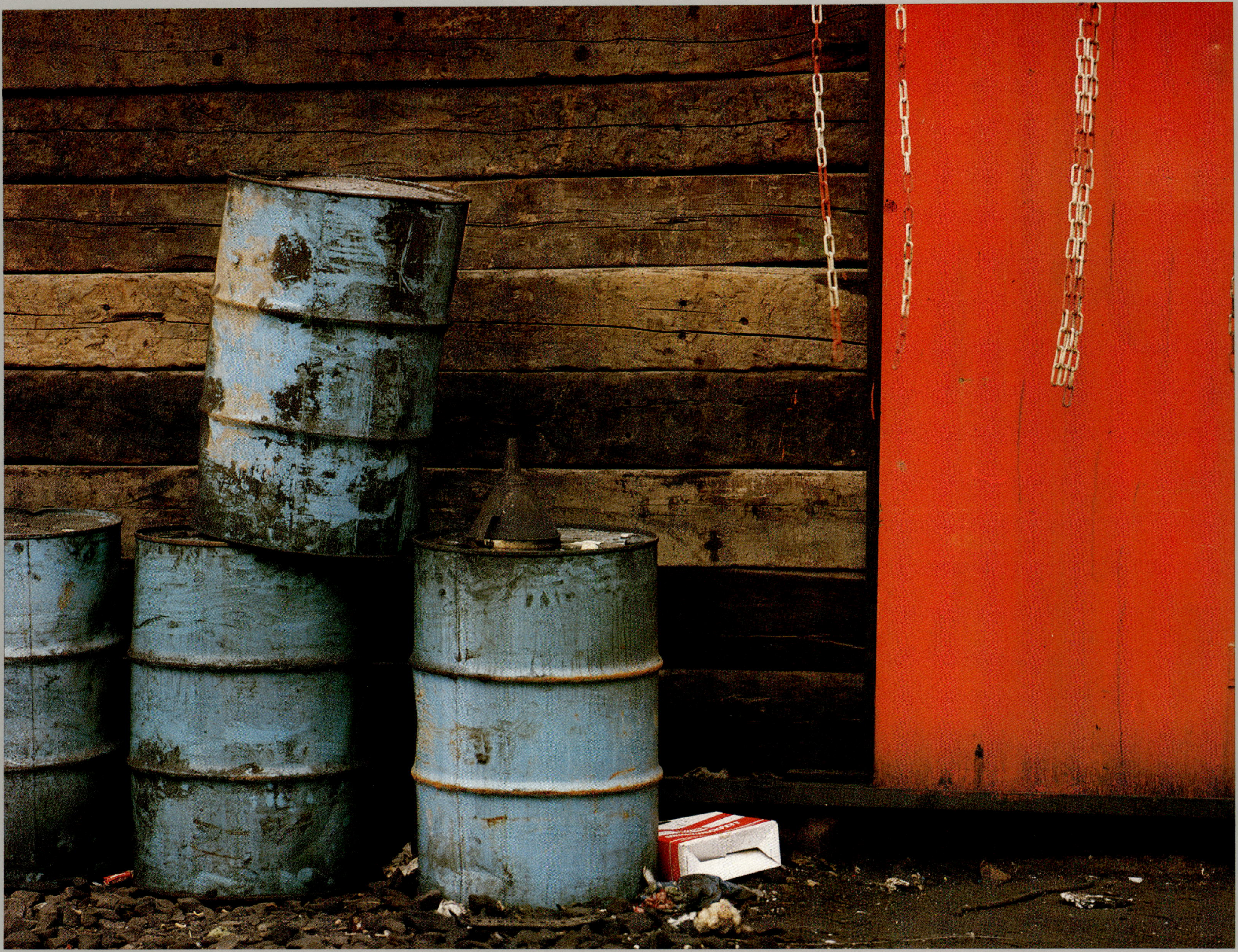

86

87

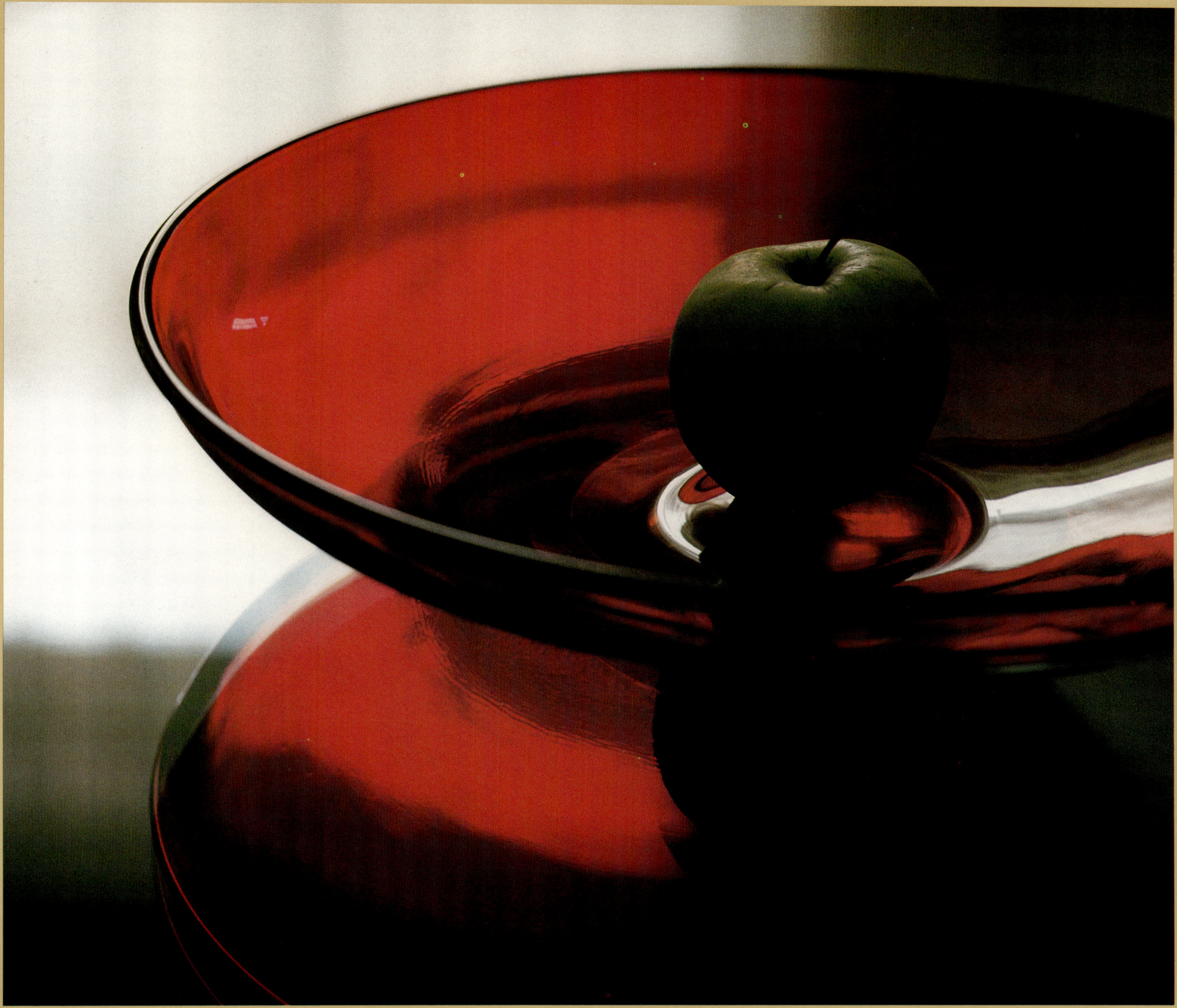

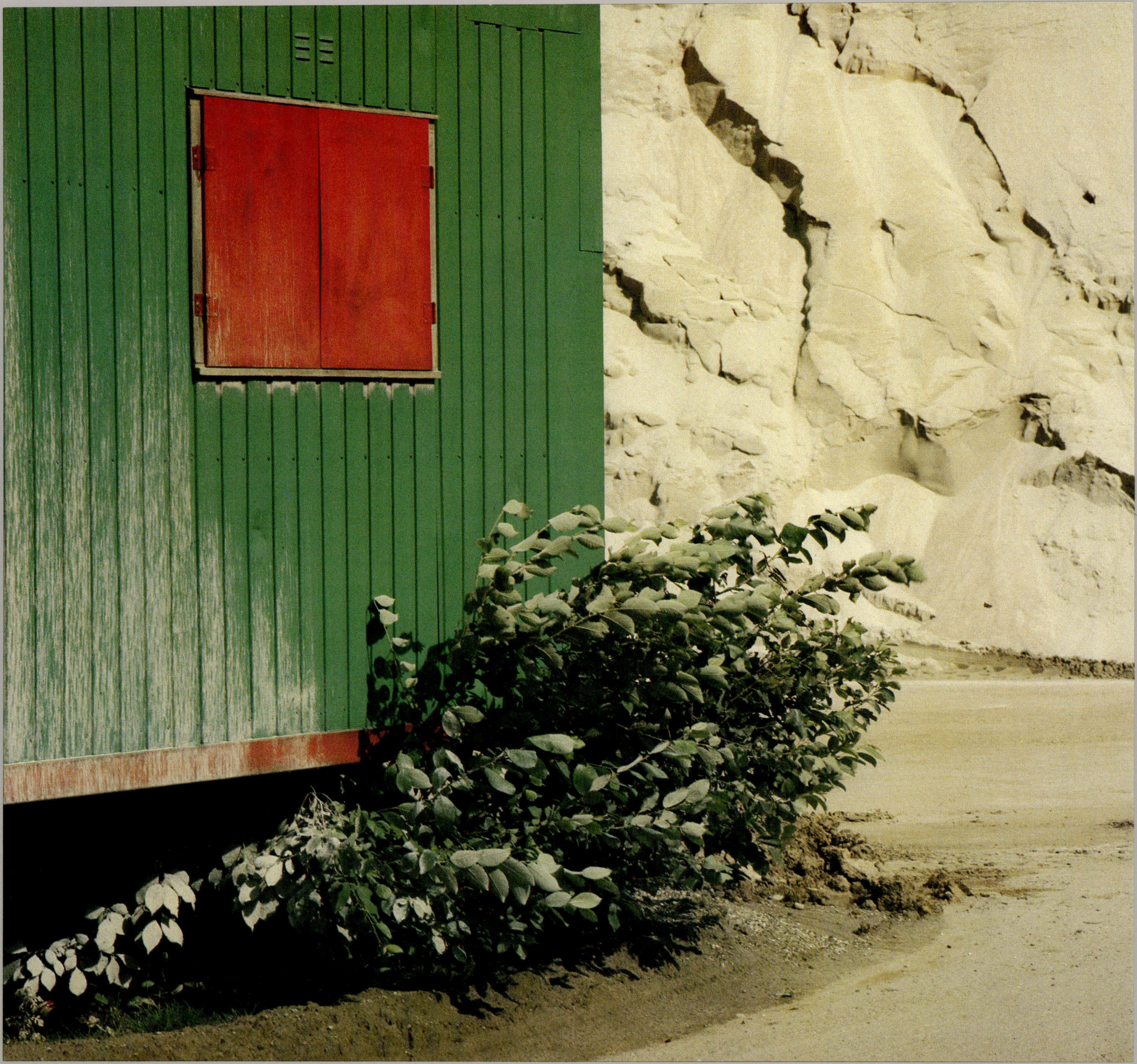

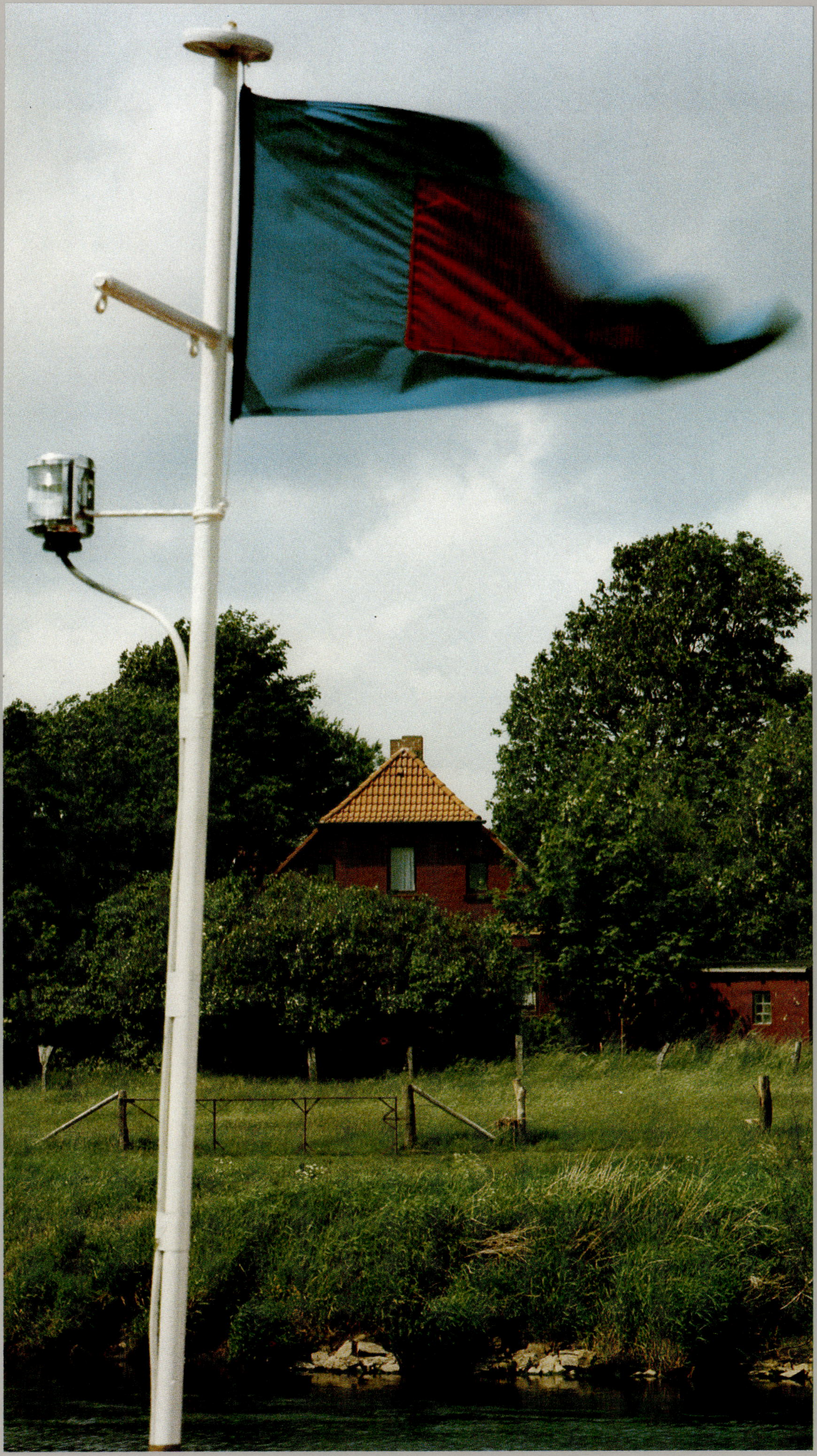

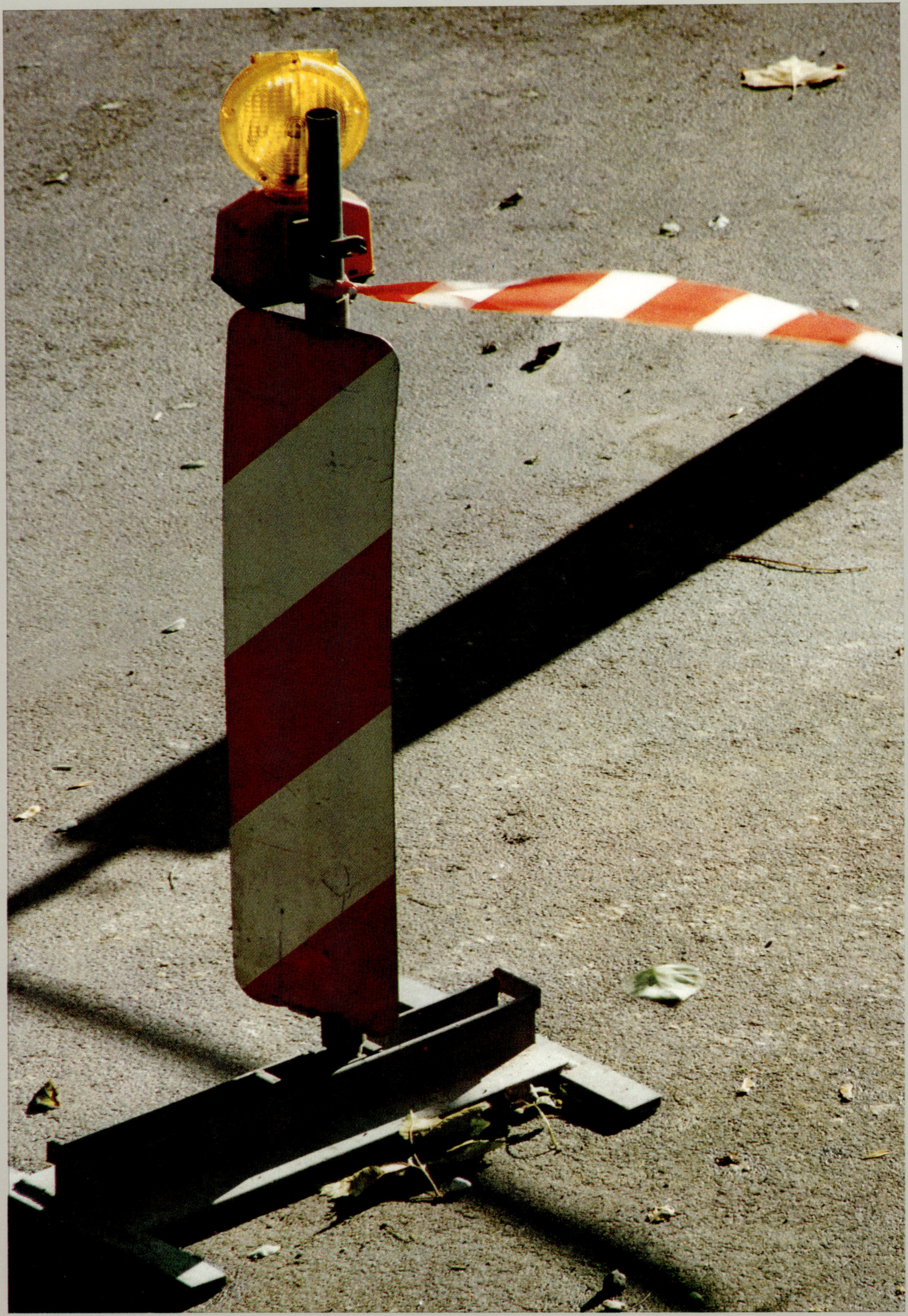

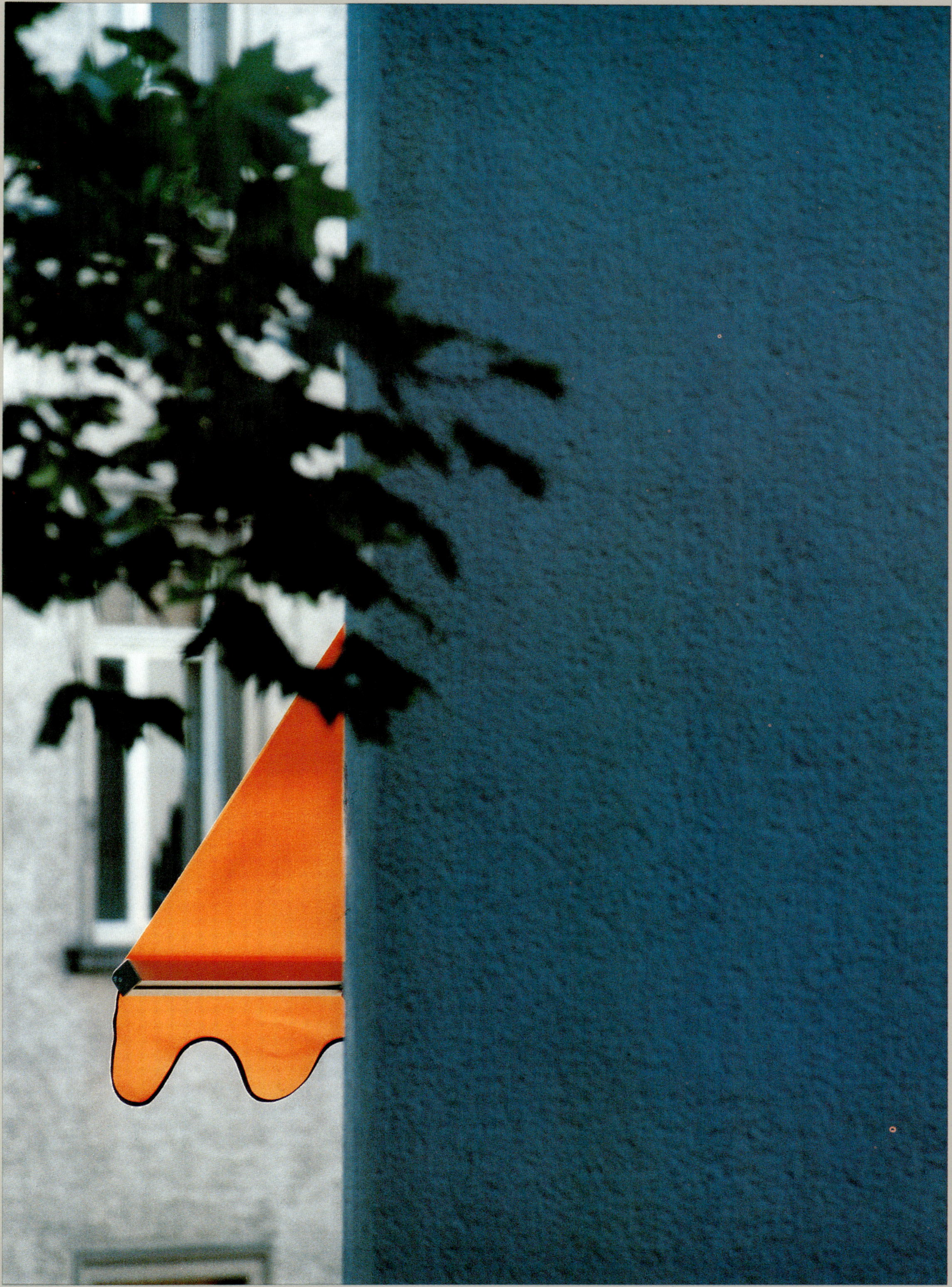

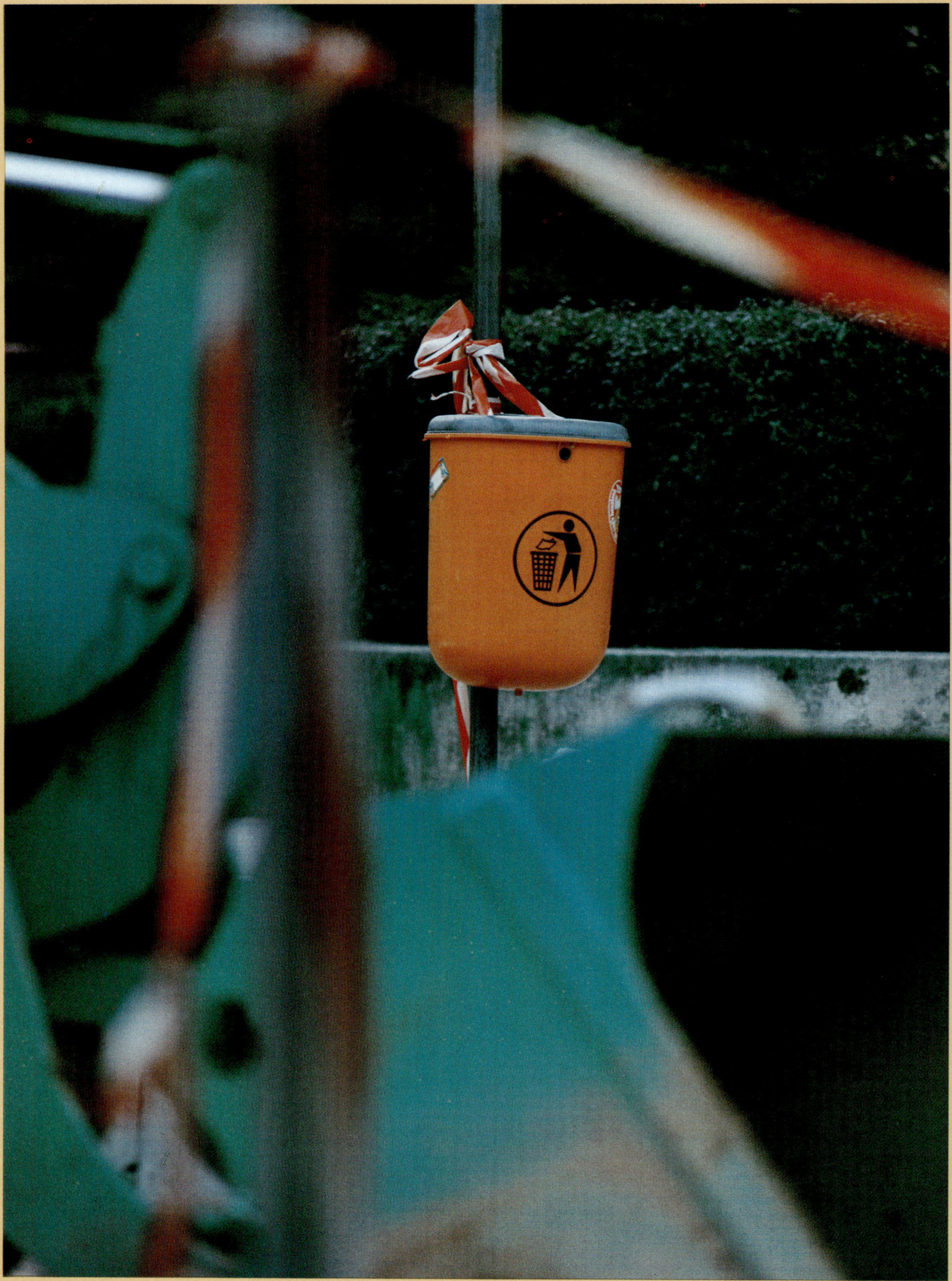

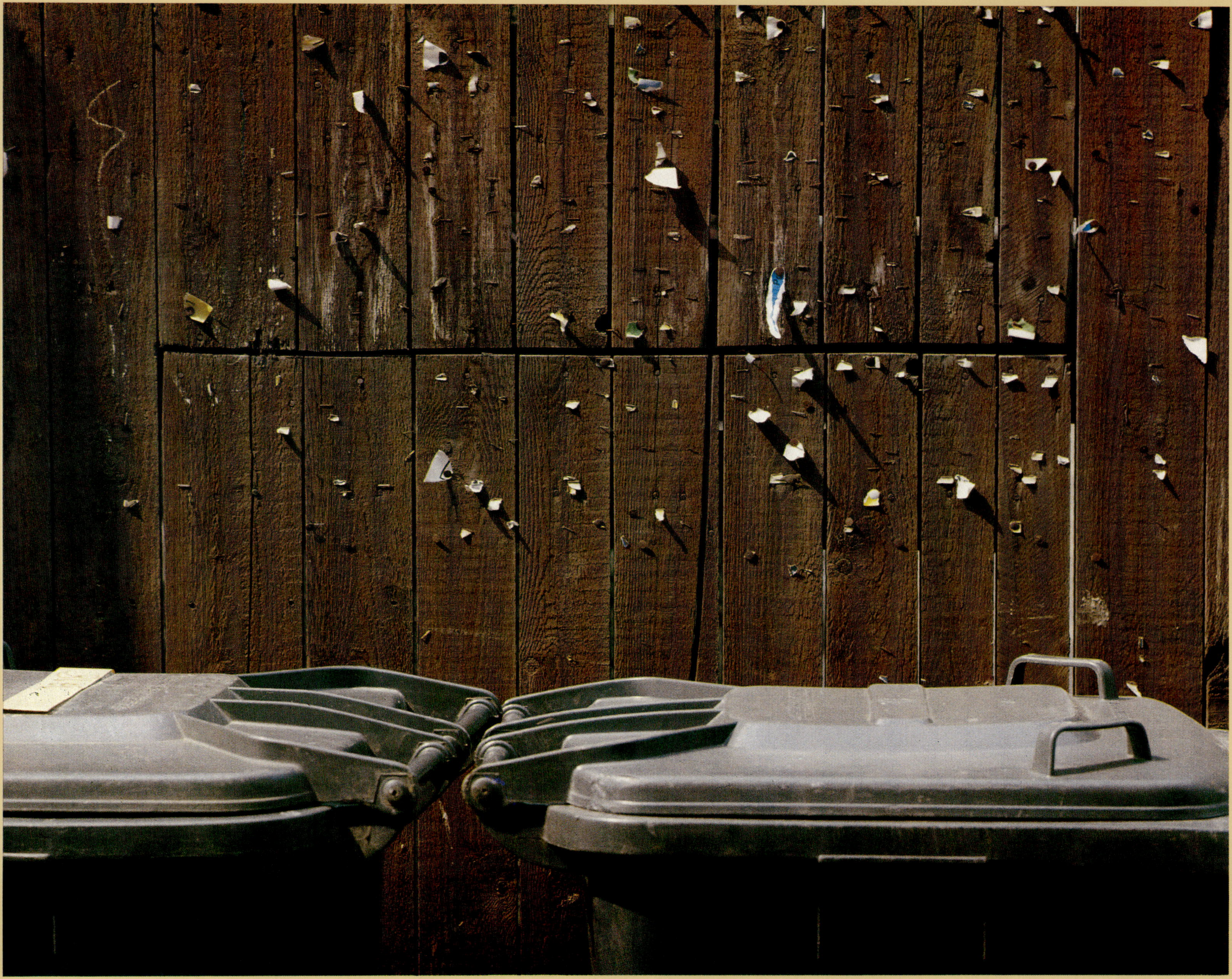

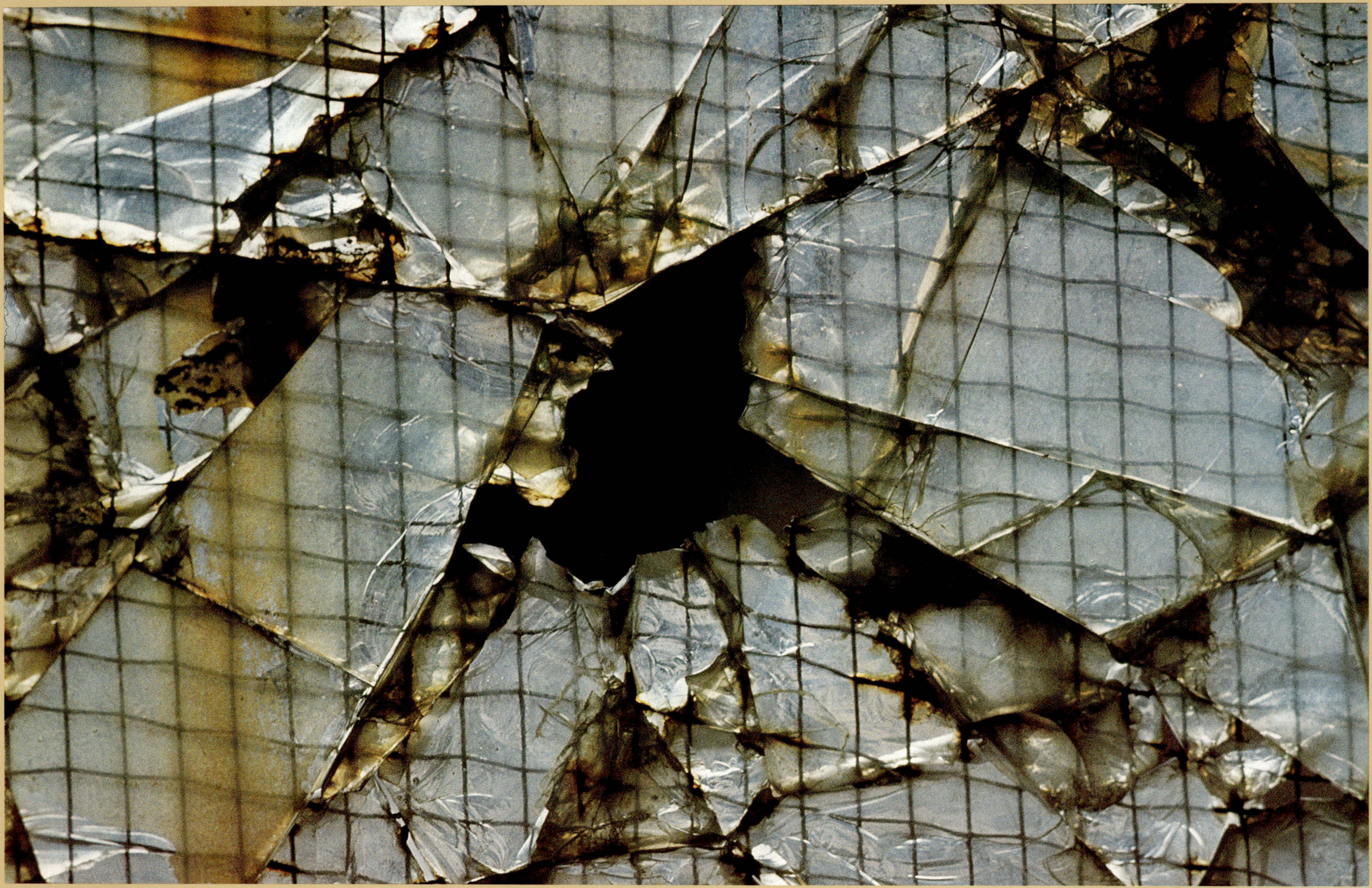

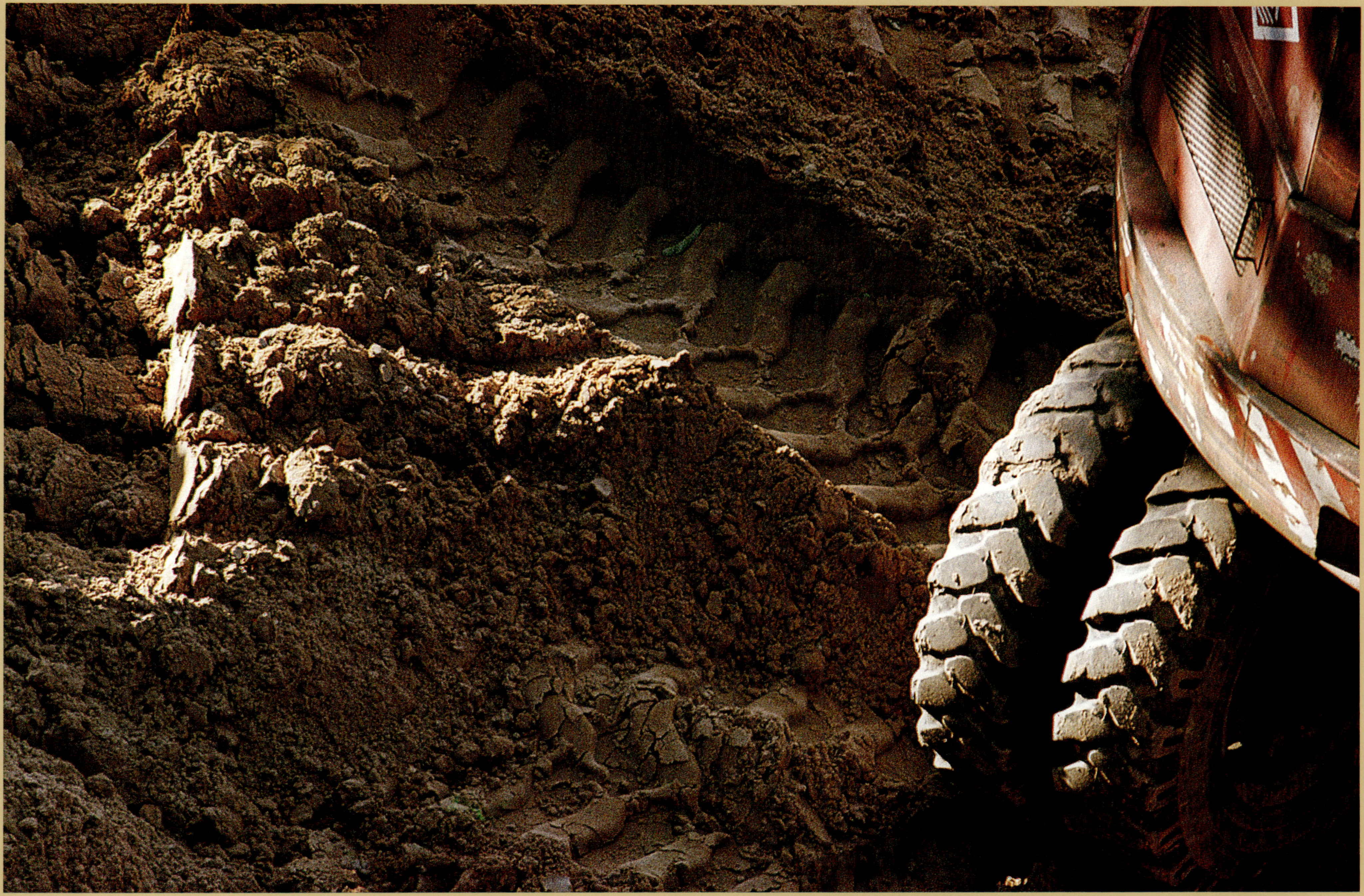

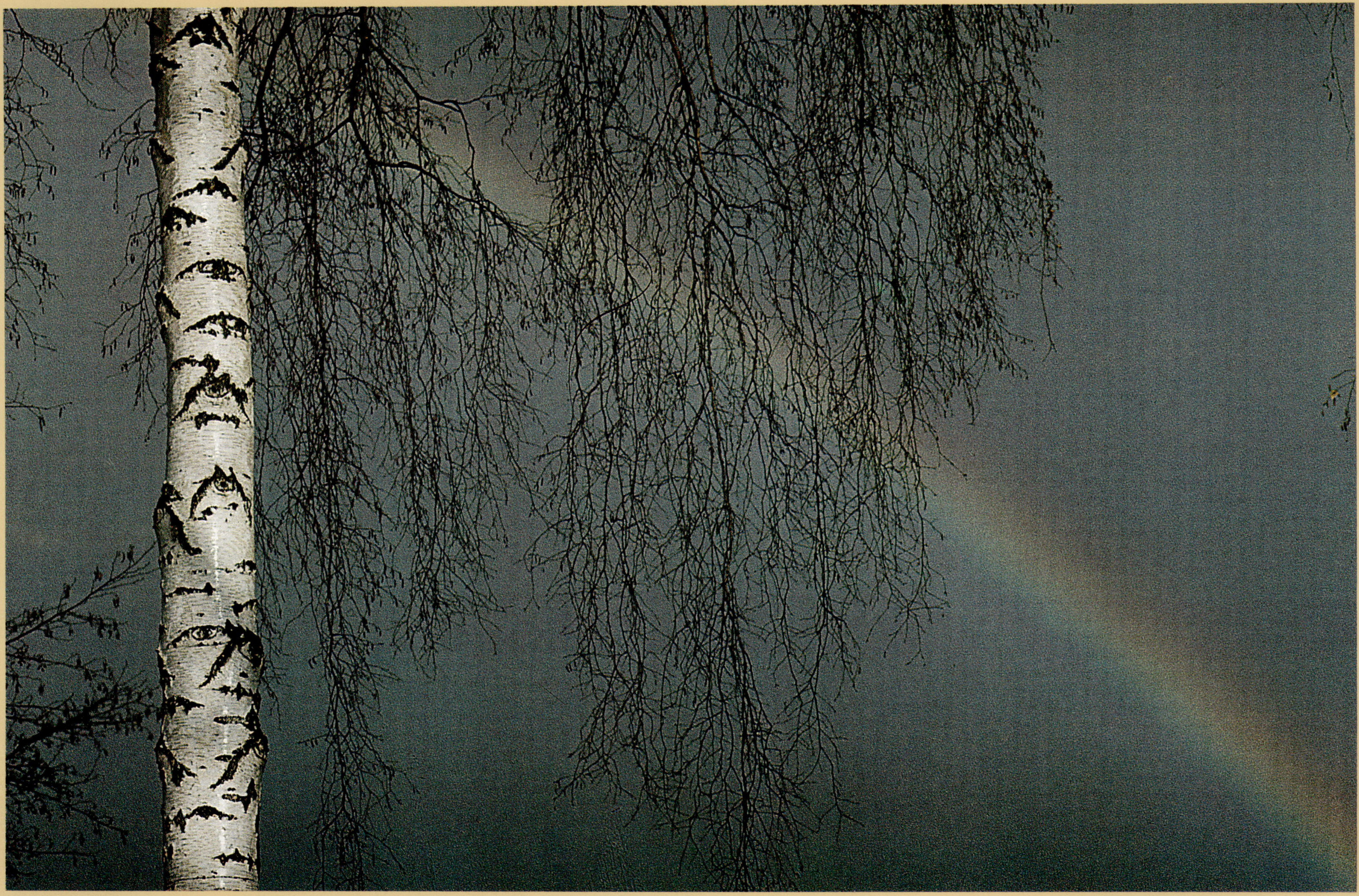

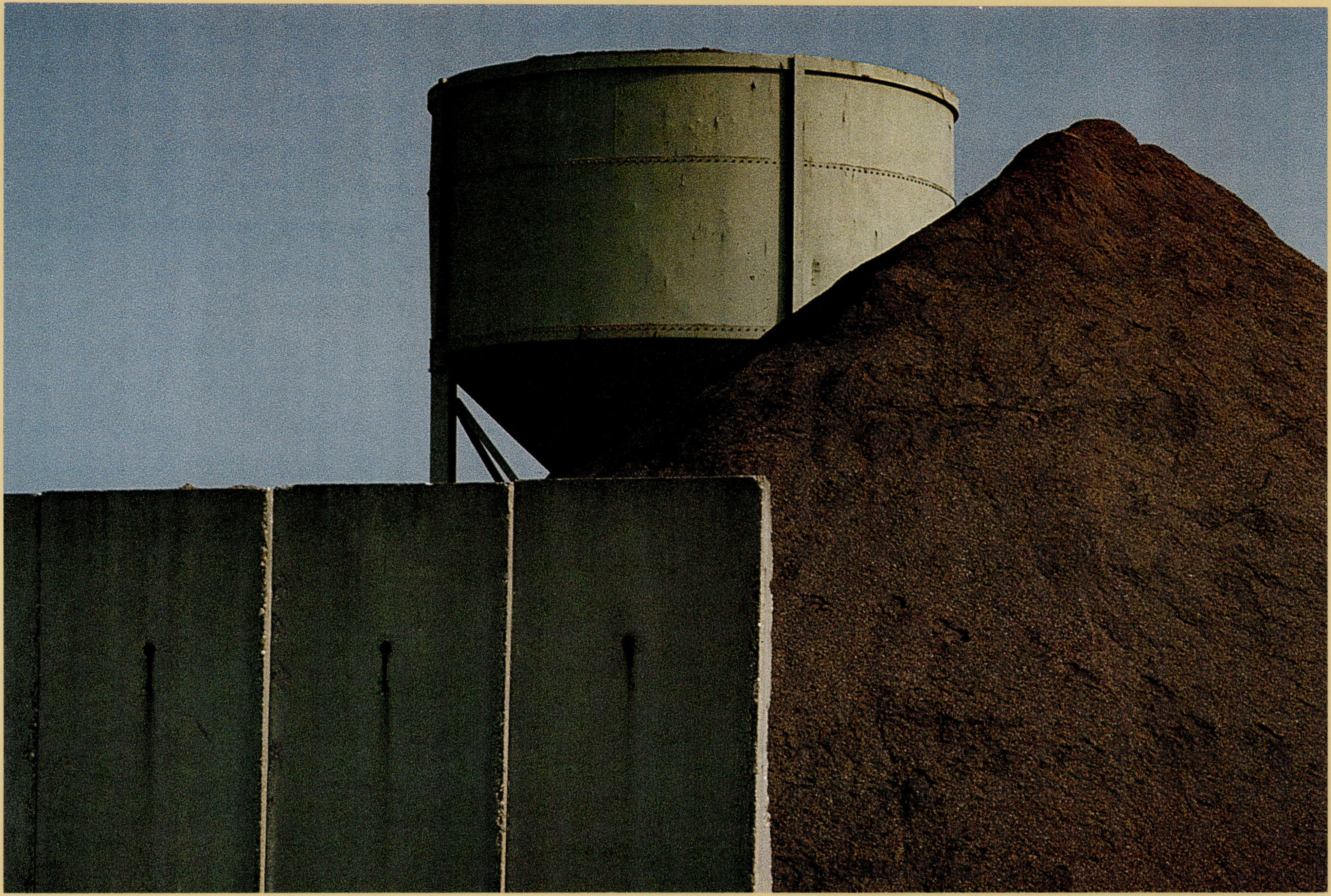

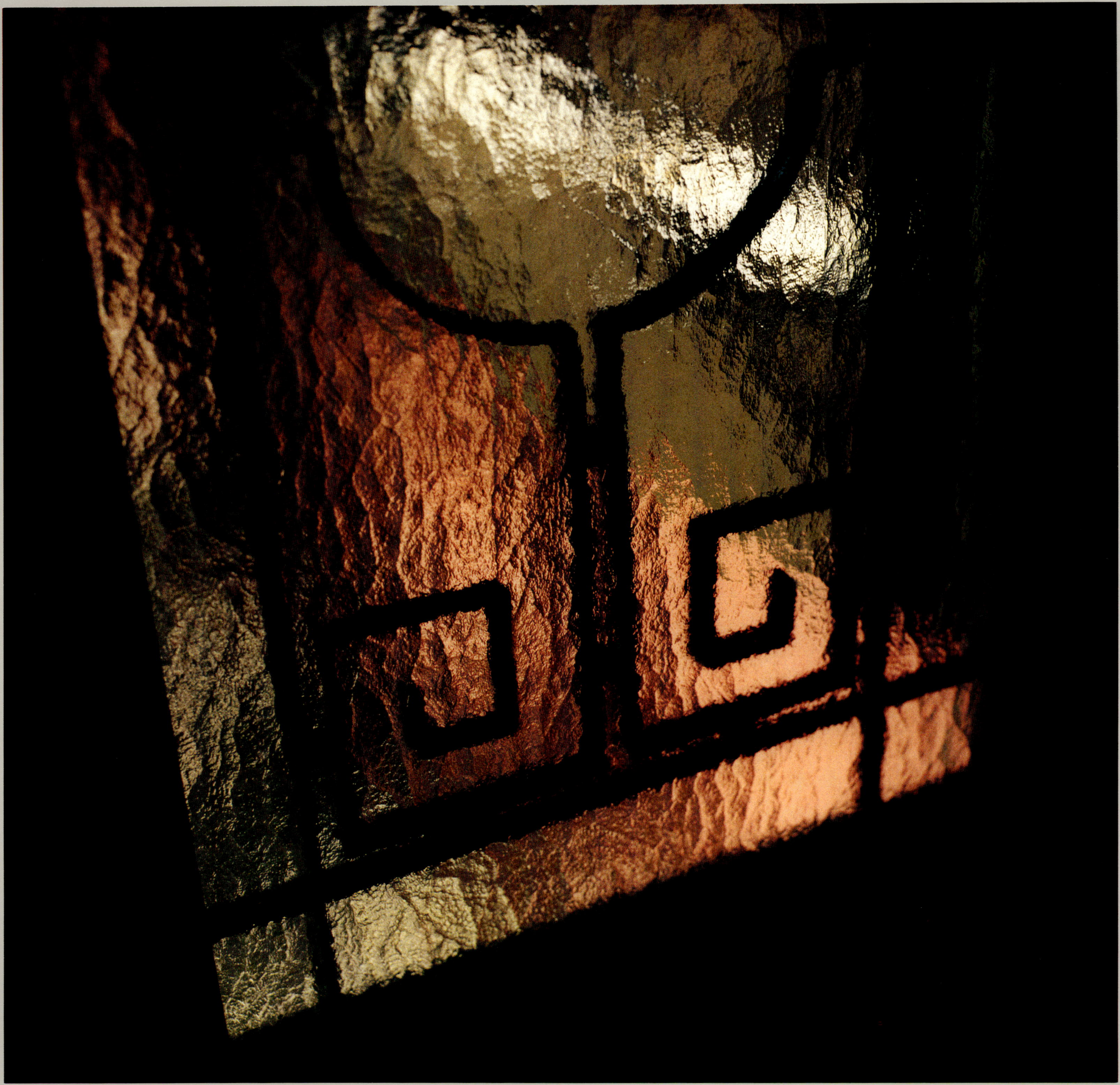

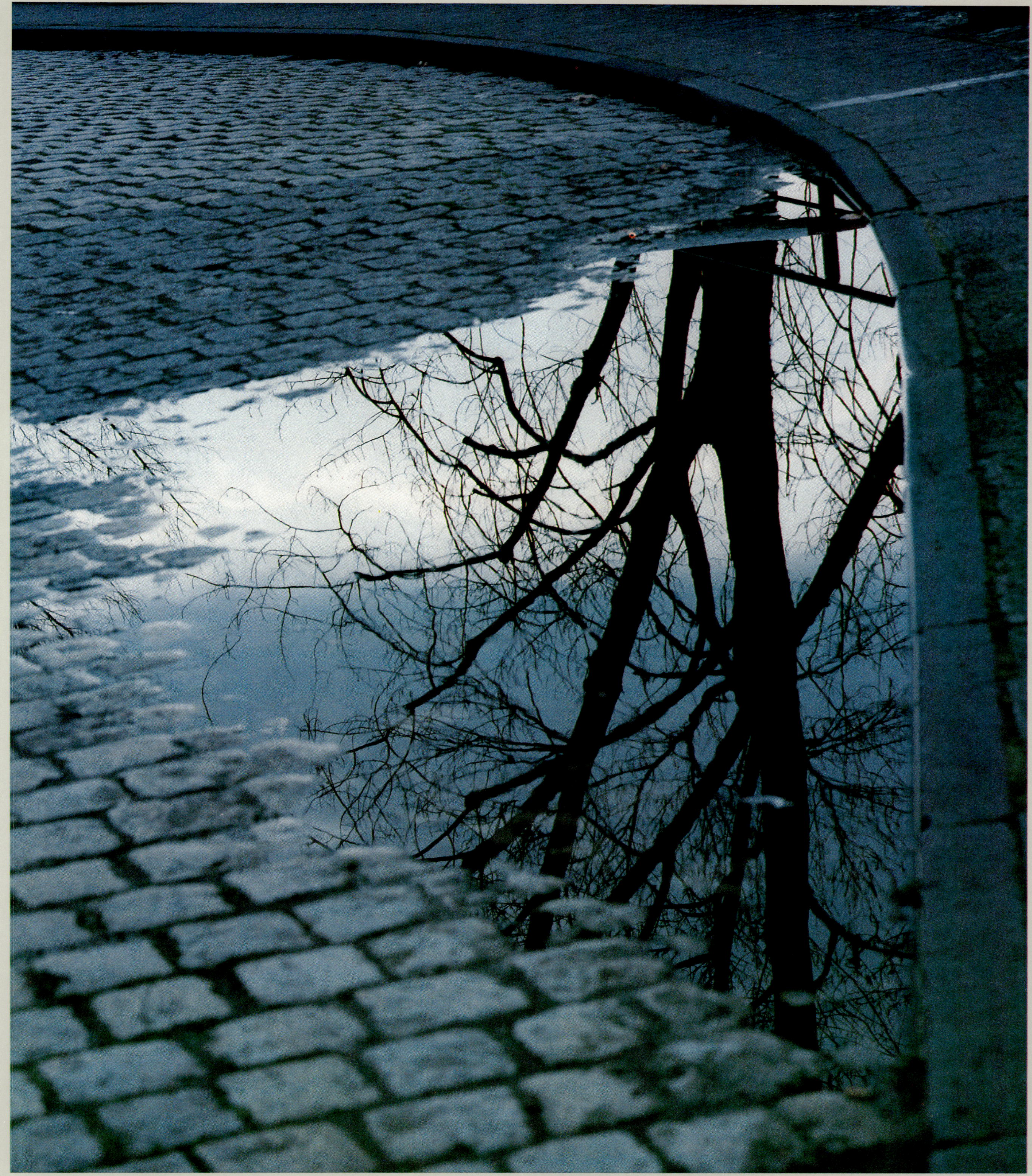

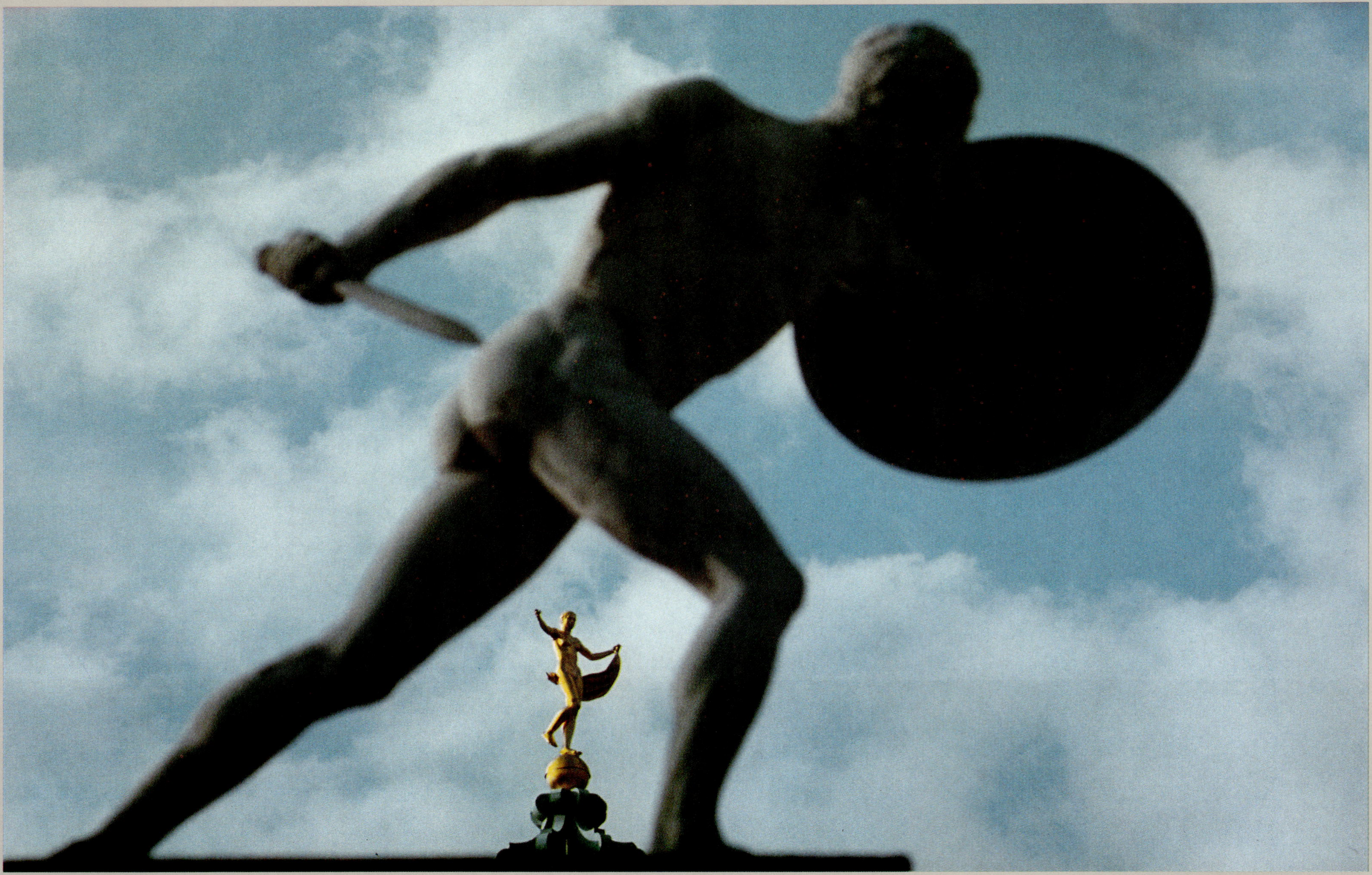

102

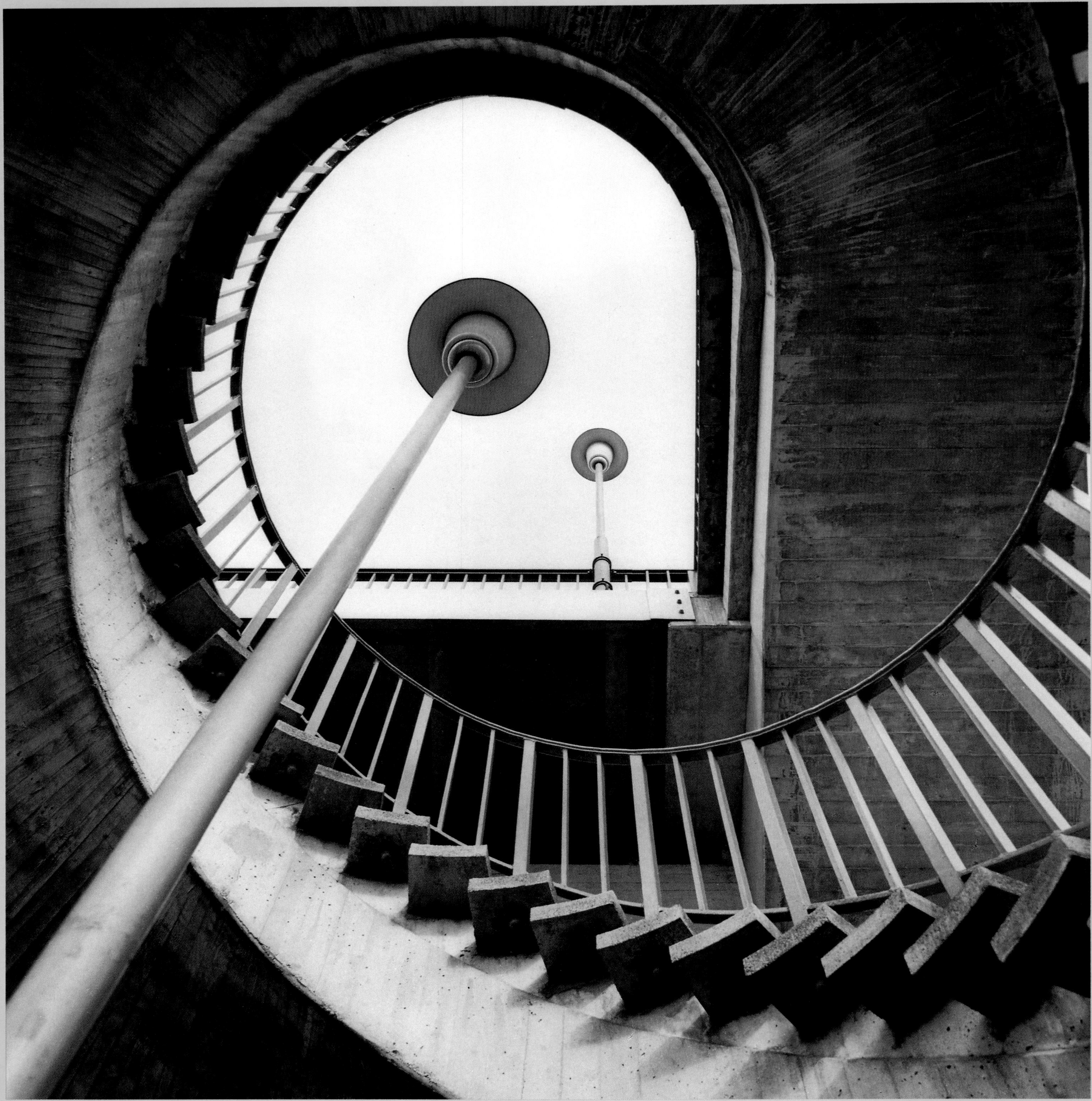

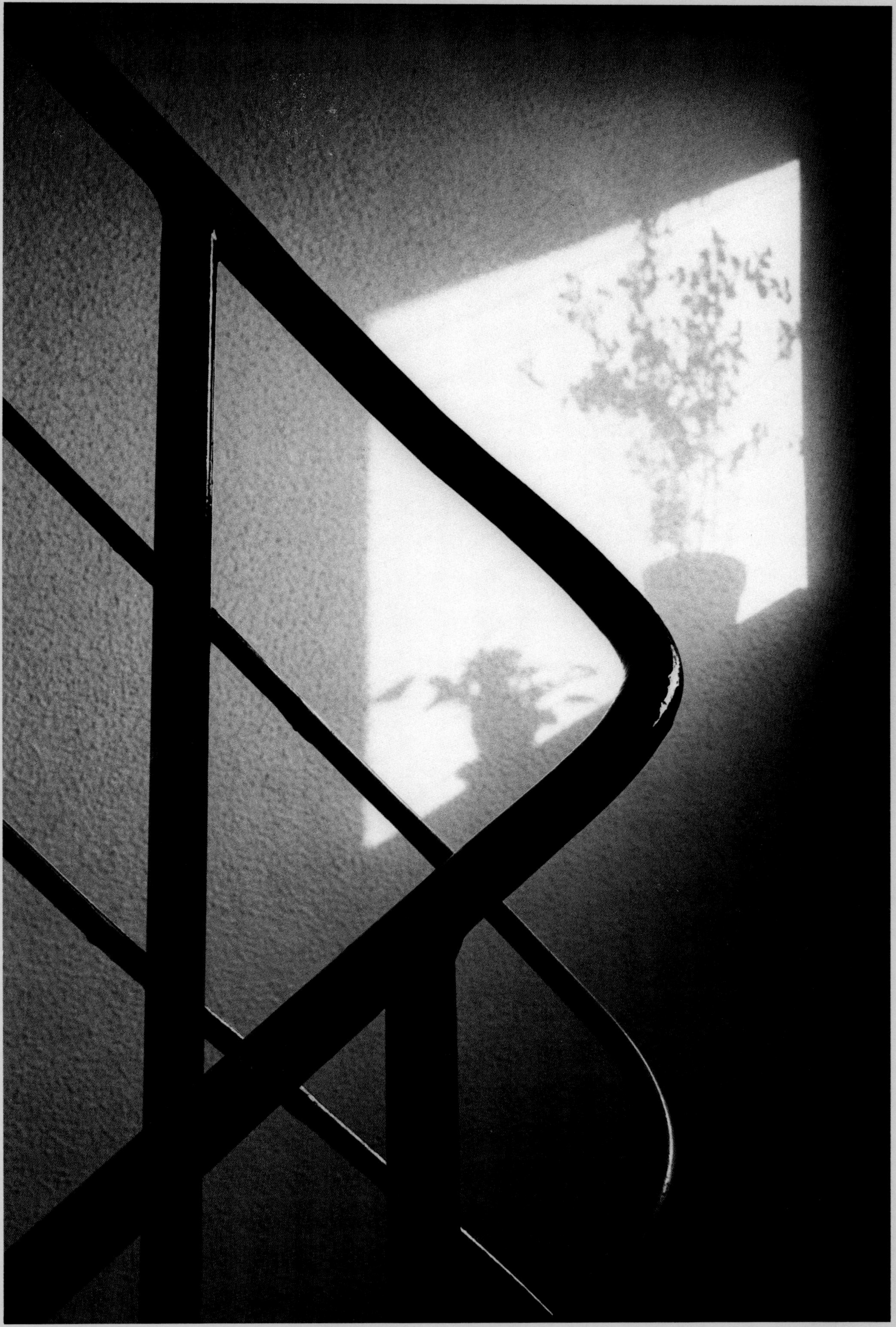

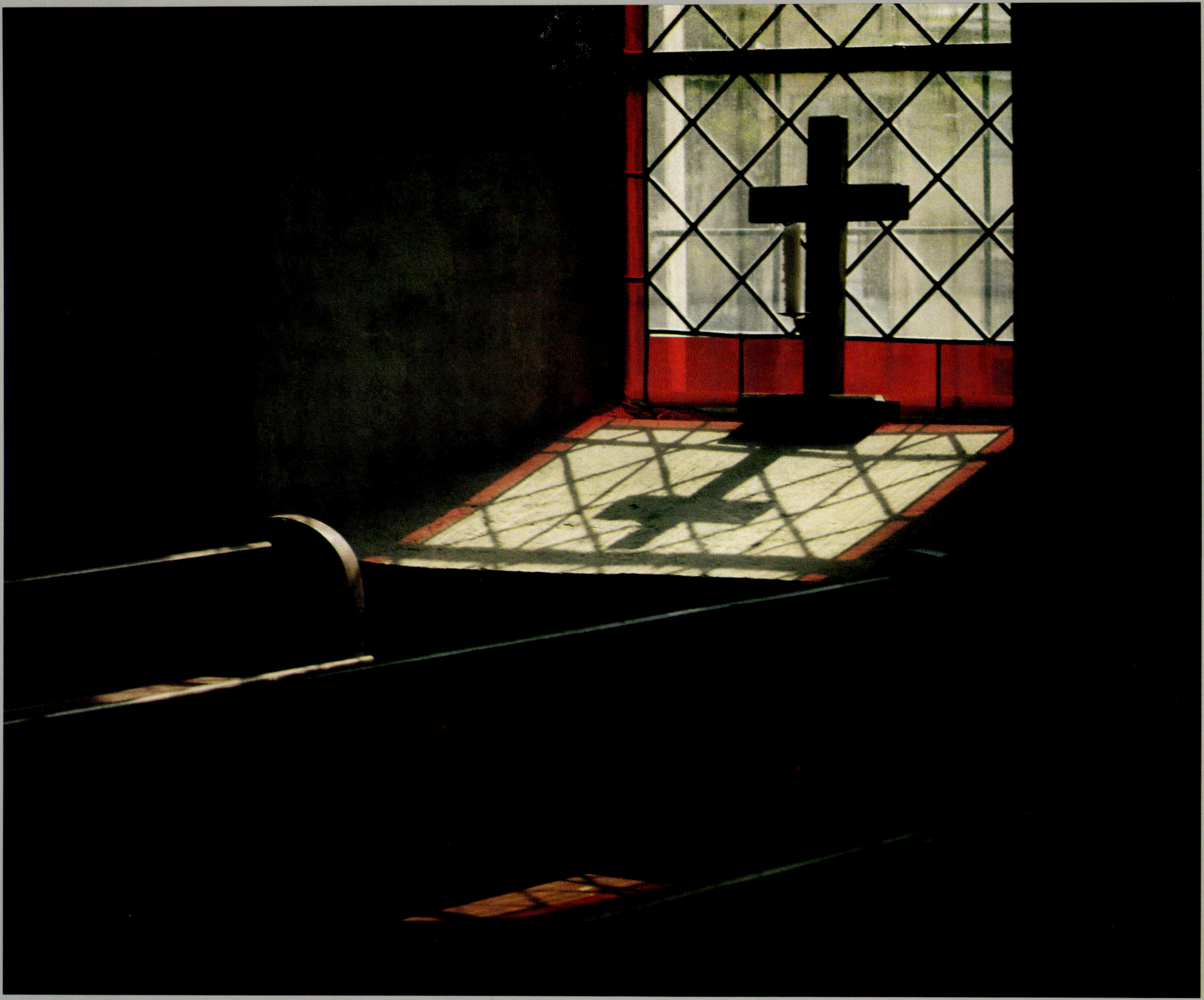

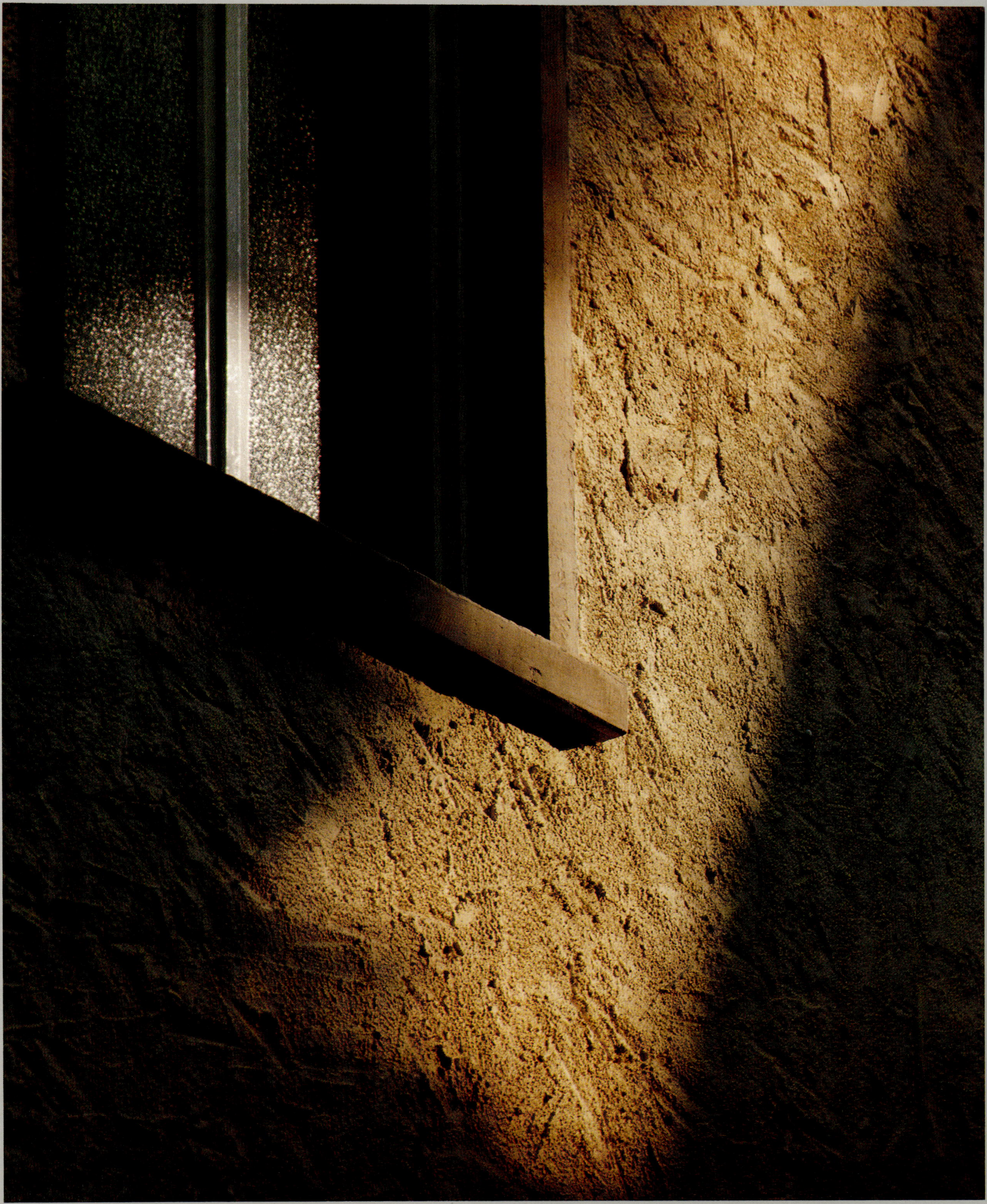

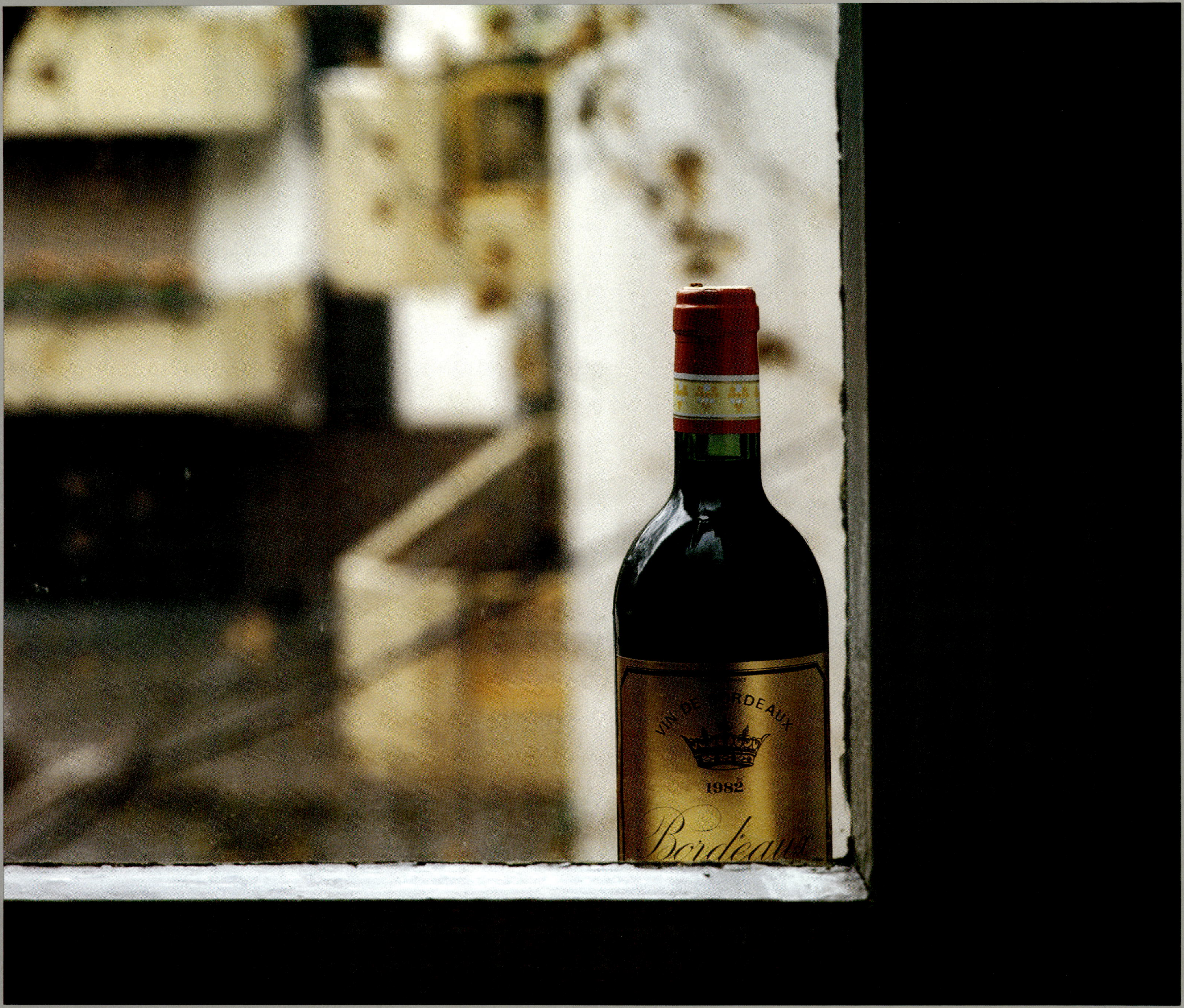
VIN DE BORDEAUX
1982
Bordeaux

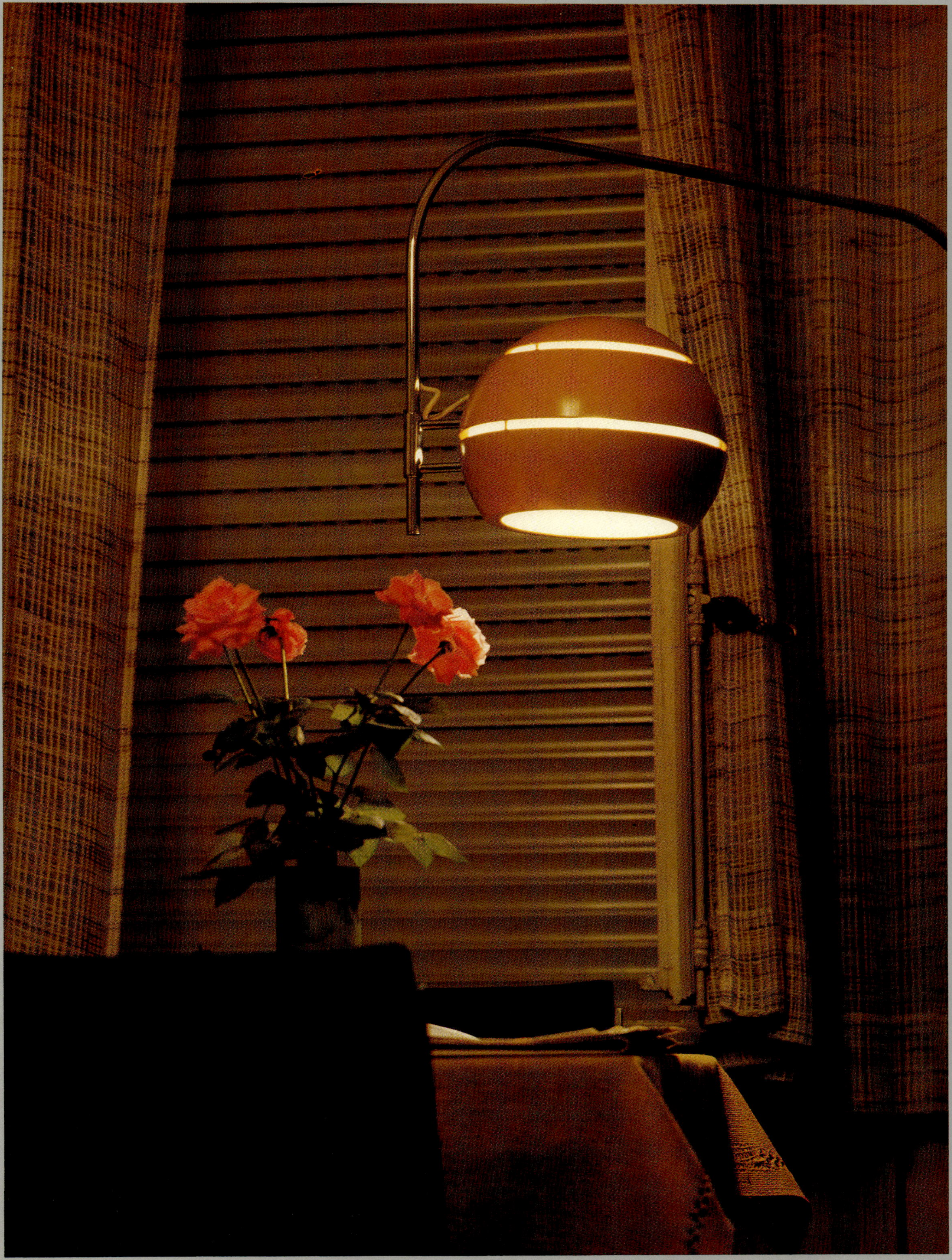

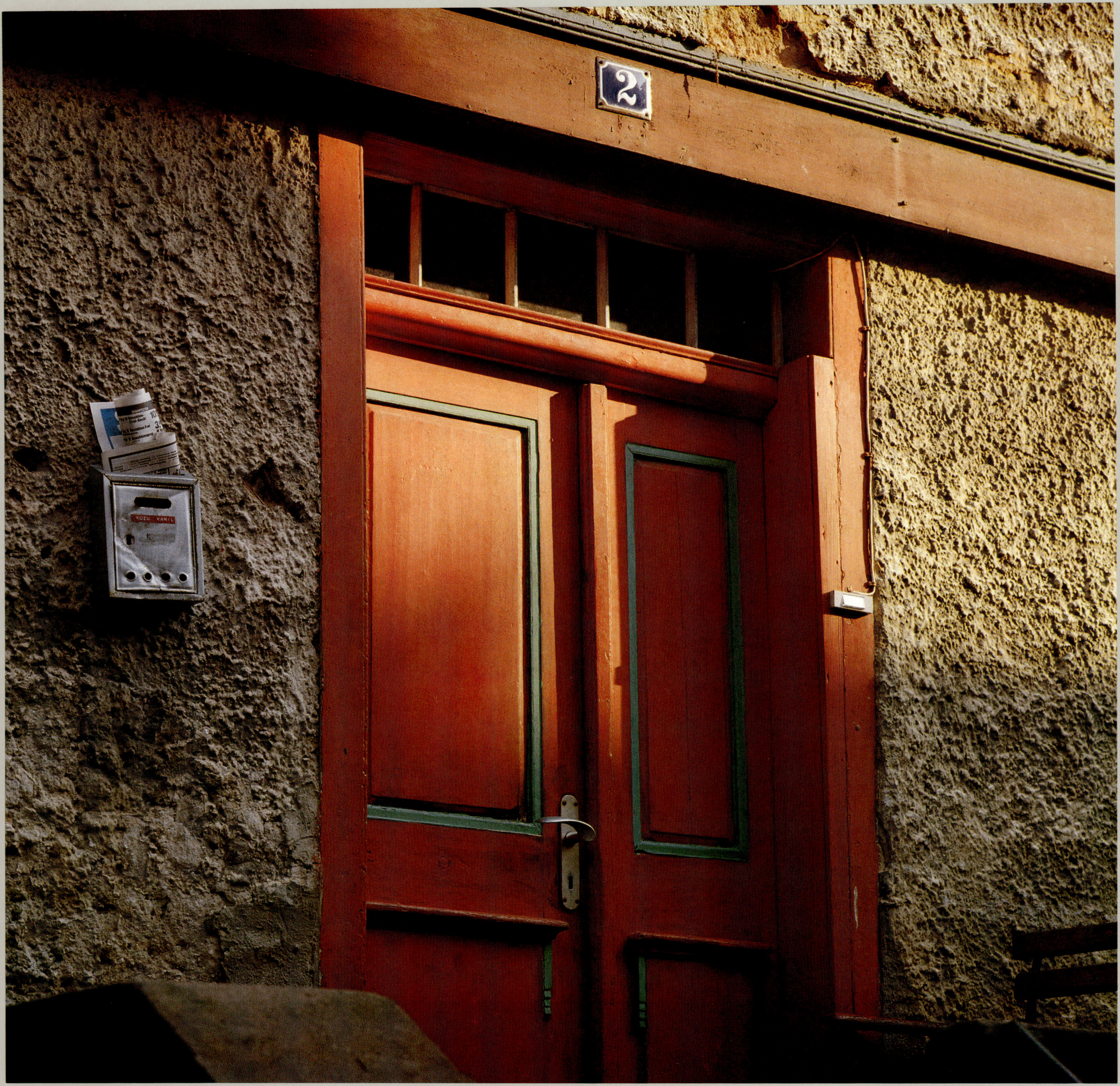
2
KUZU KAMIL

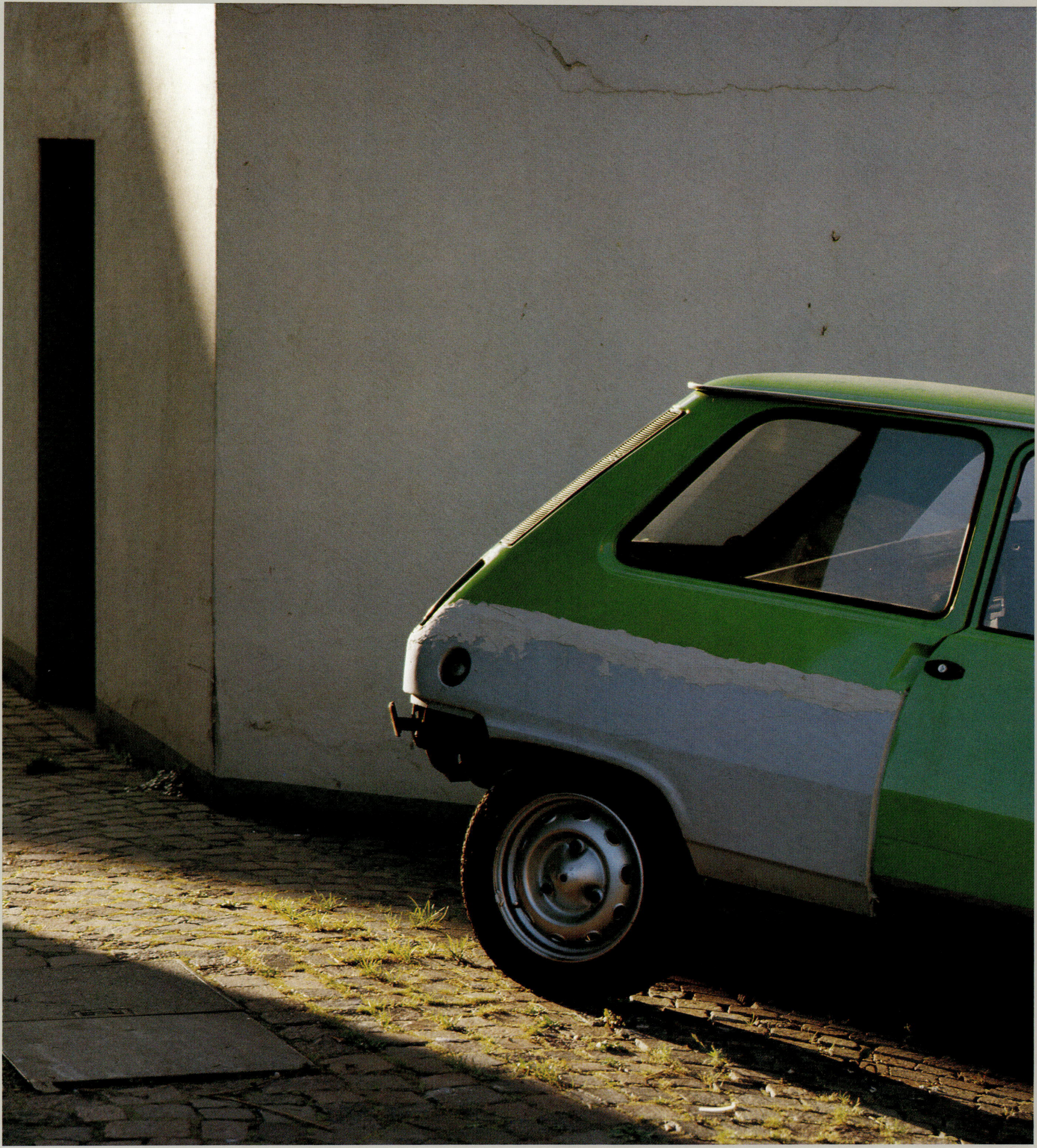

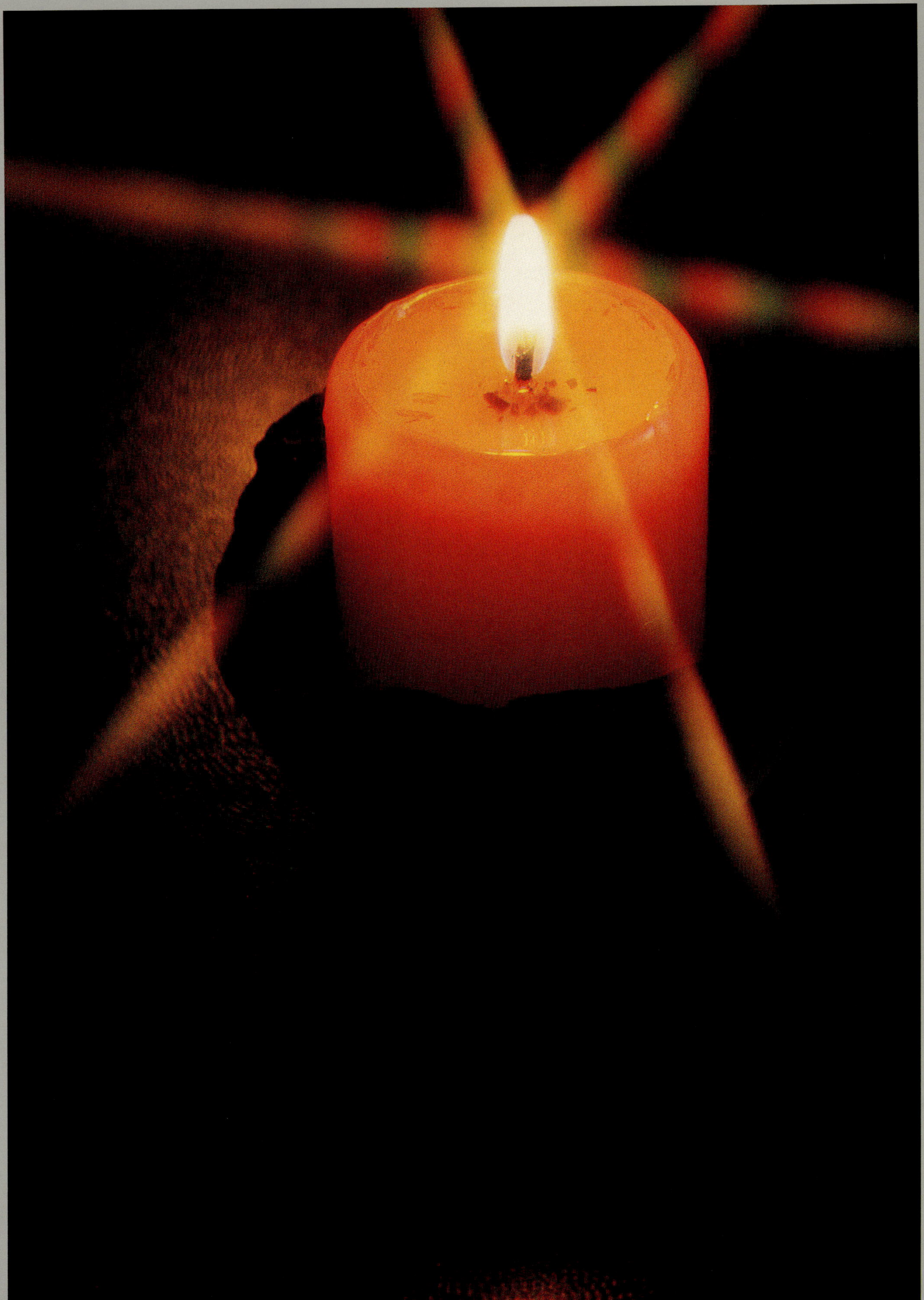

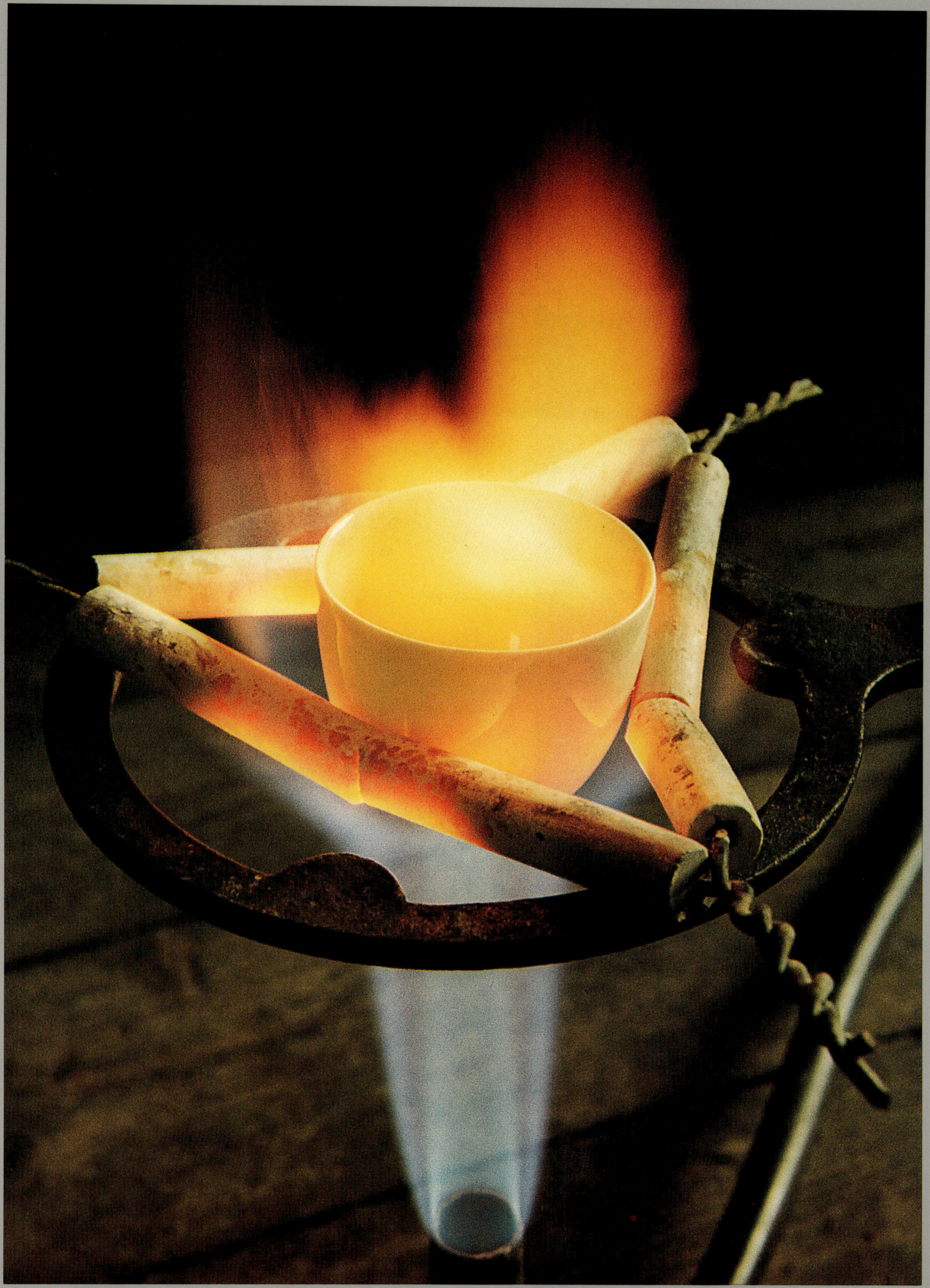

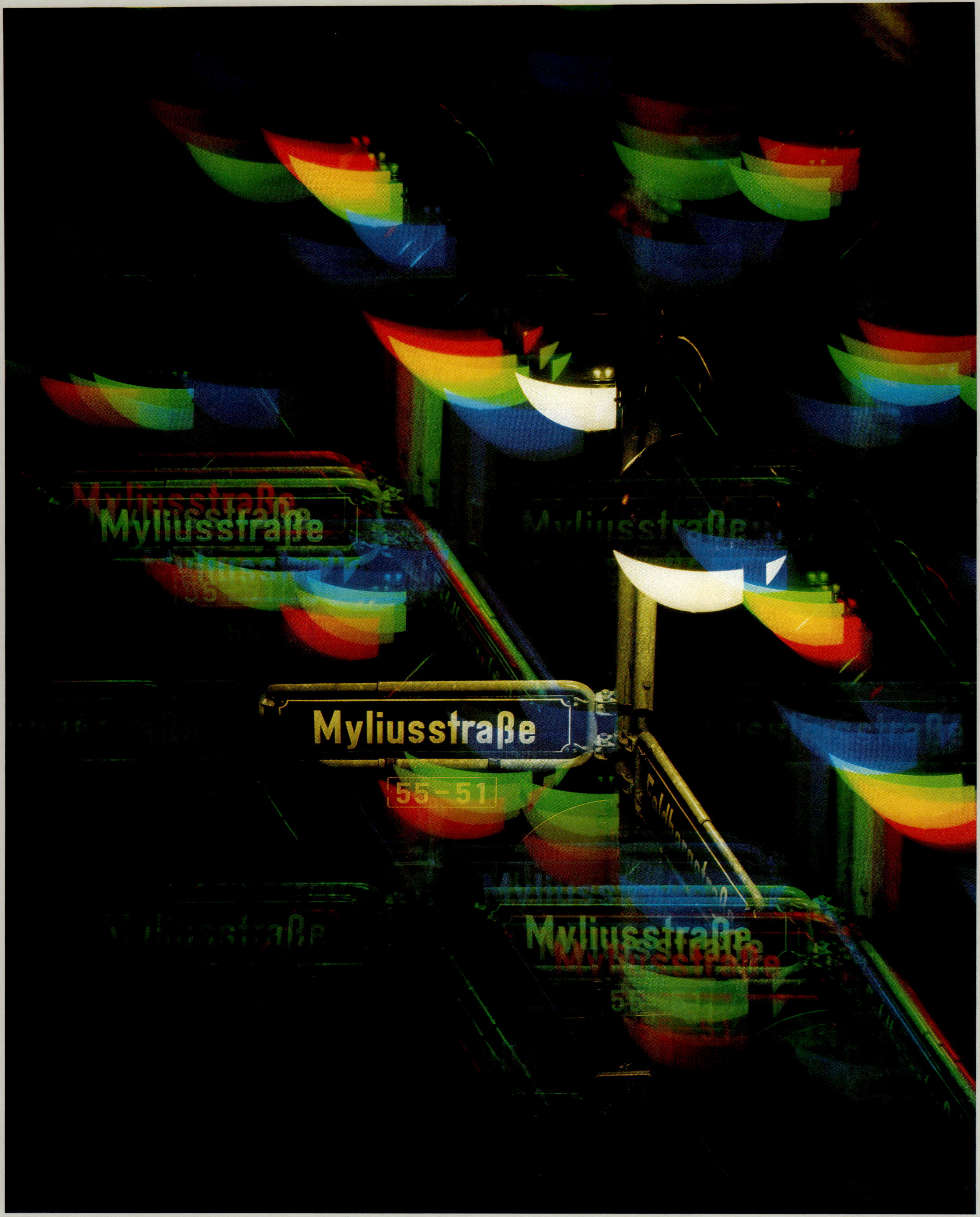
Myliusstraße
55 – 51

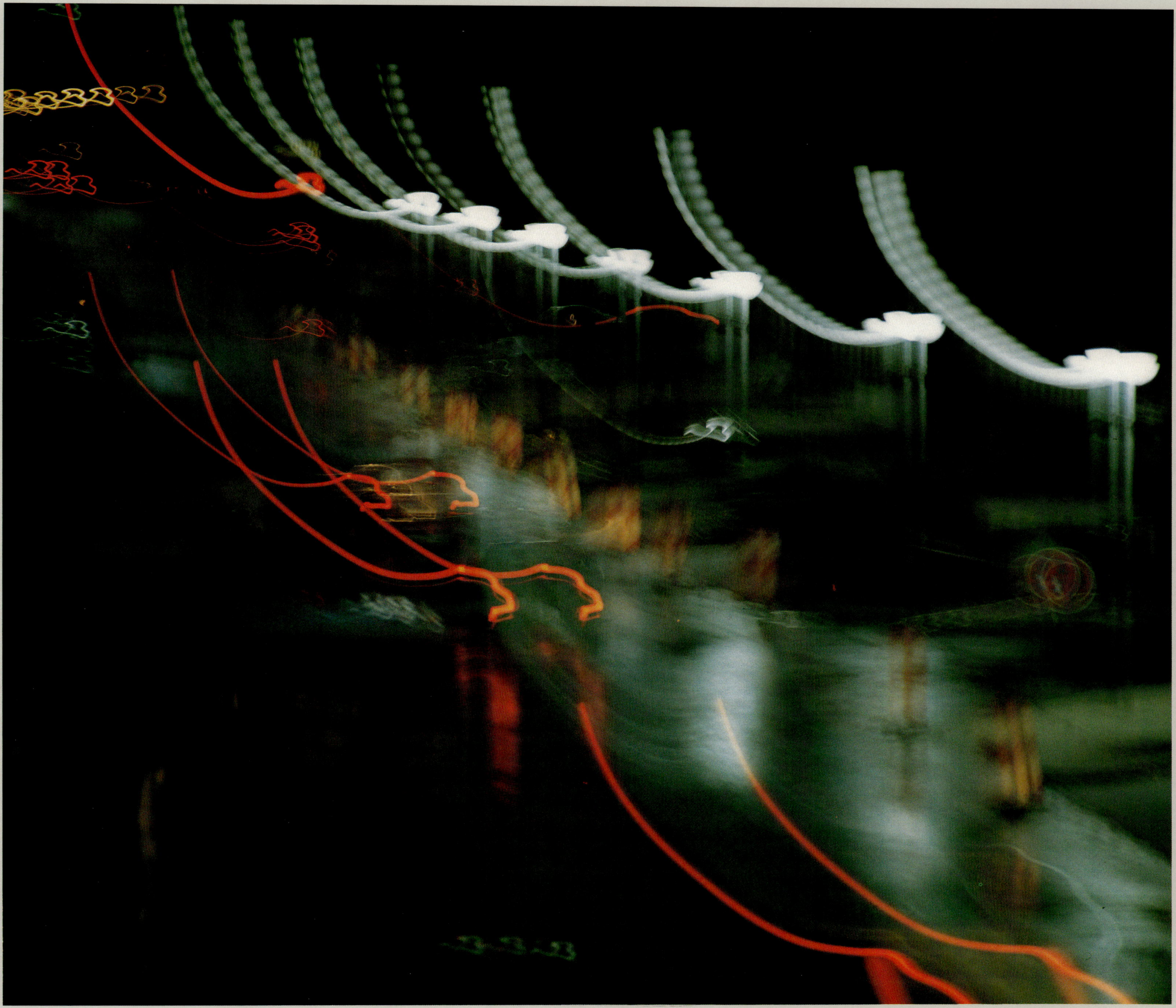

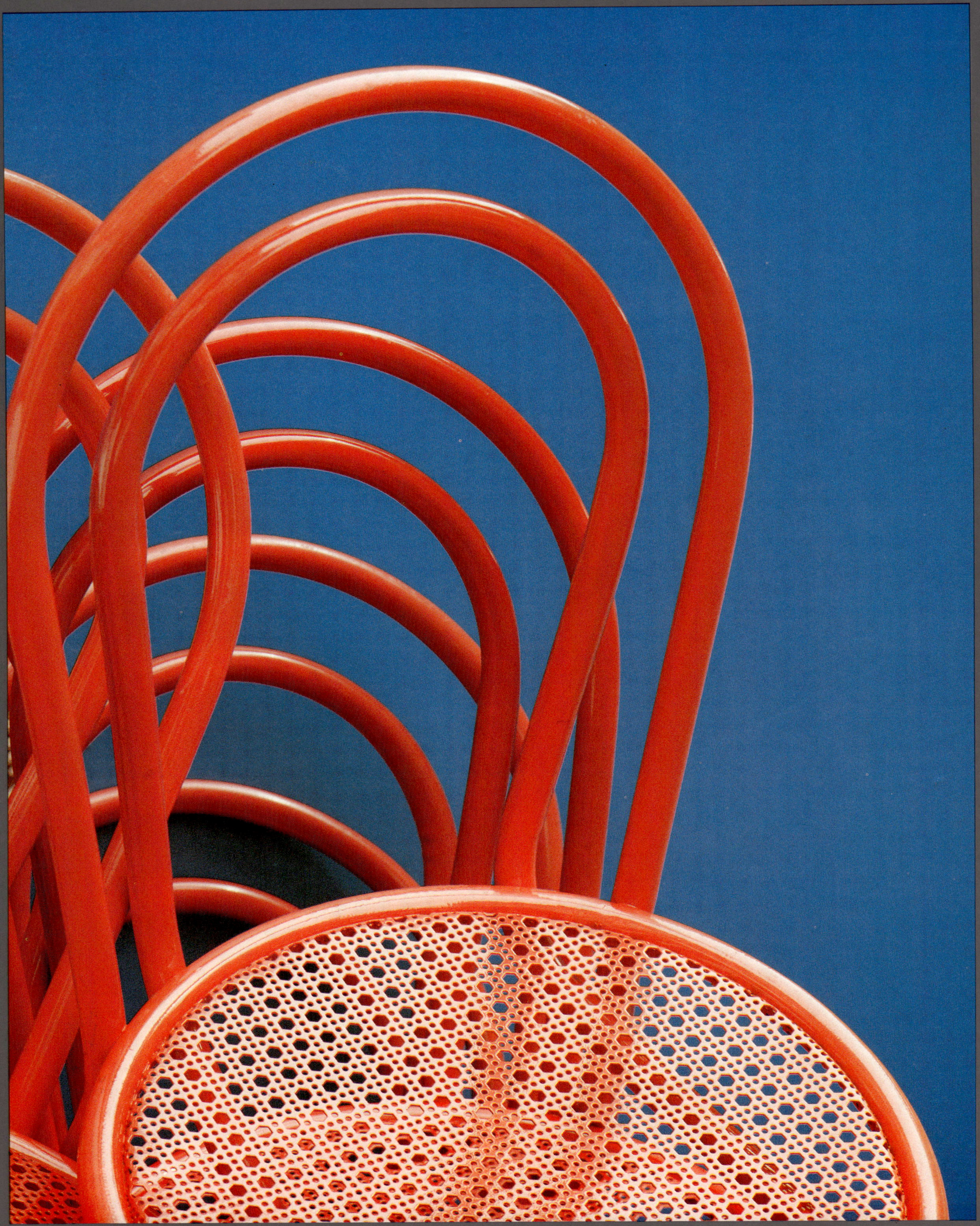

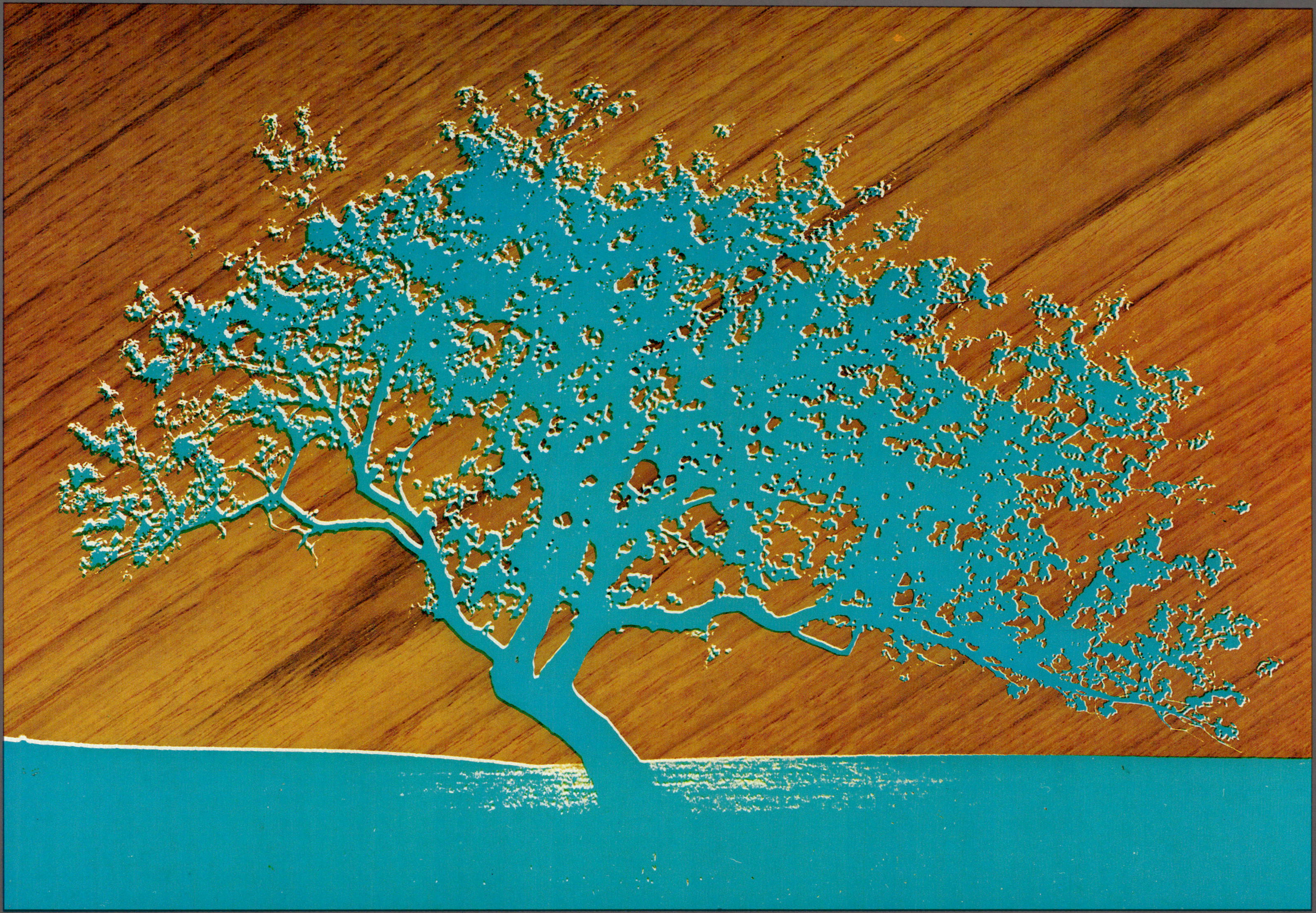

118

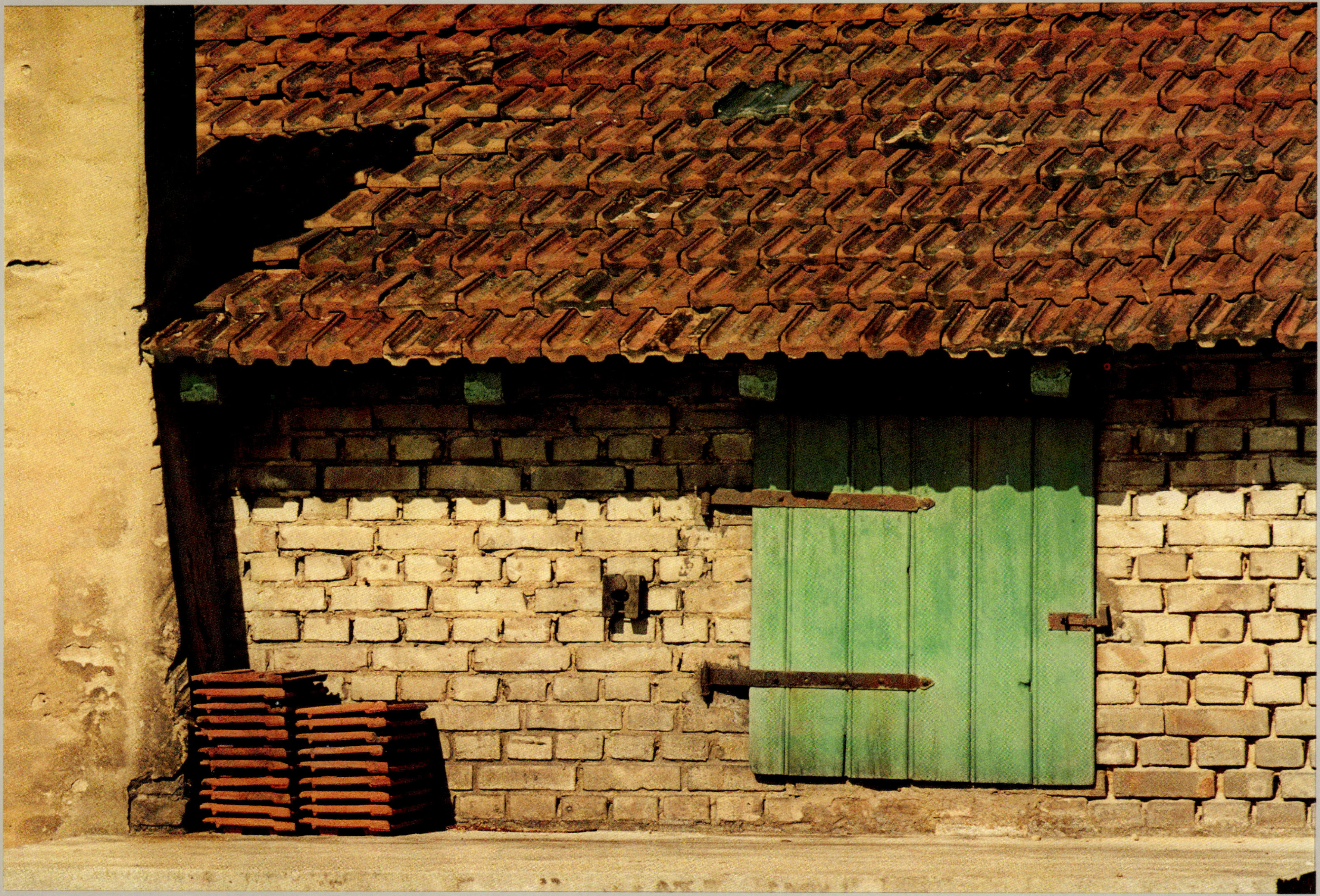

120

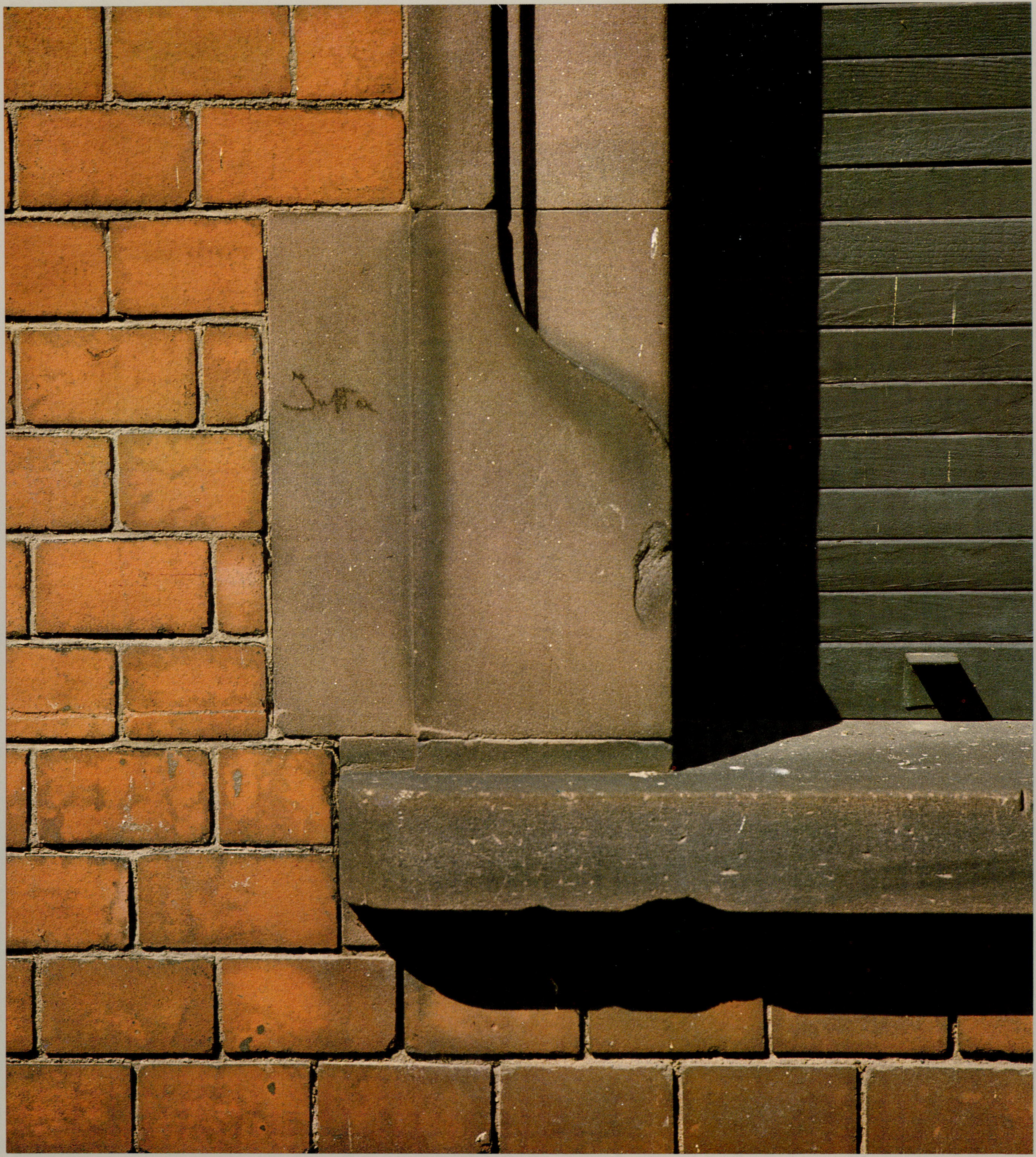

122

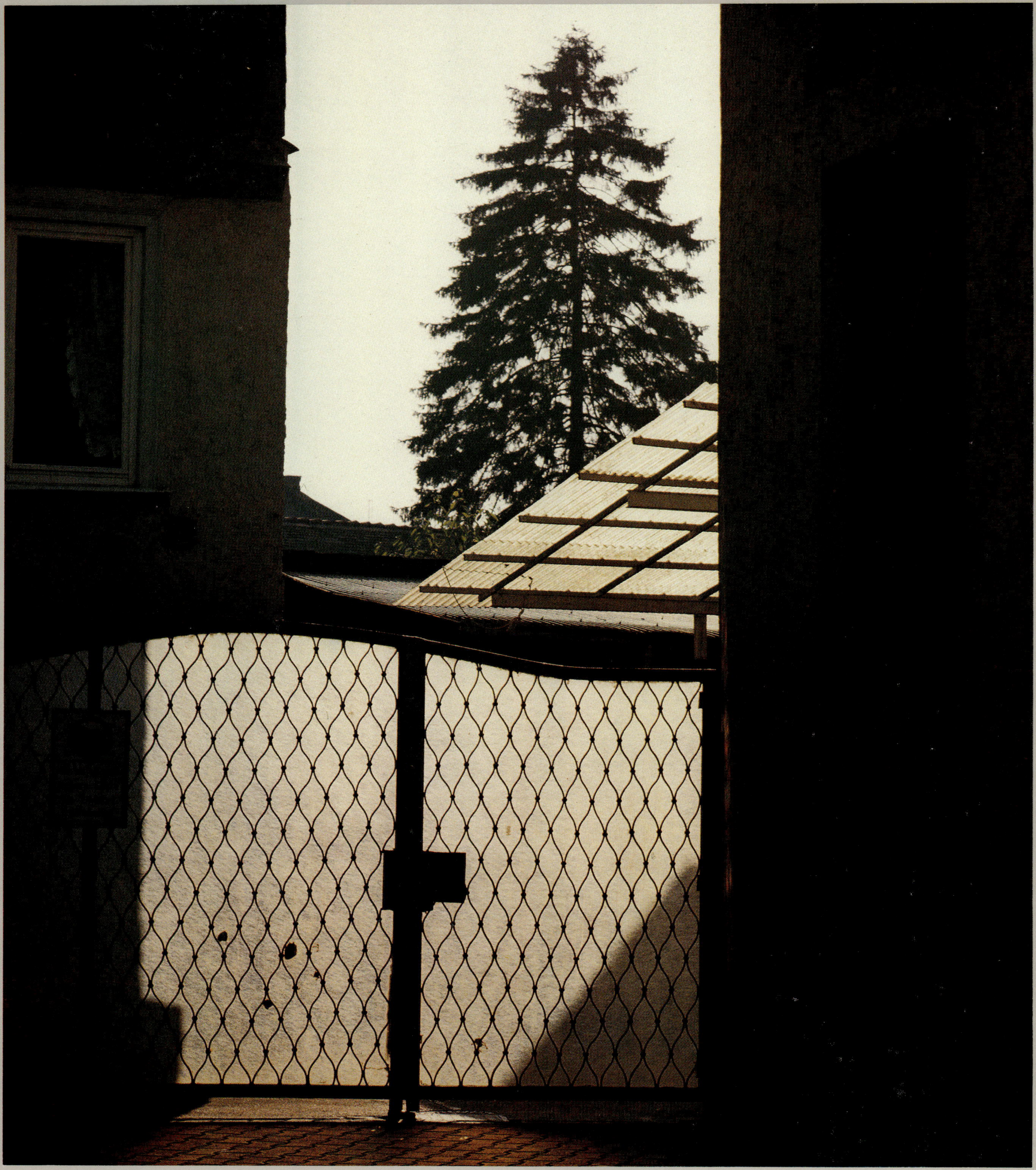

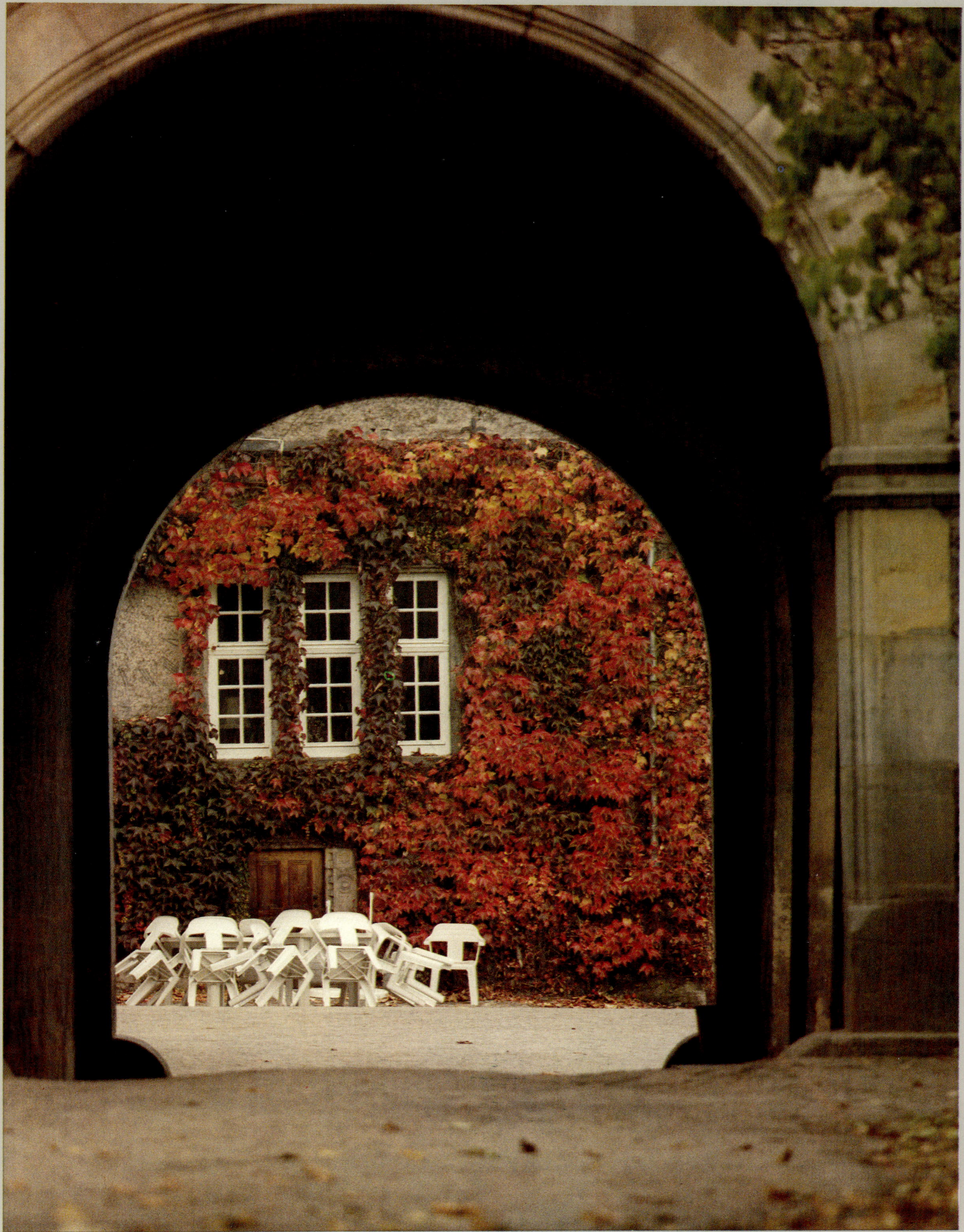

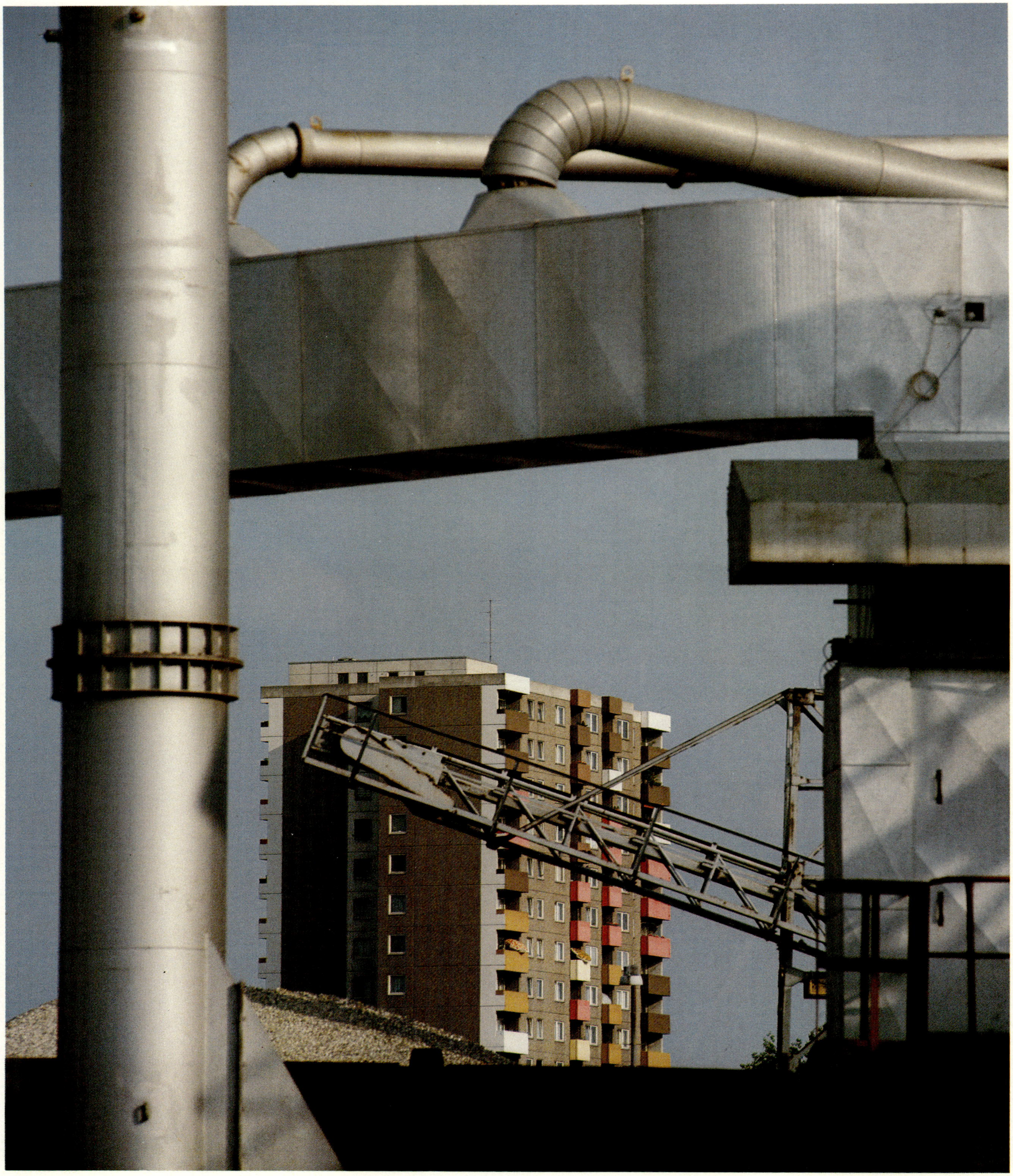

126

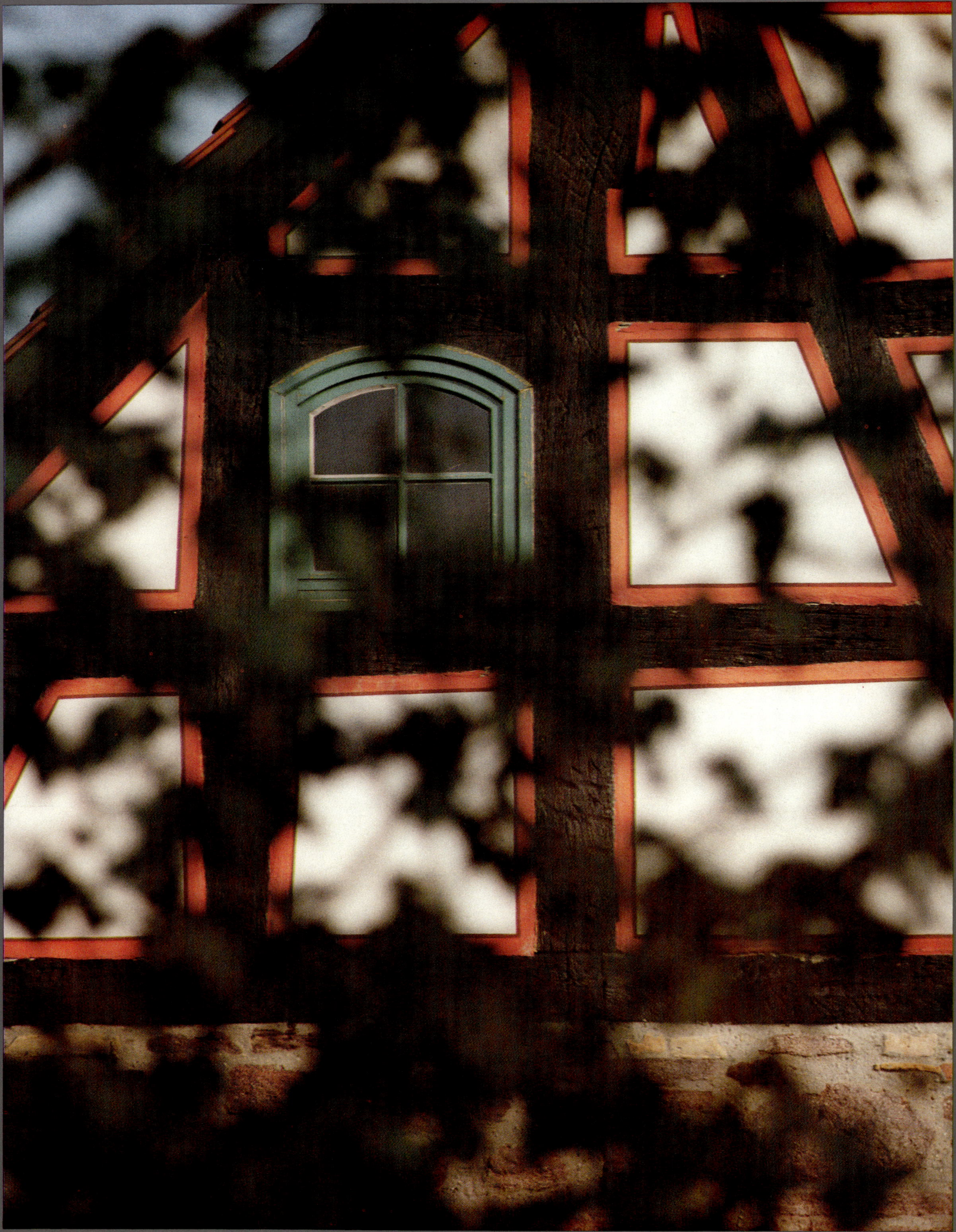

128

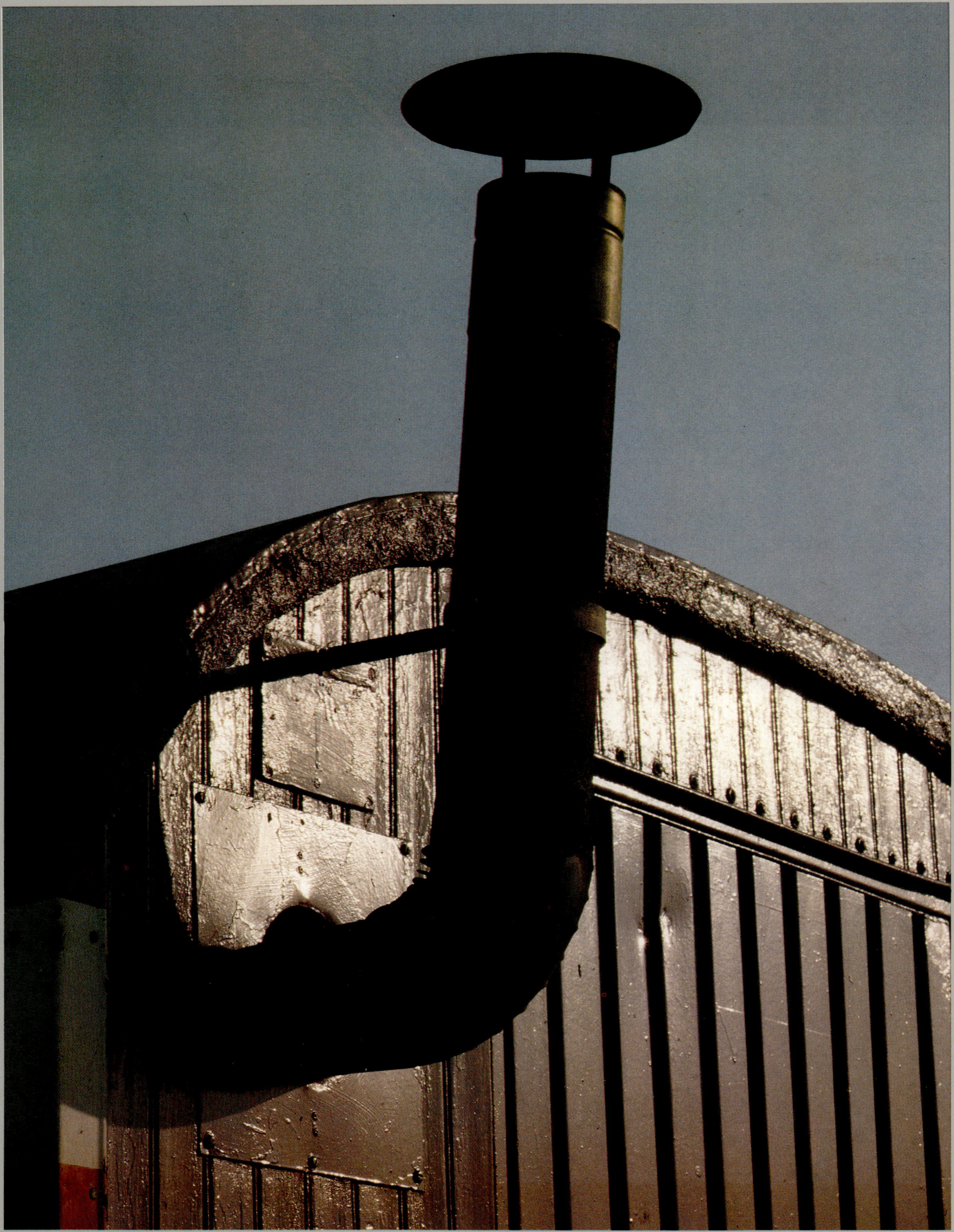

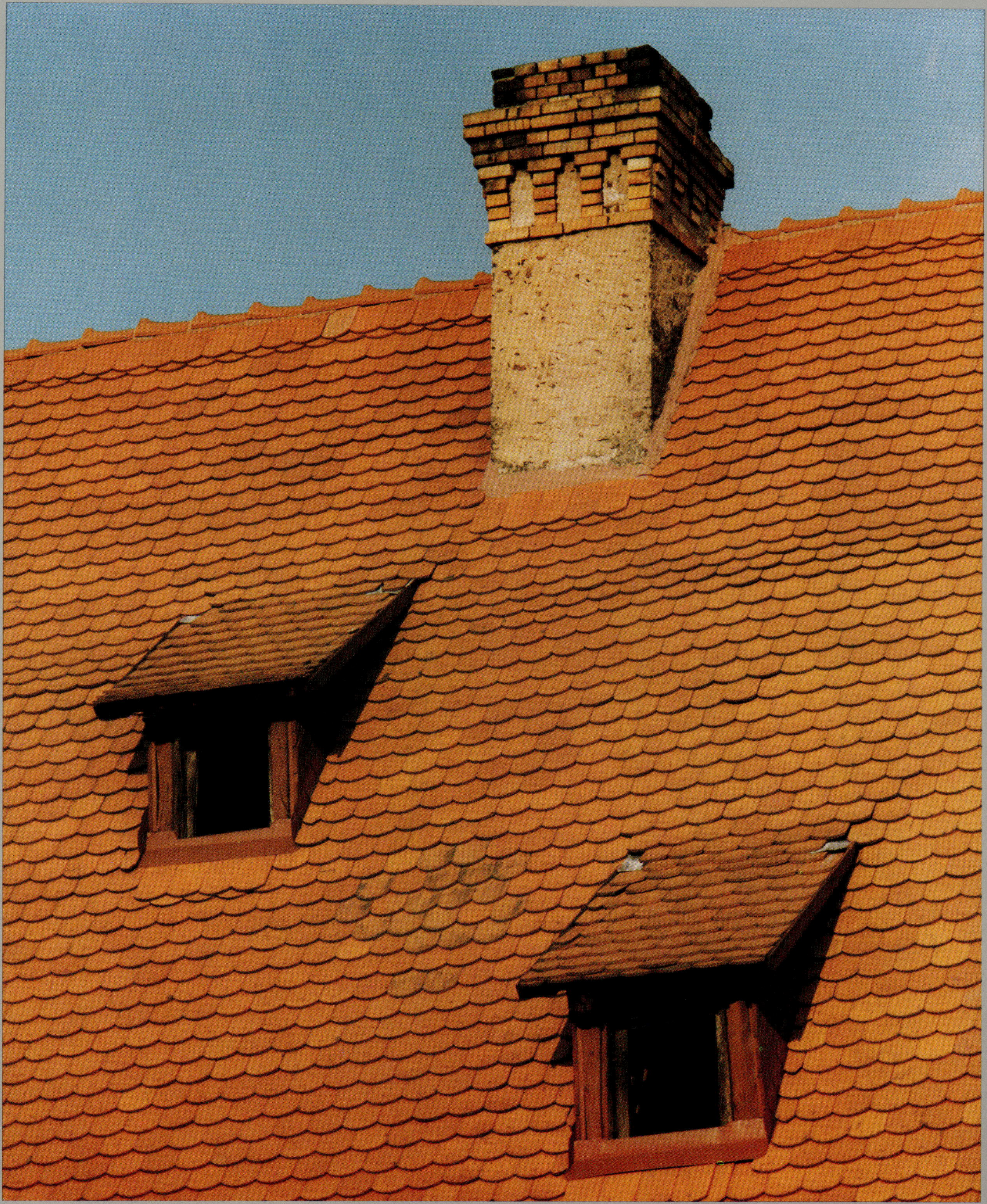

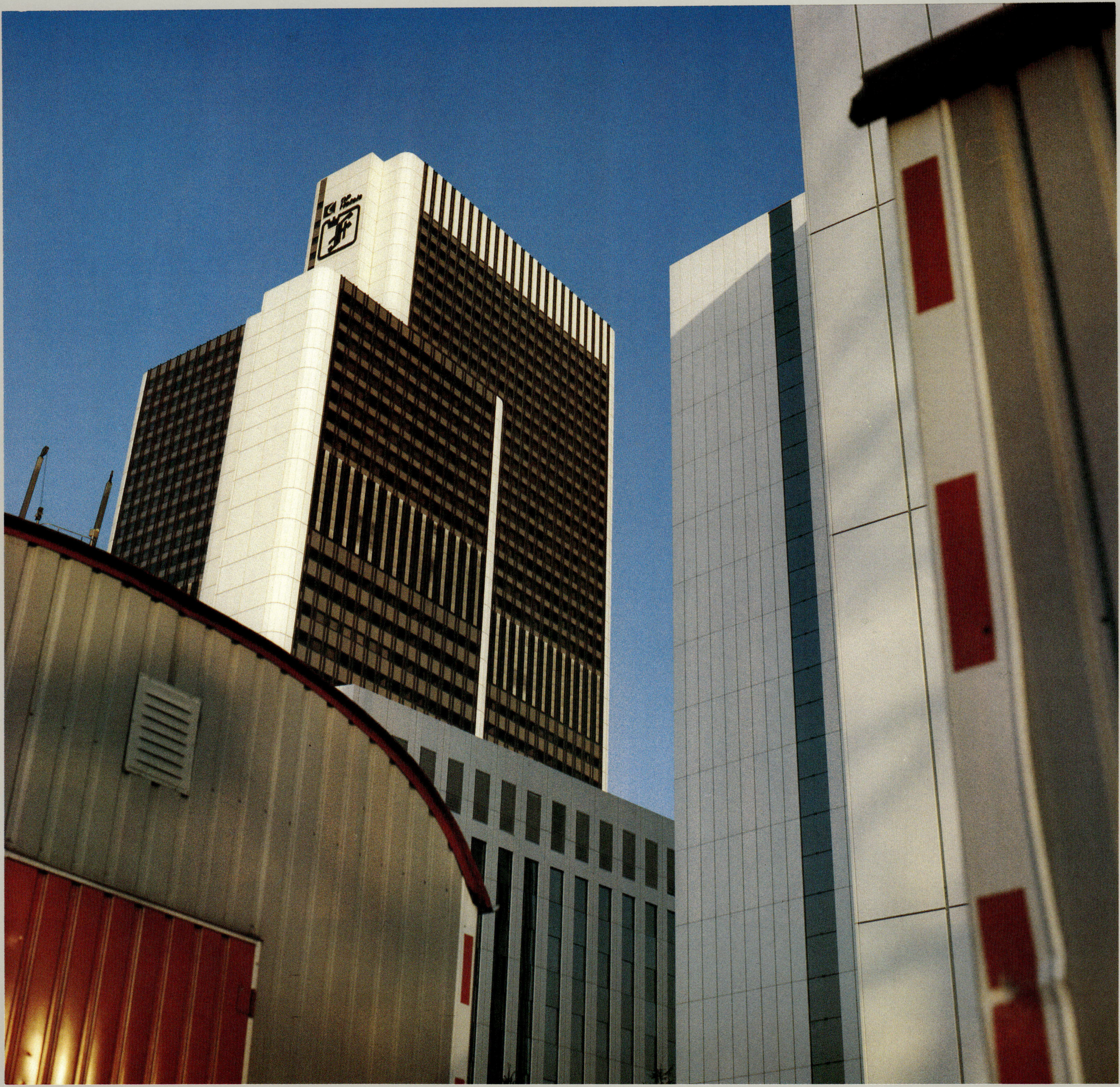

132

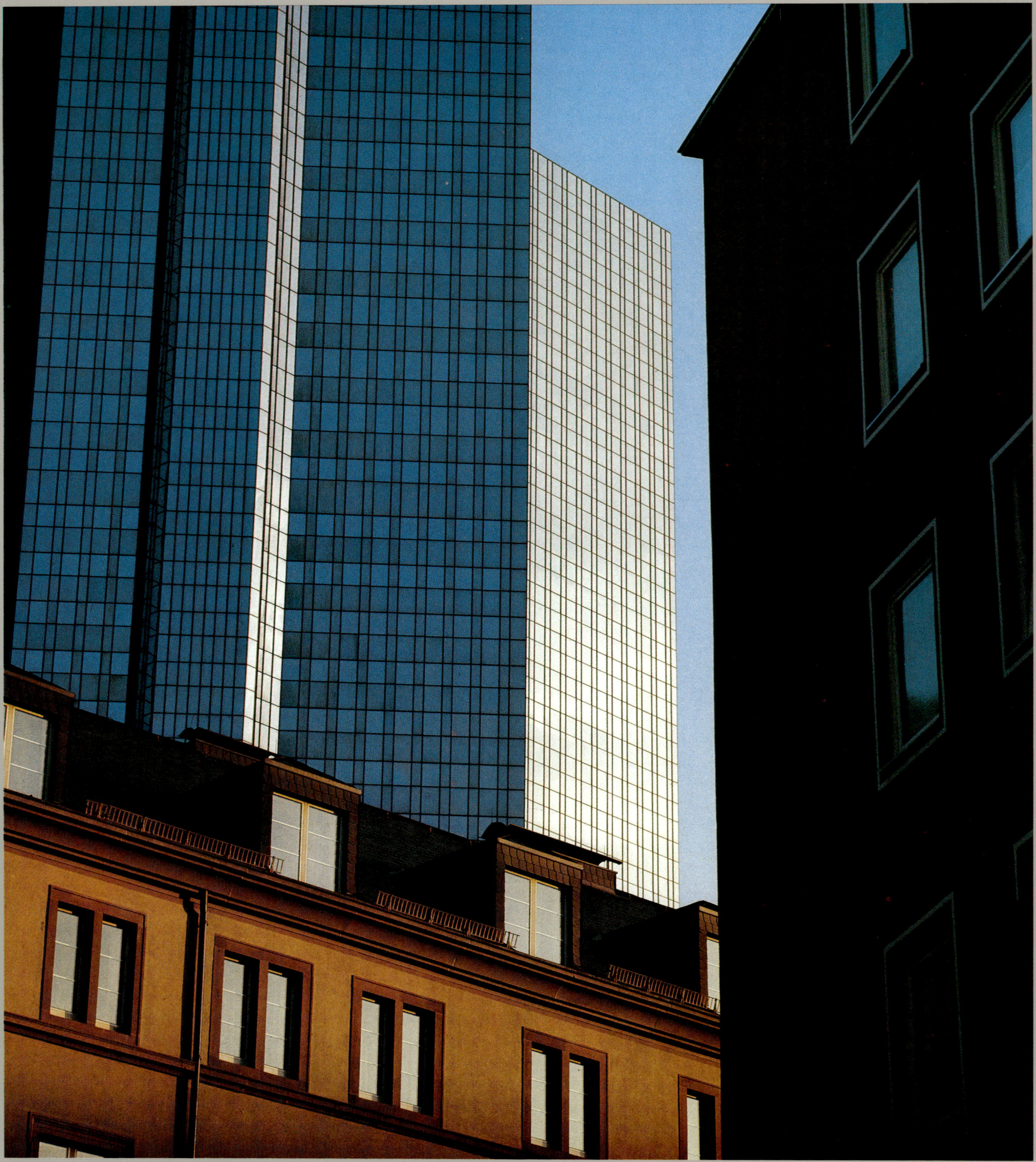

134

135

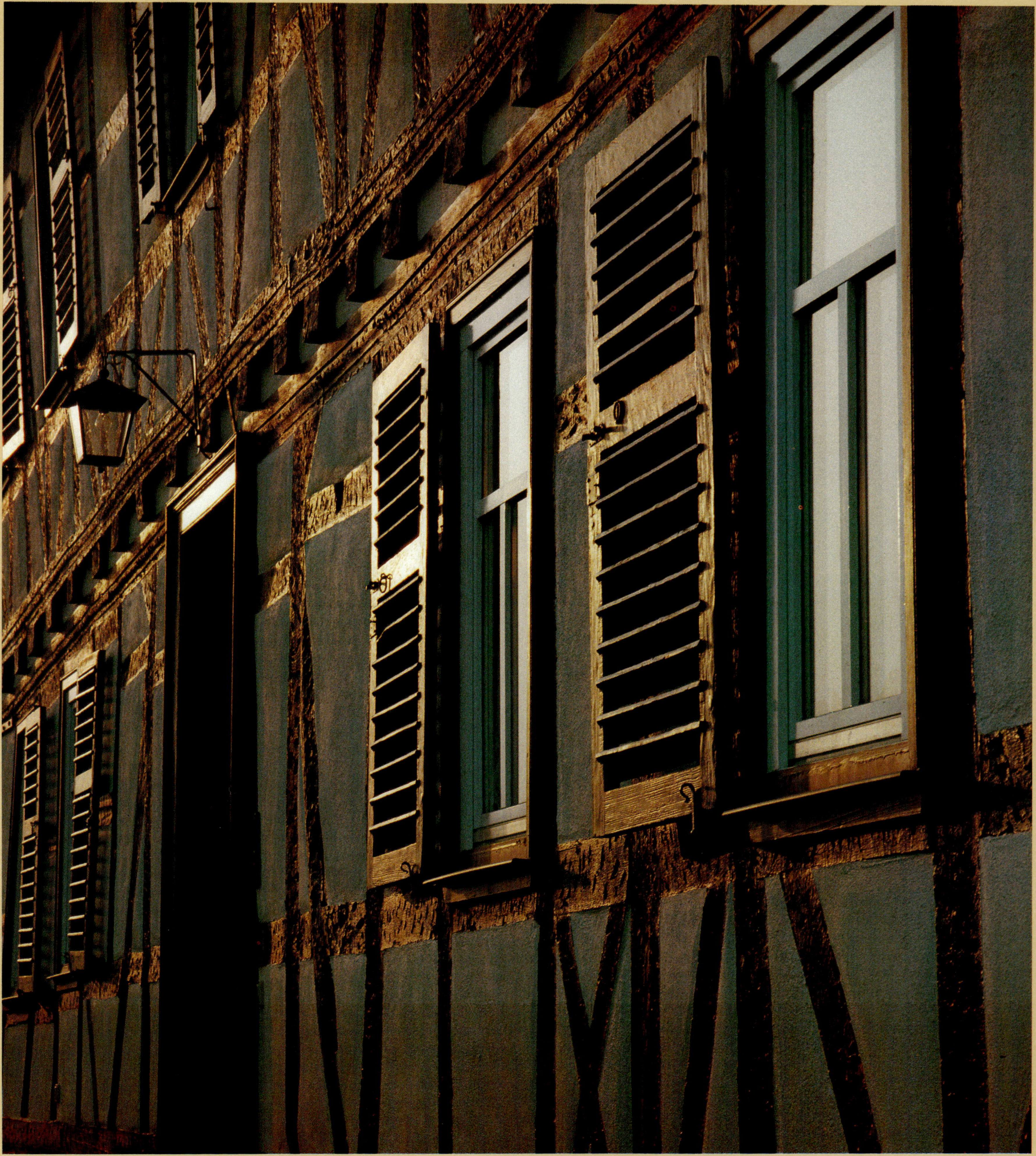

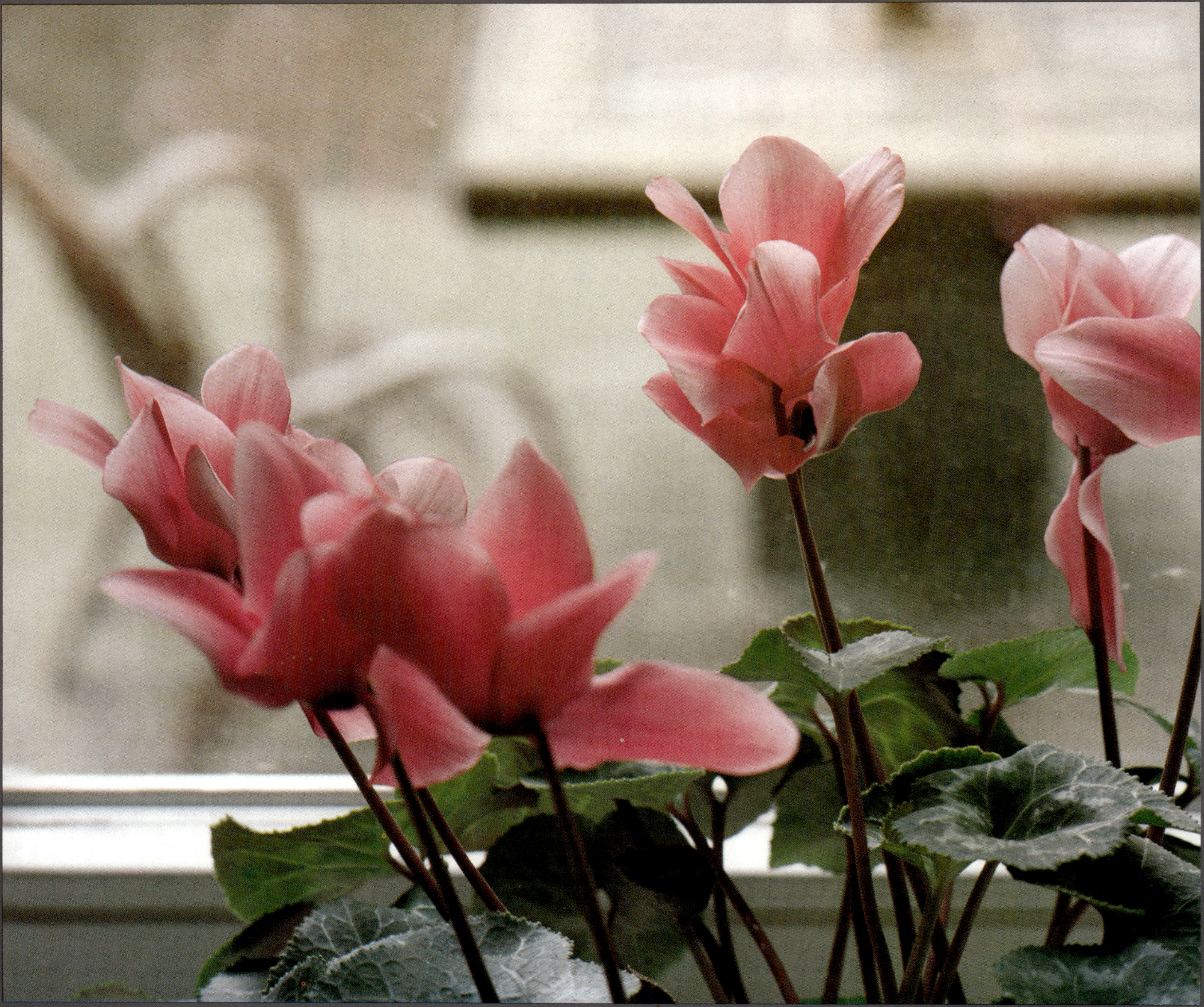

138

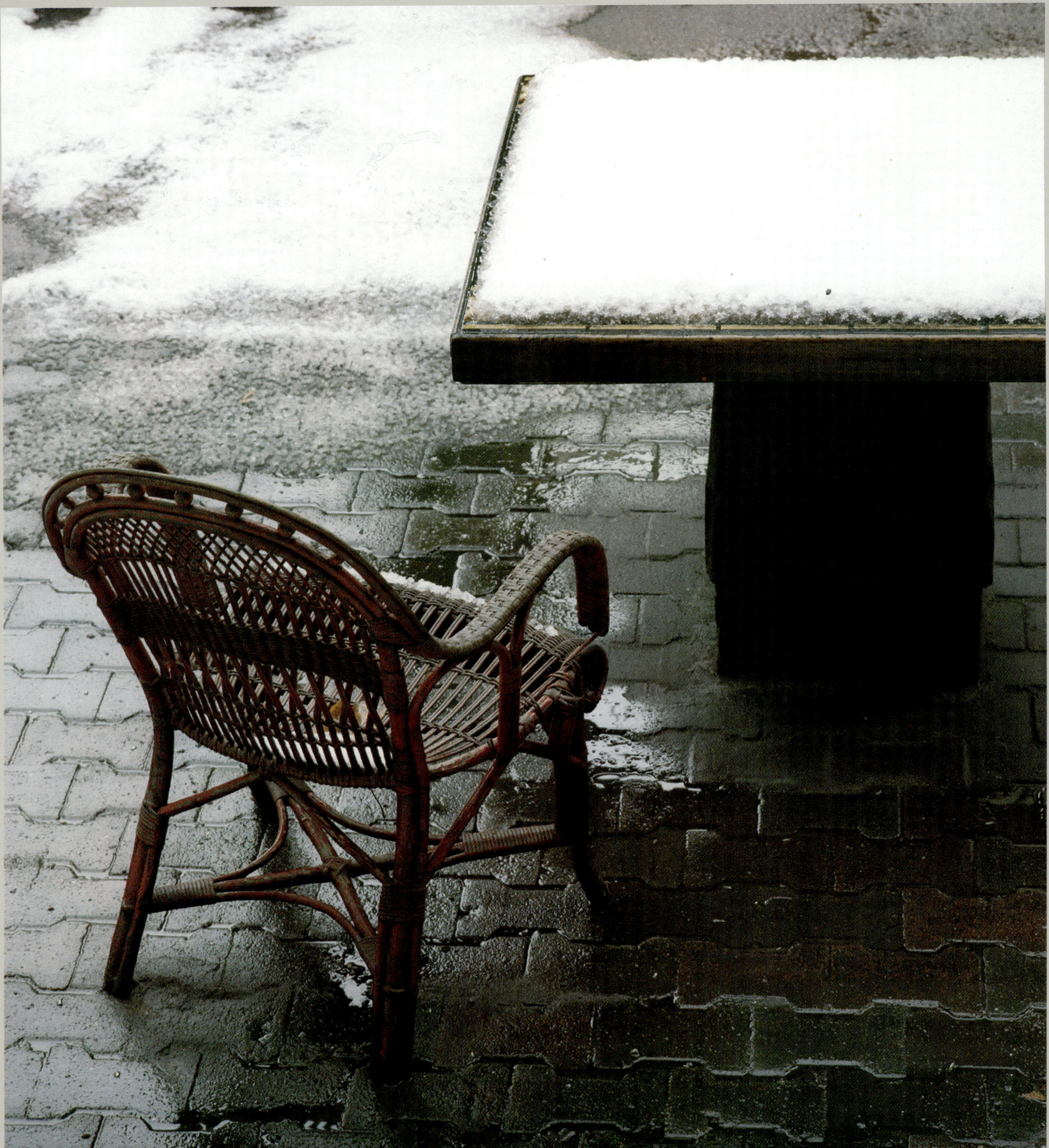

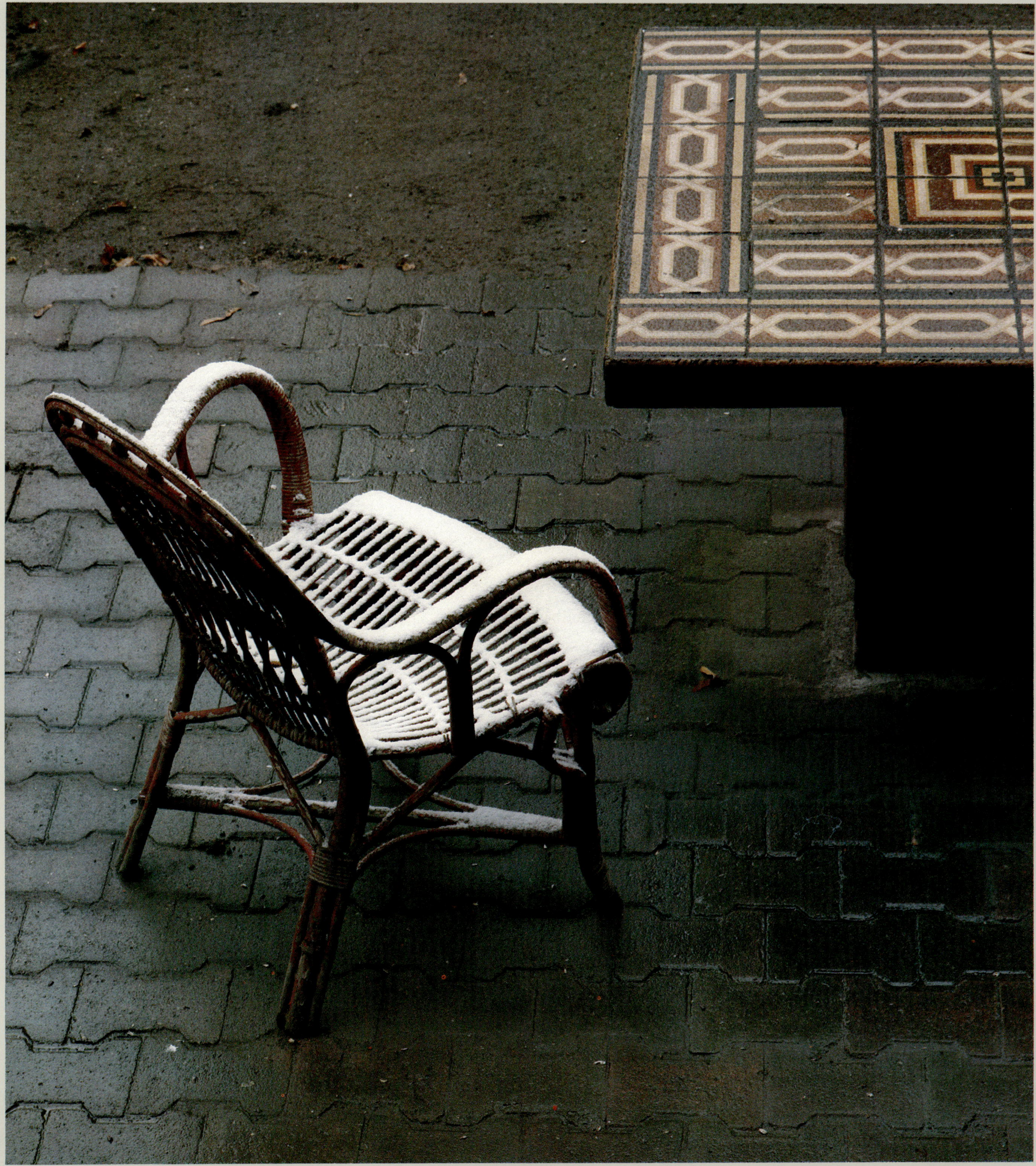

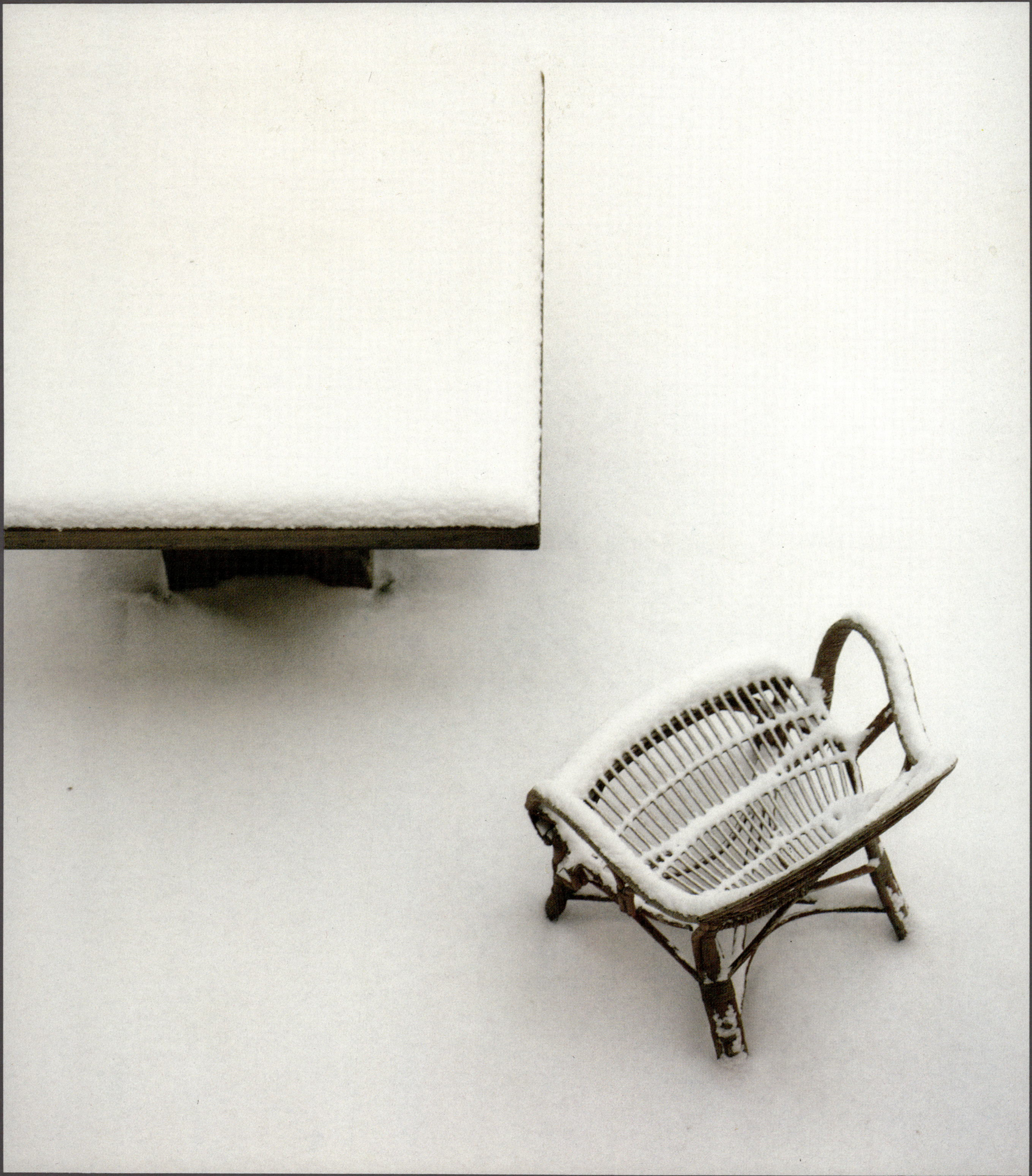

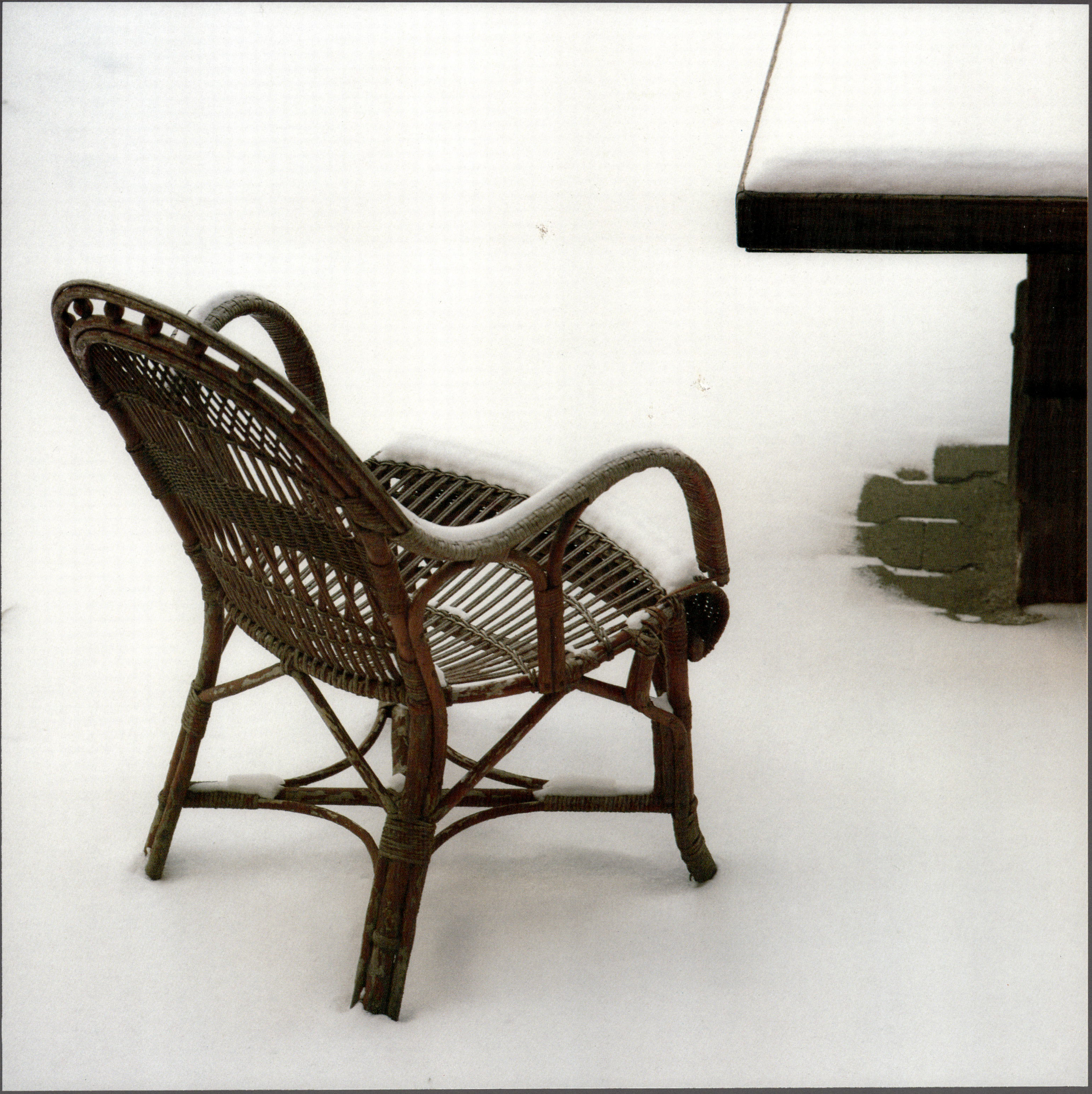

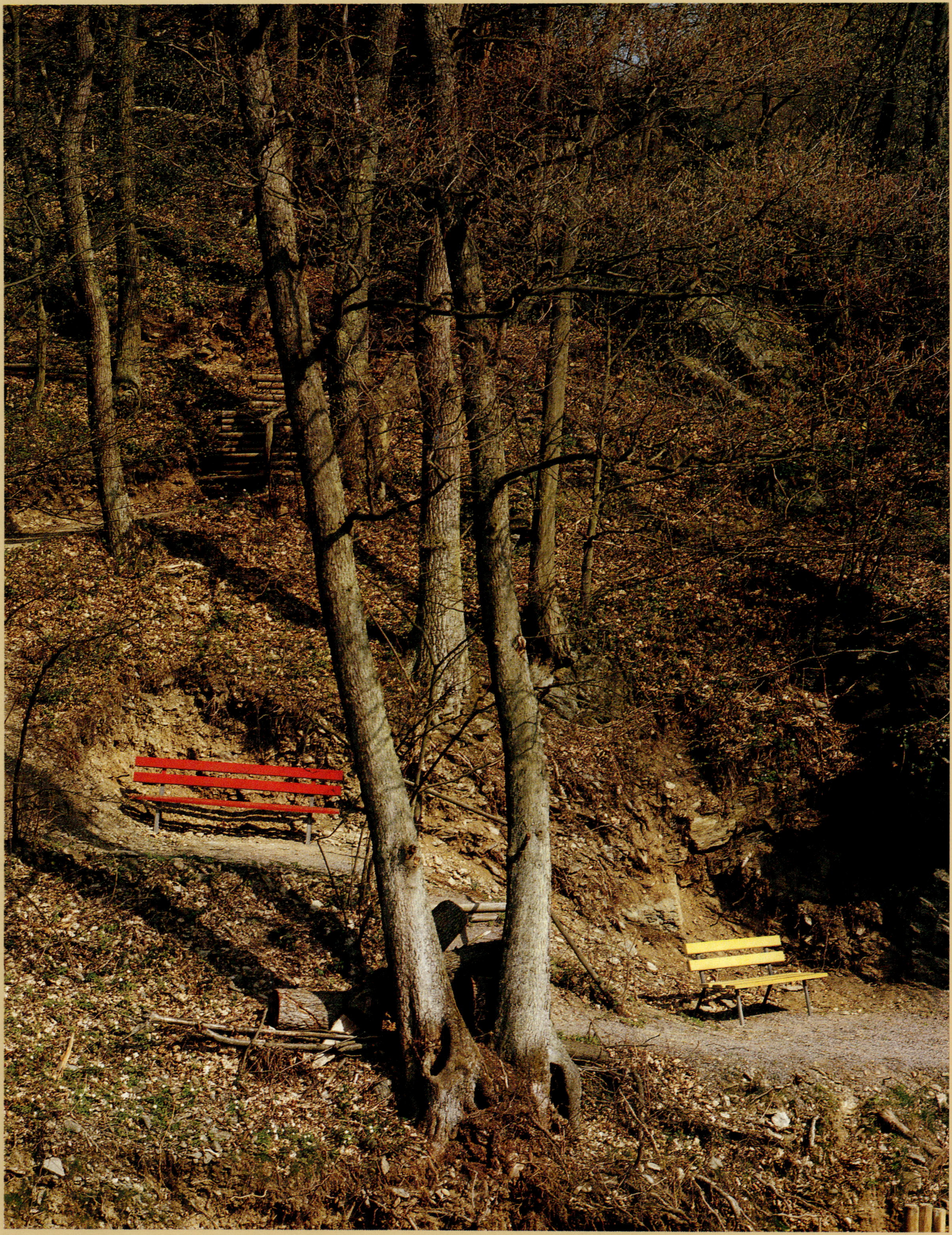

144

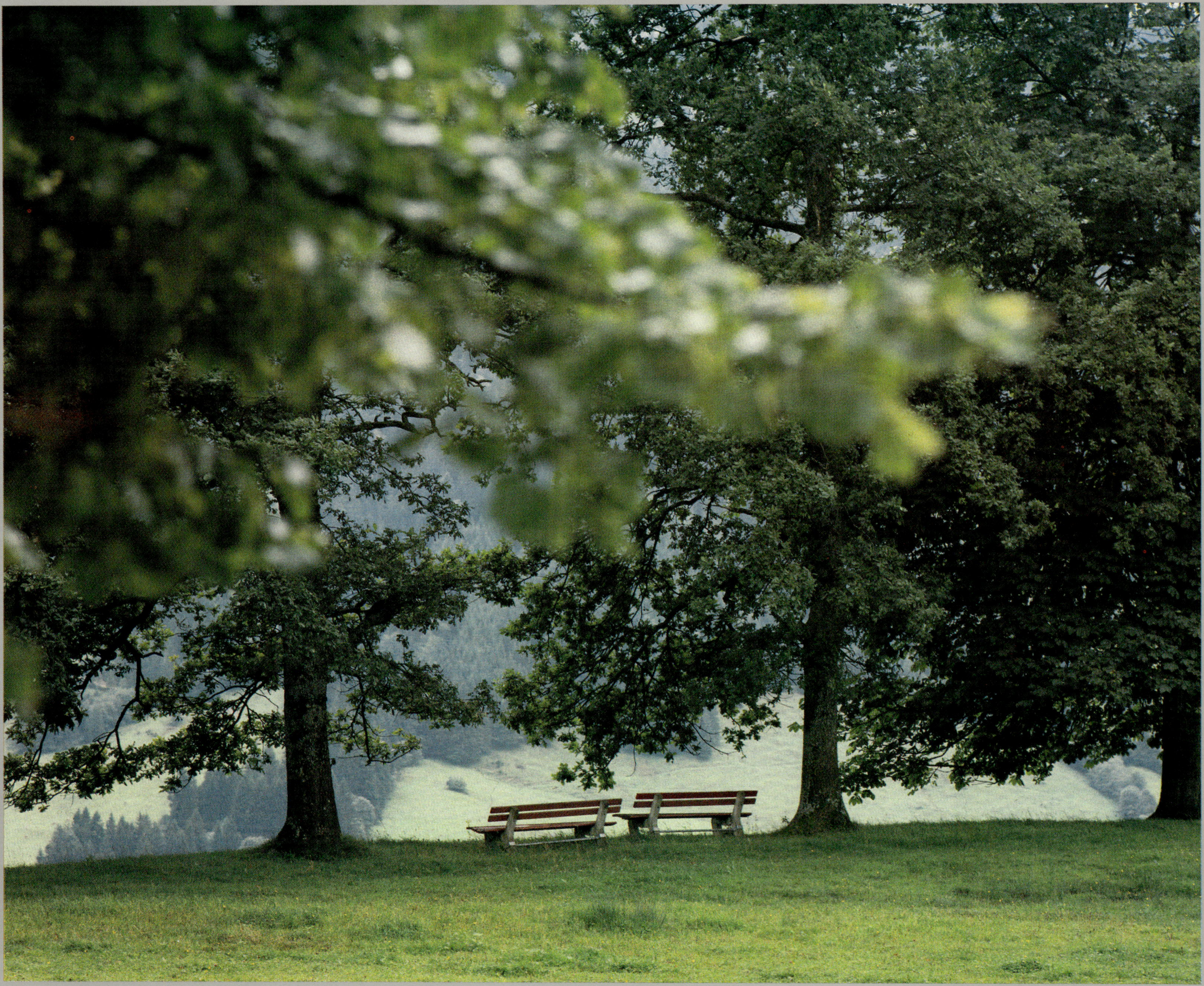

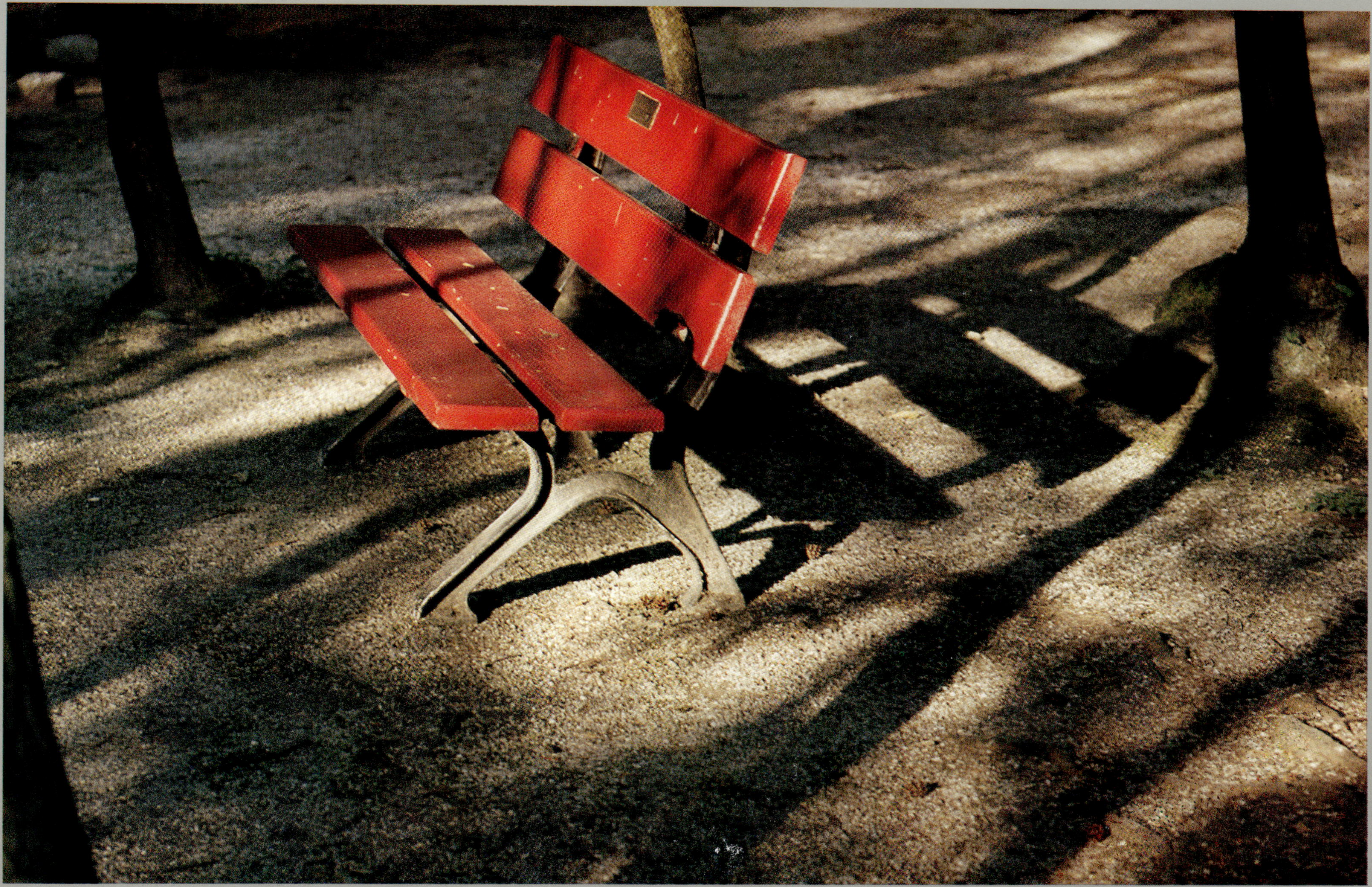

147

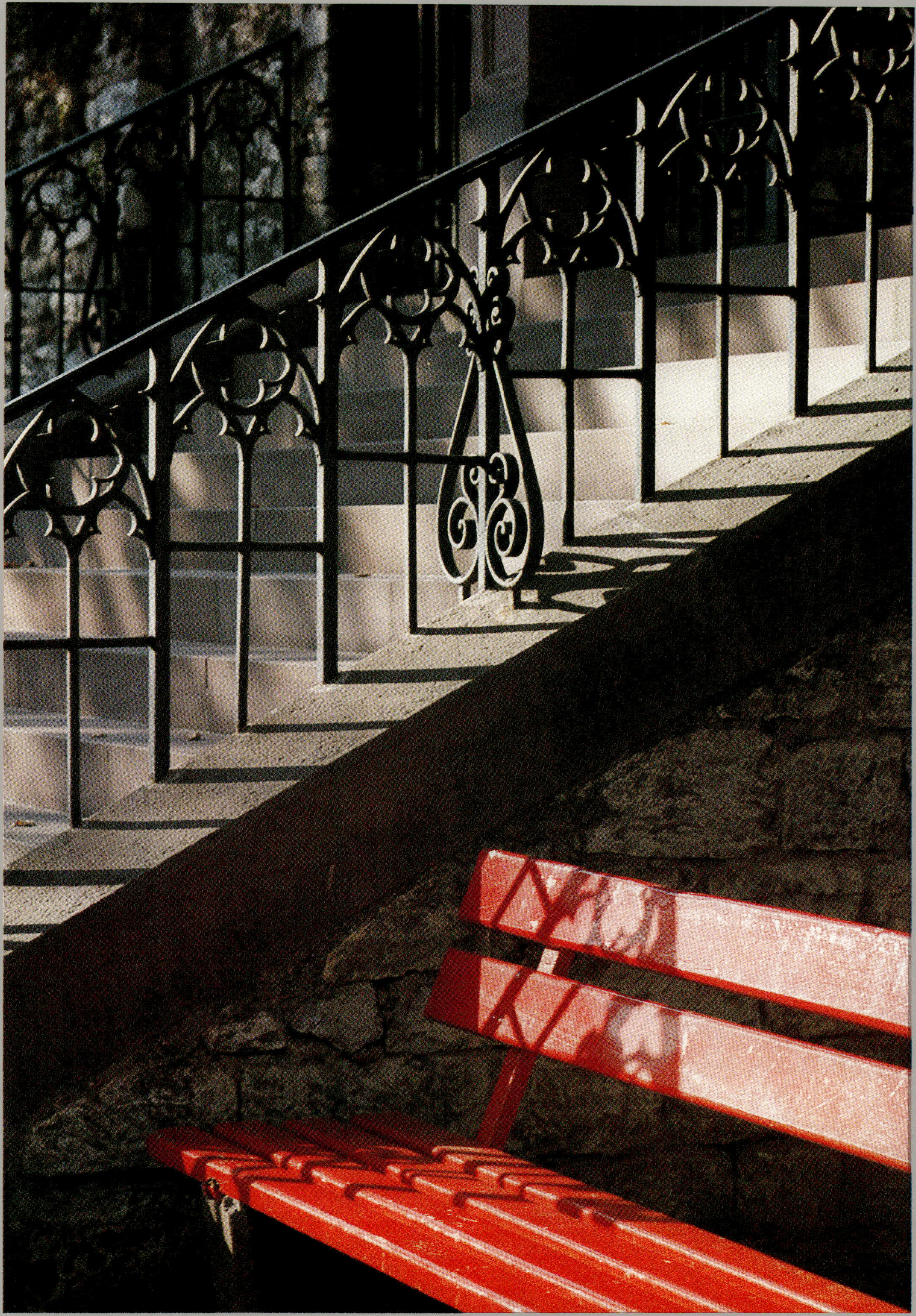

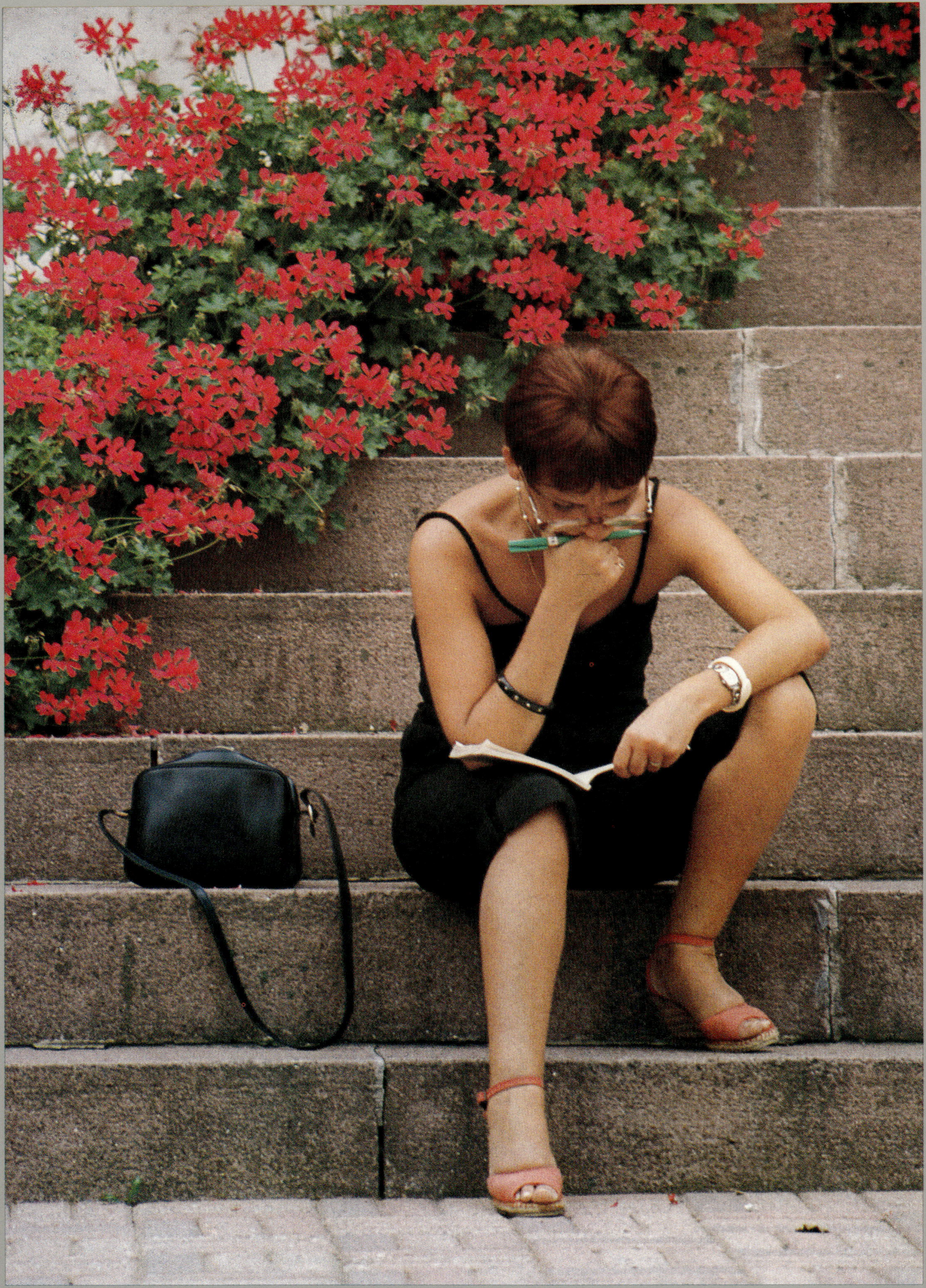

150

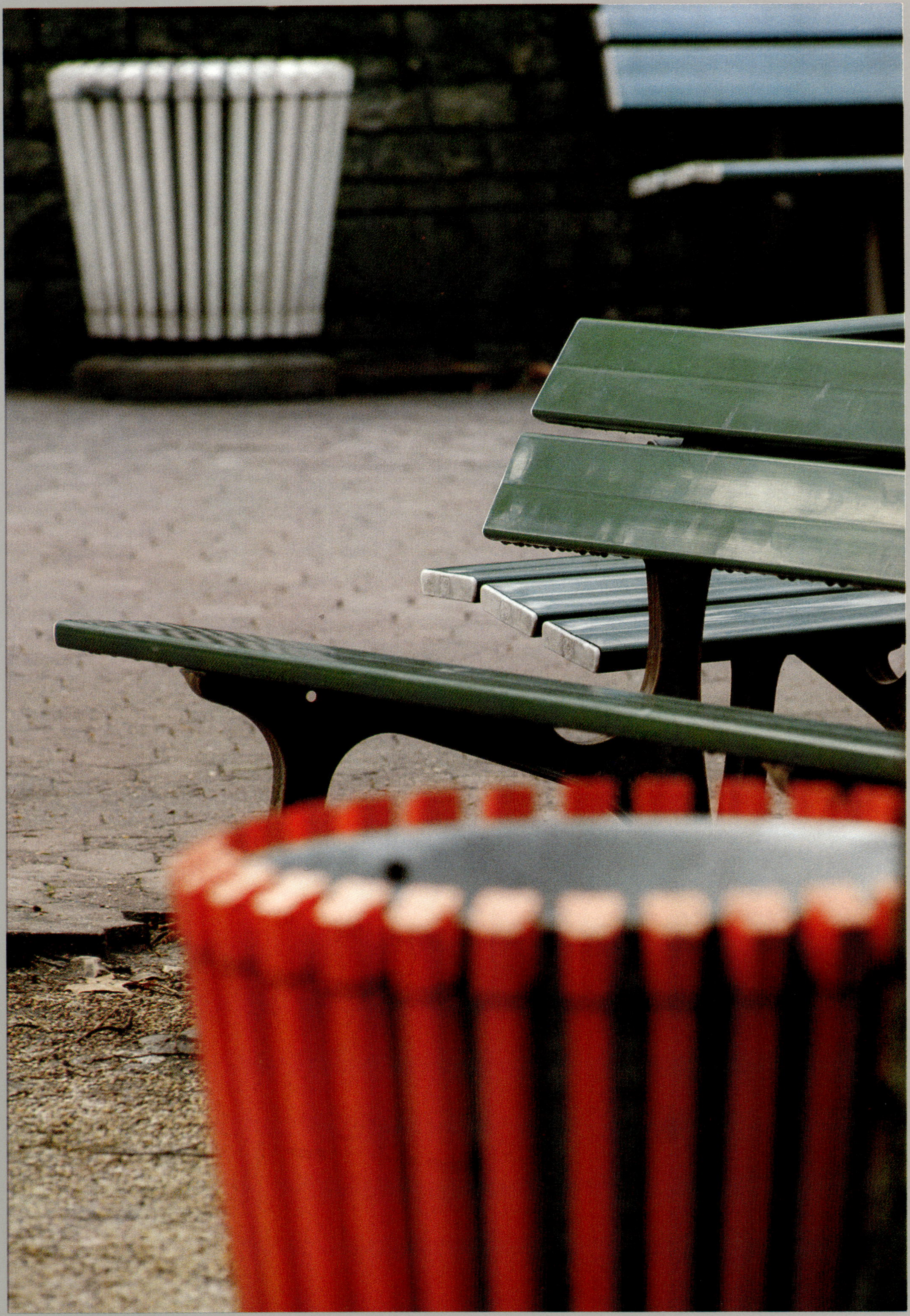

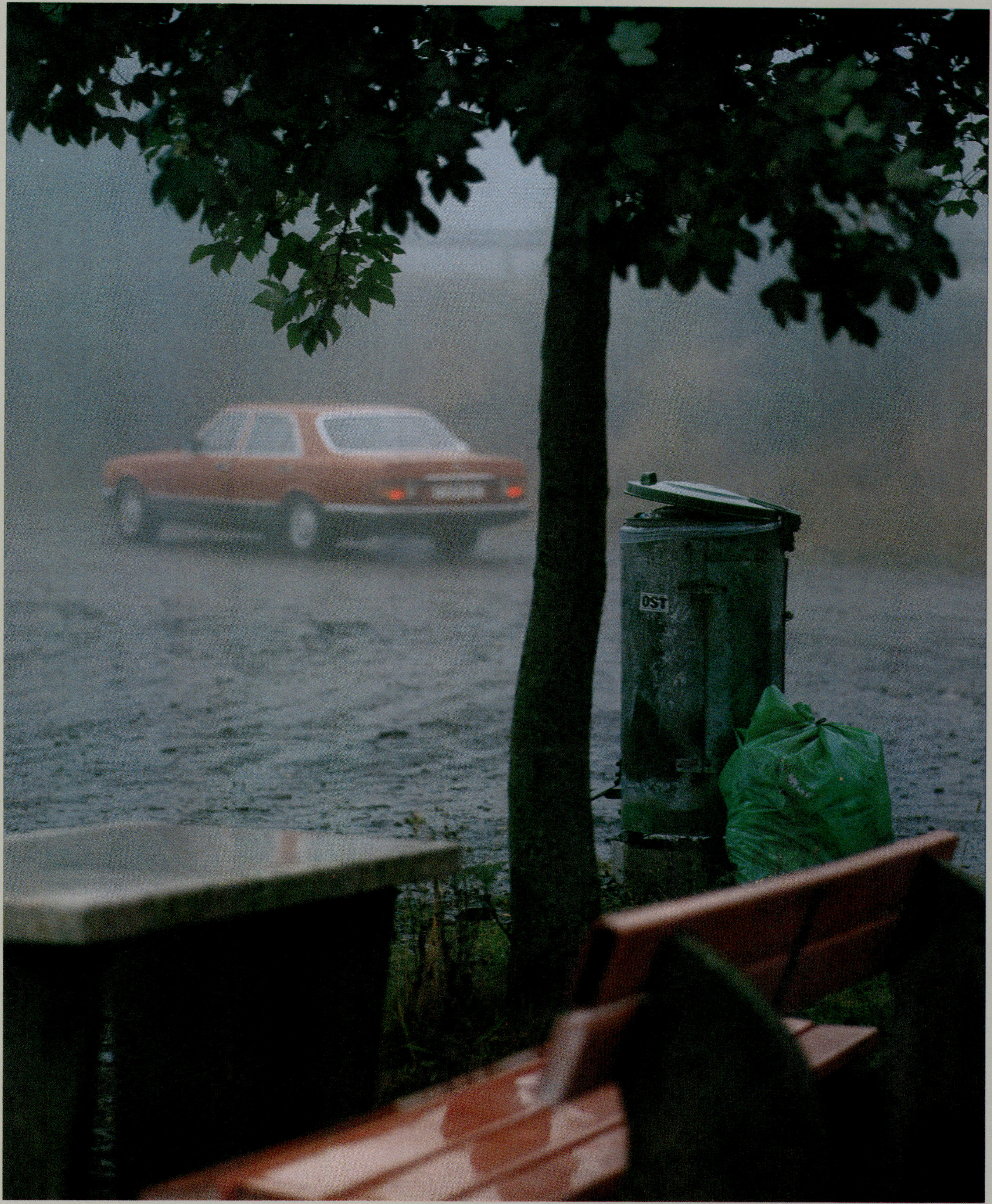
OST

153

154

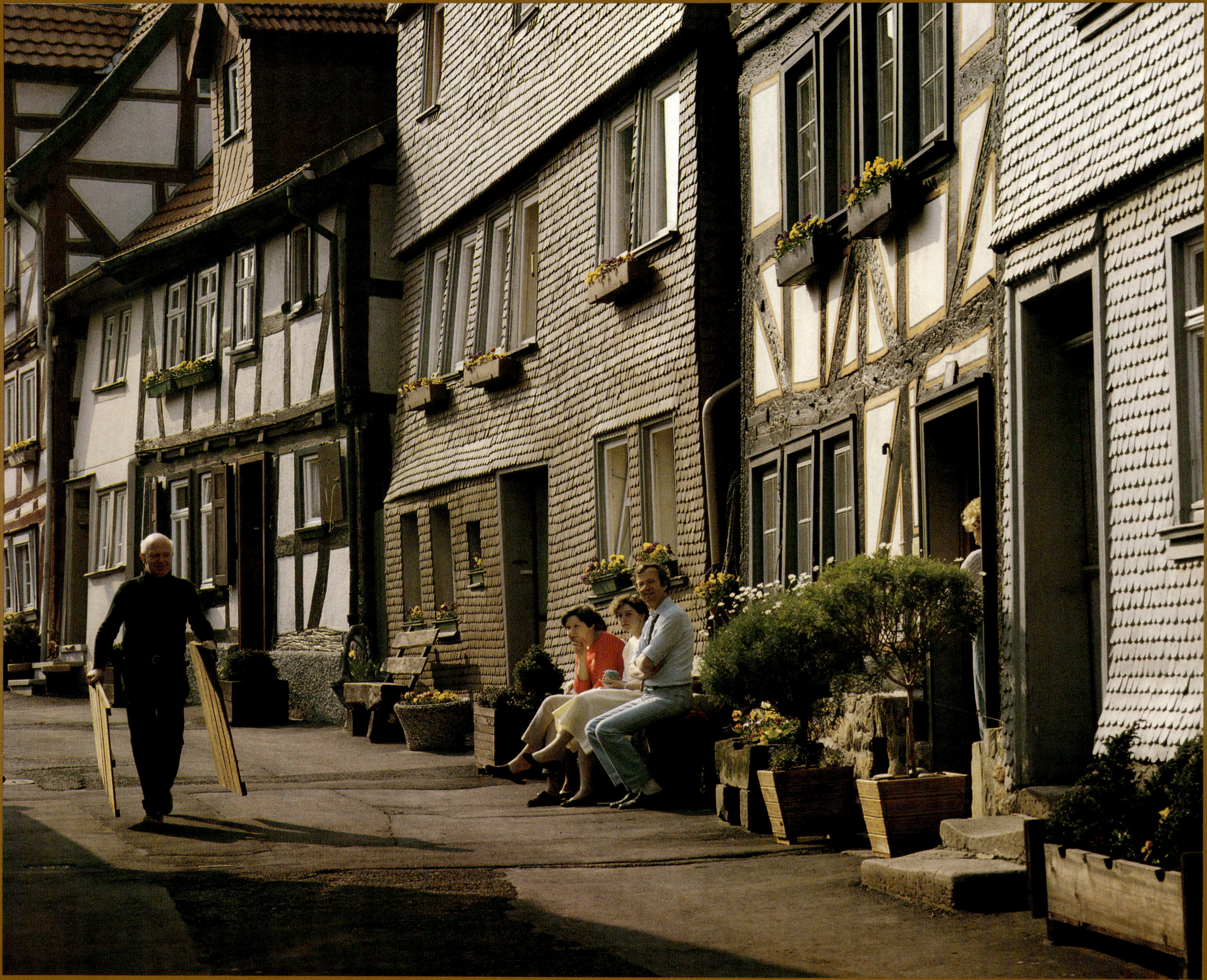

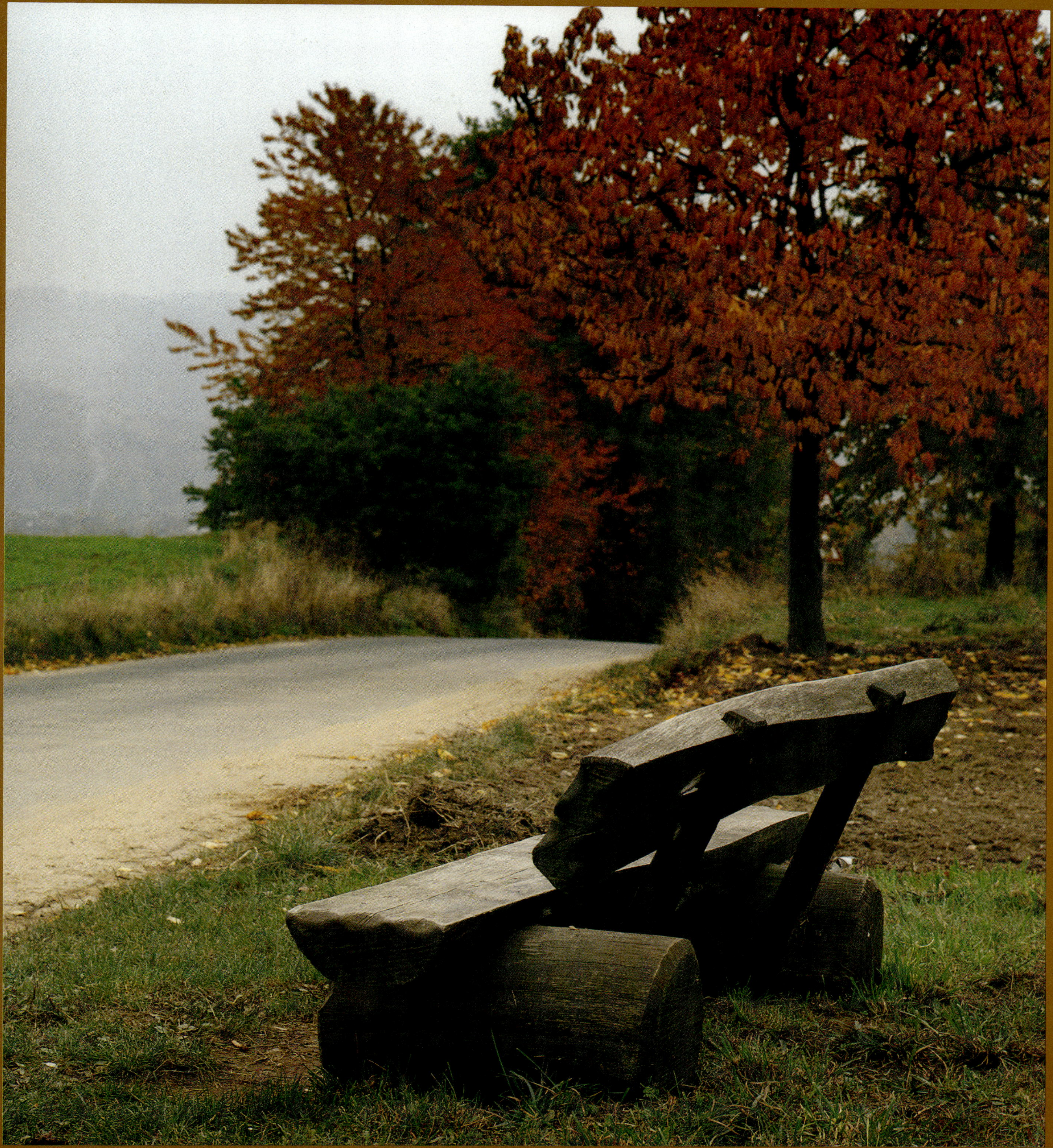

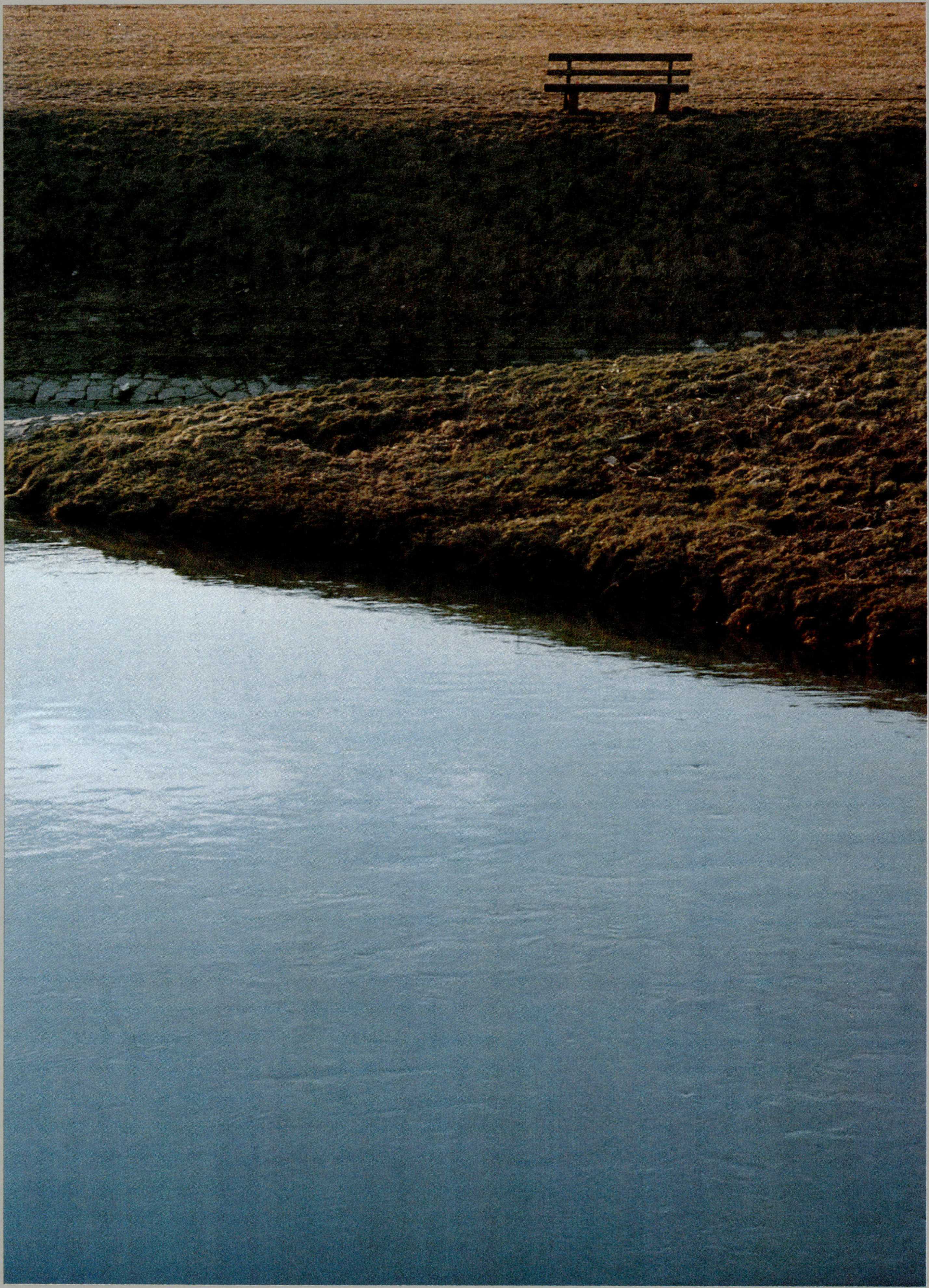

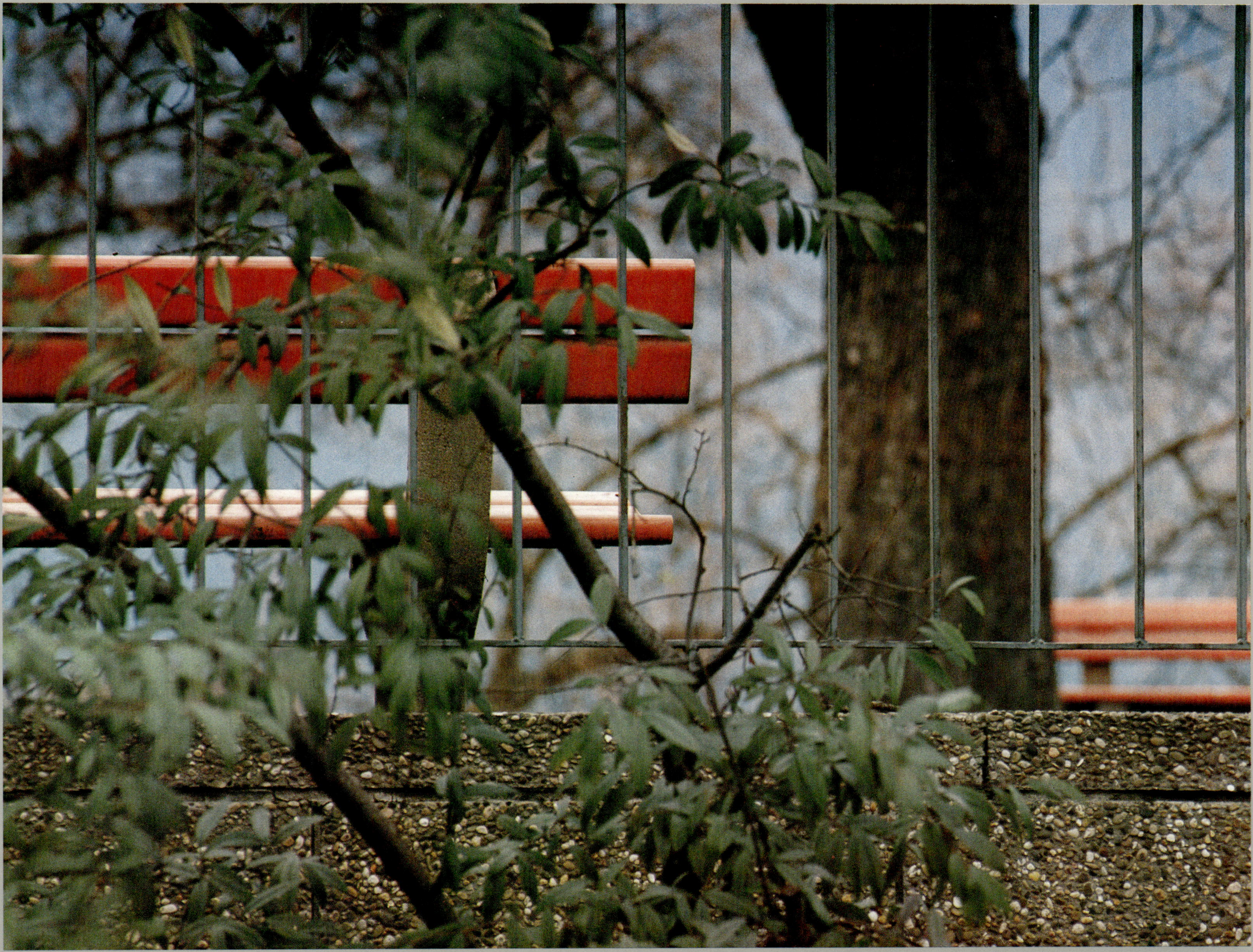

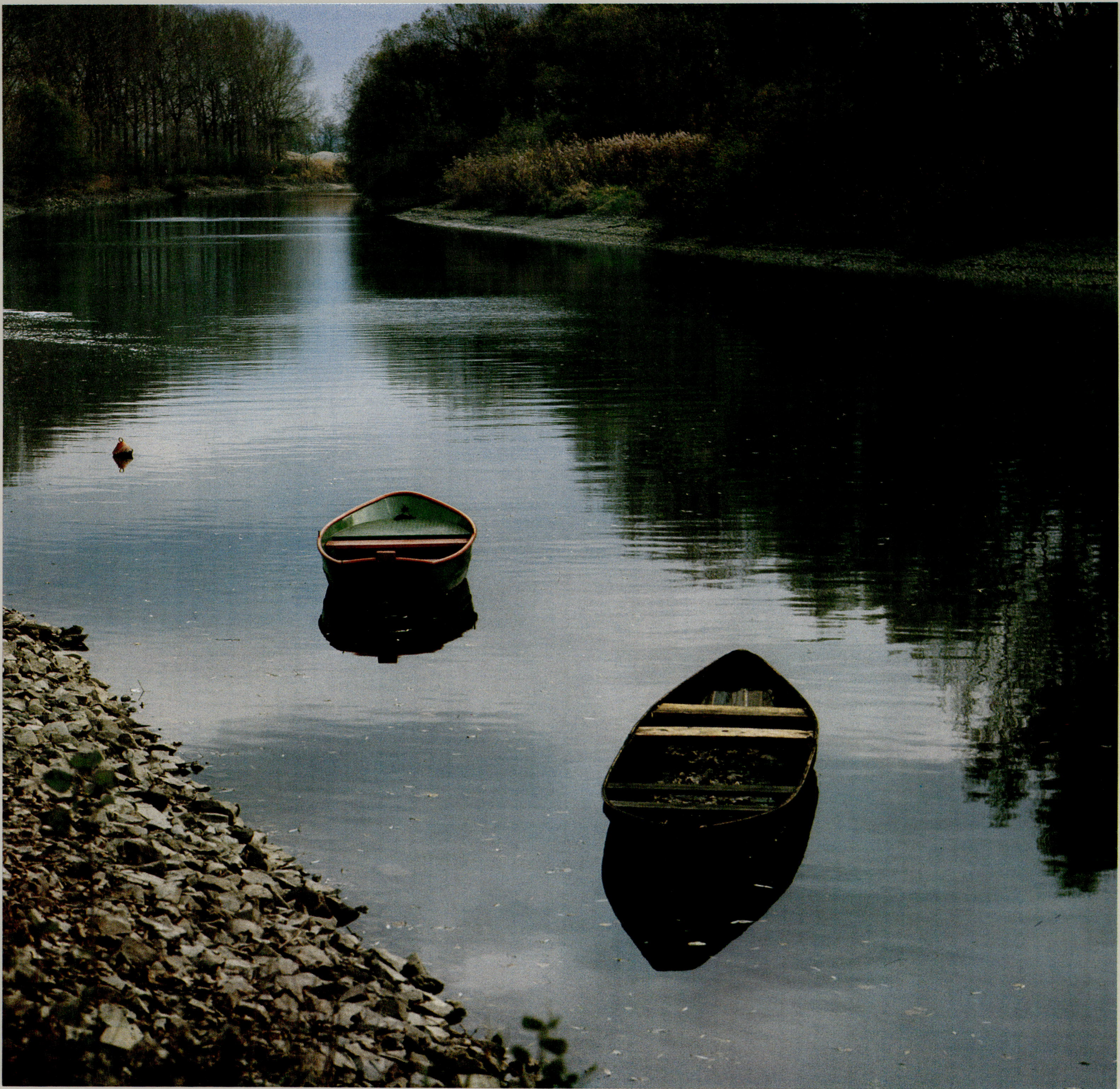

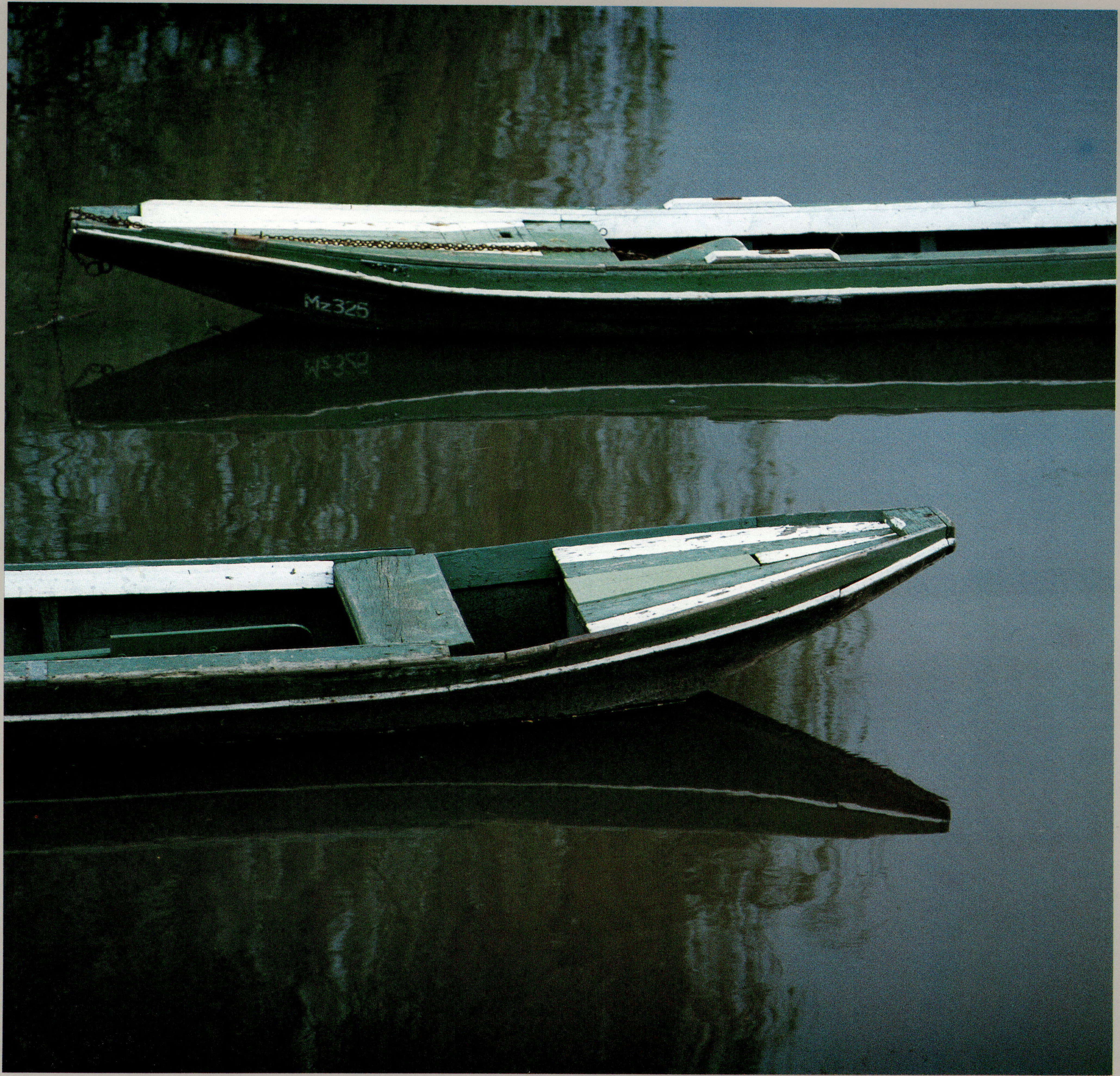
Mz 325

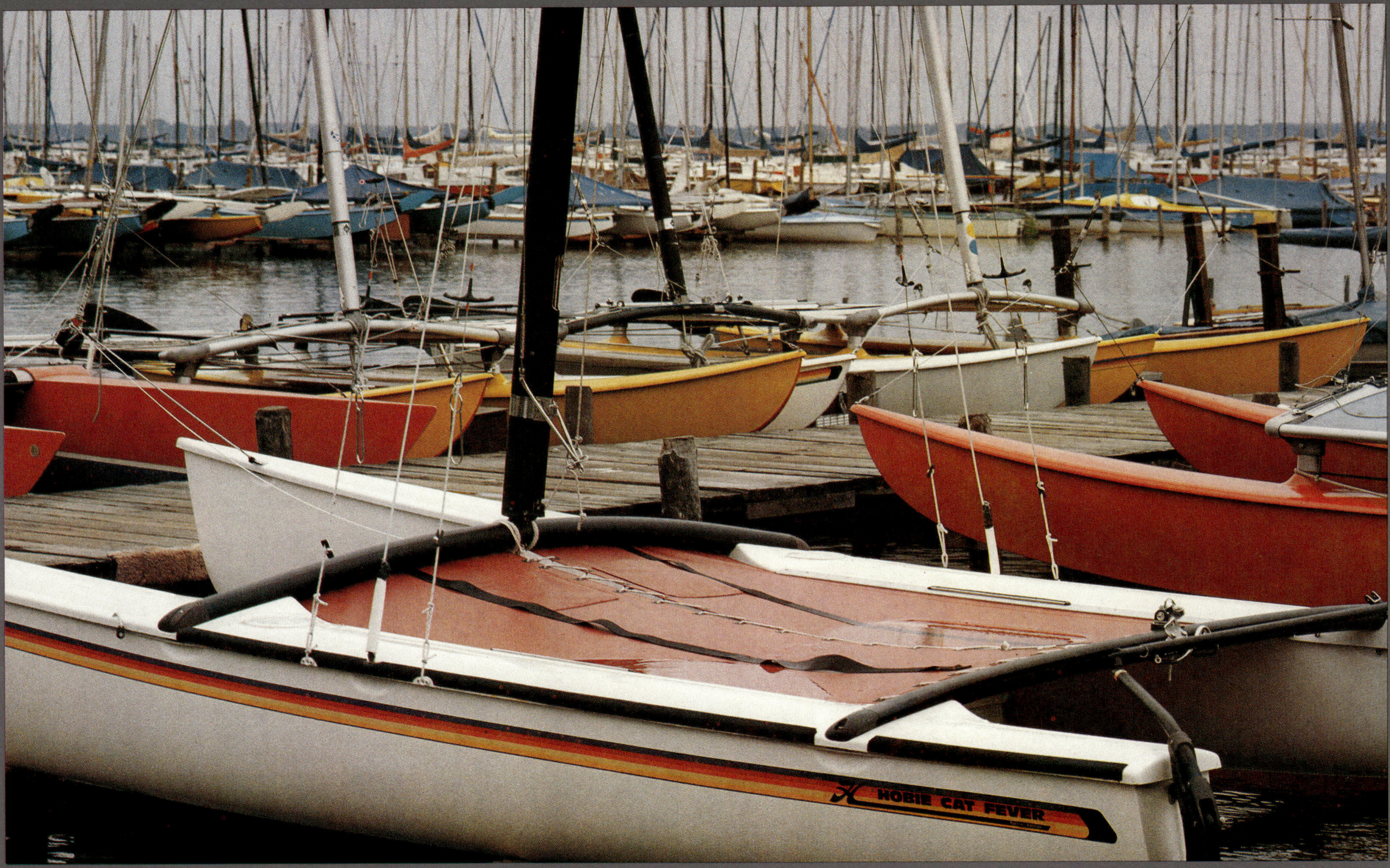
HOBIE CAT FEVER

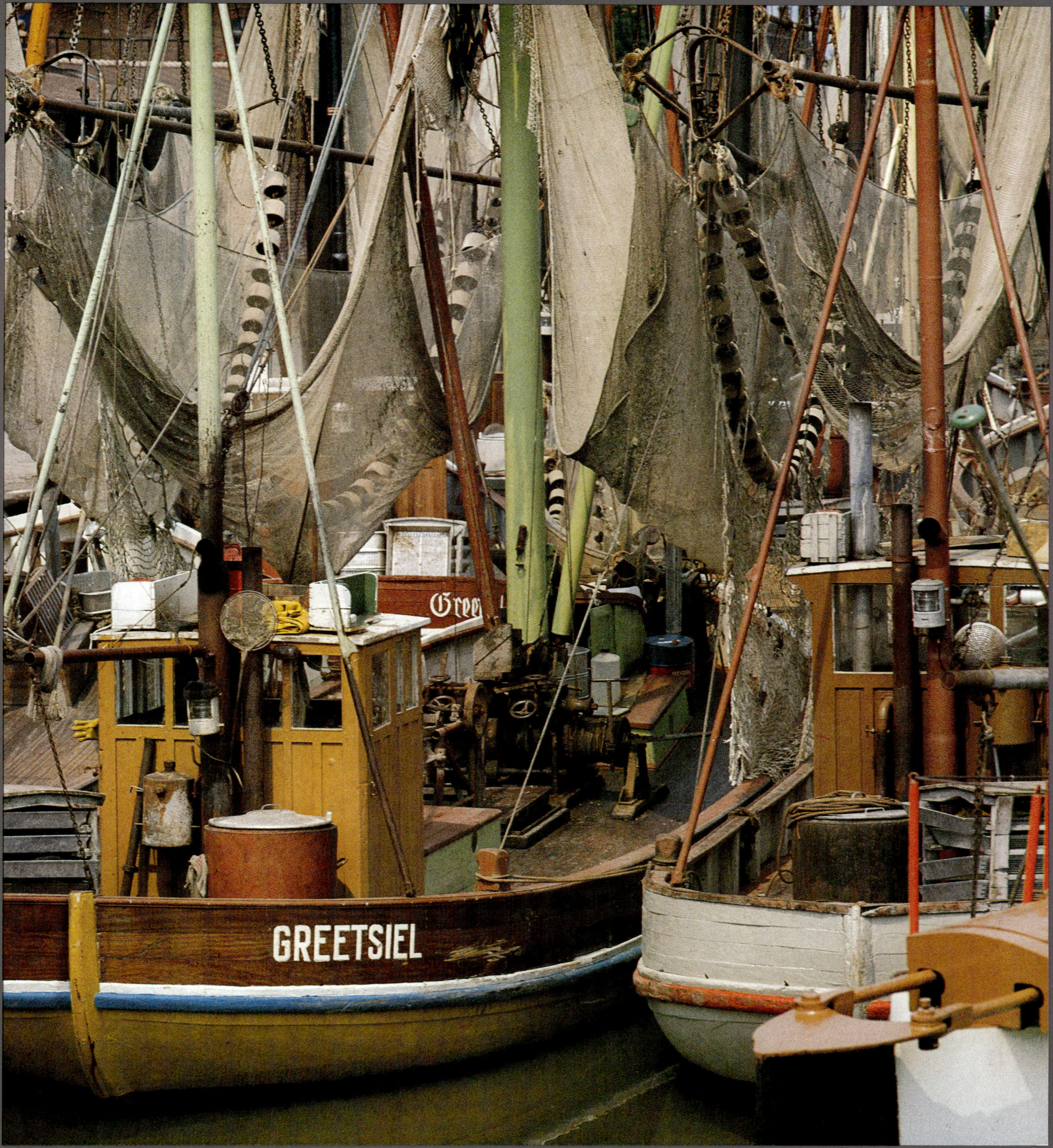
GREETSIEL

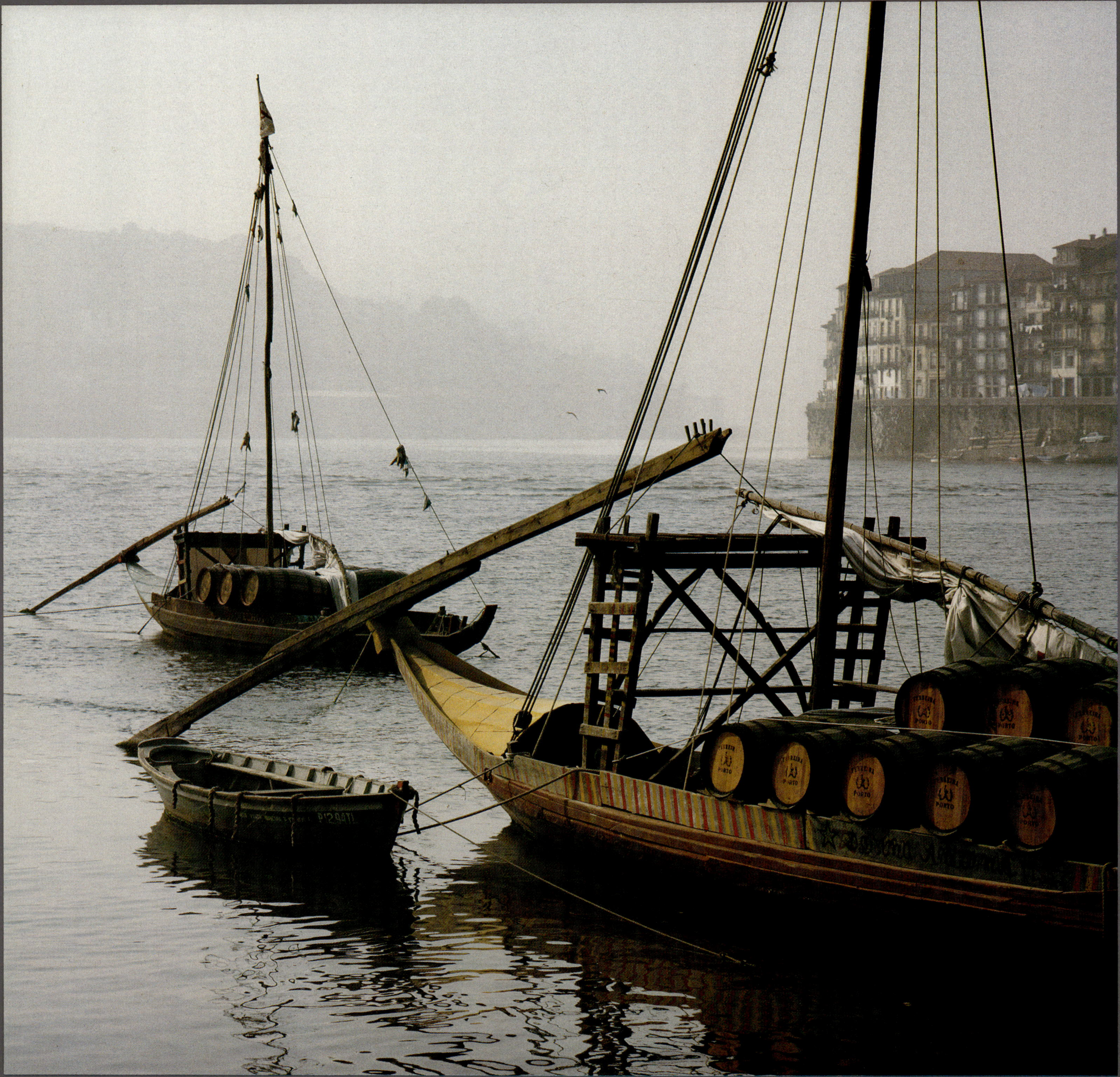

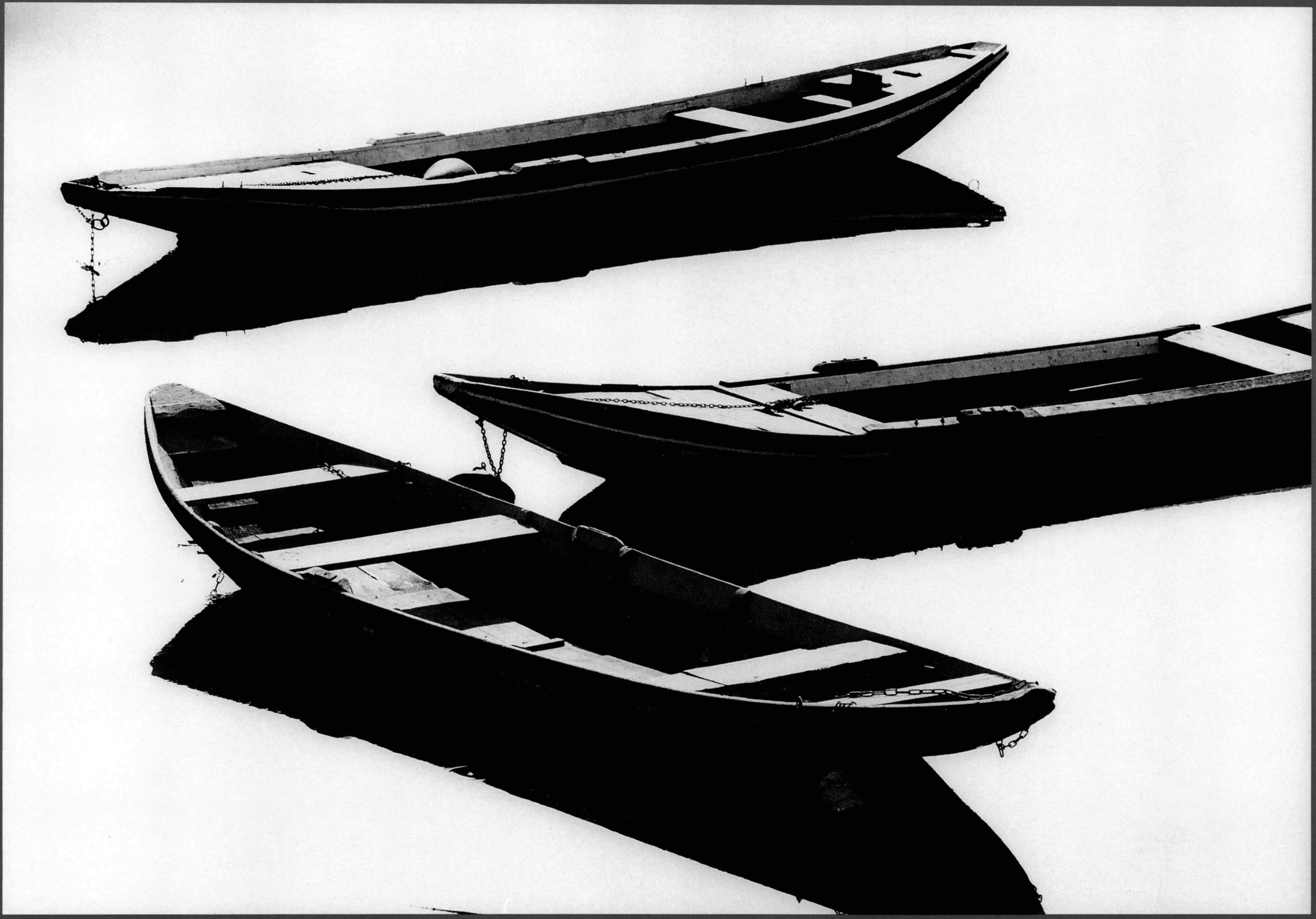

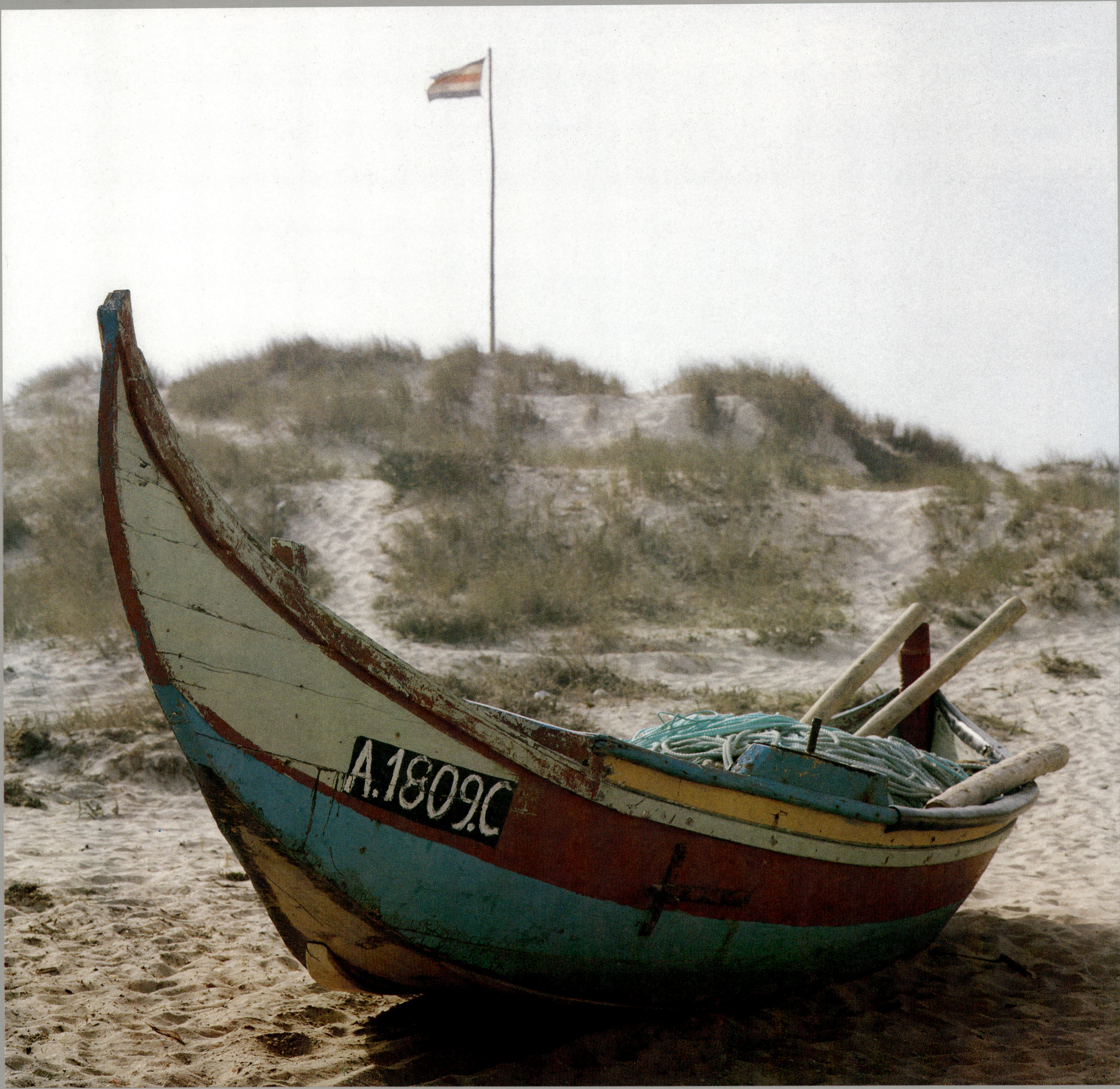
A.1809.C

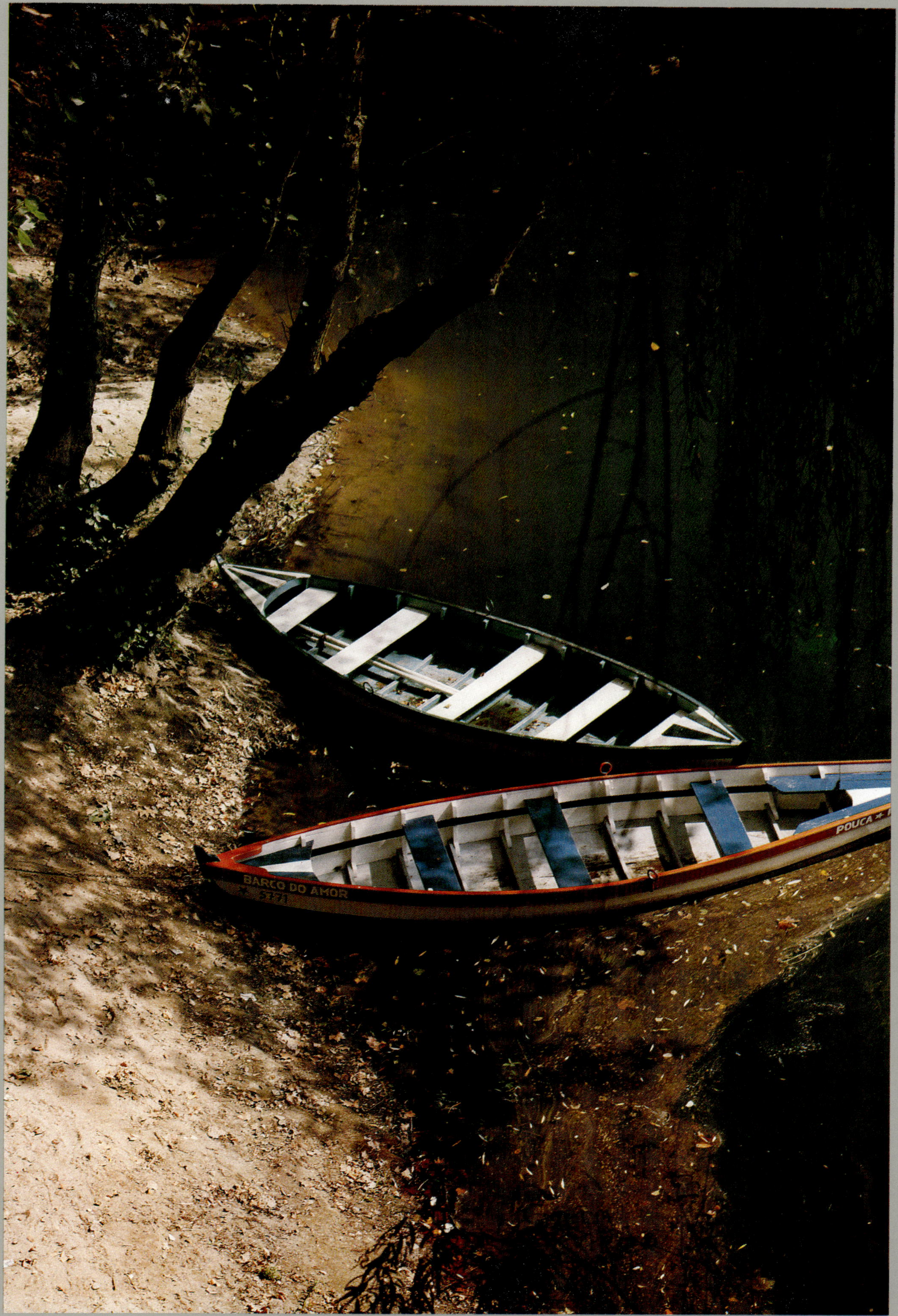
BARCO DO AMOR
POUCA

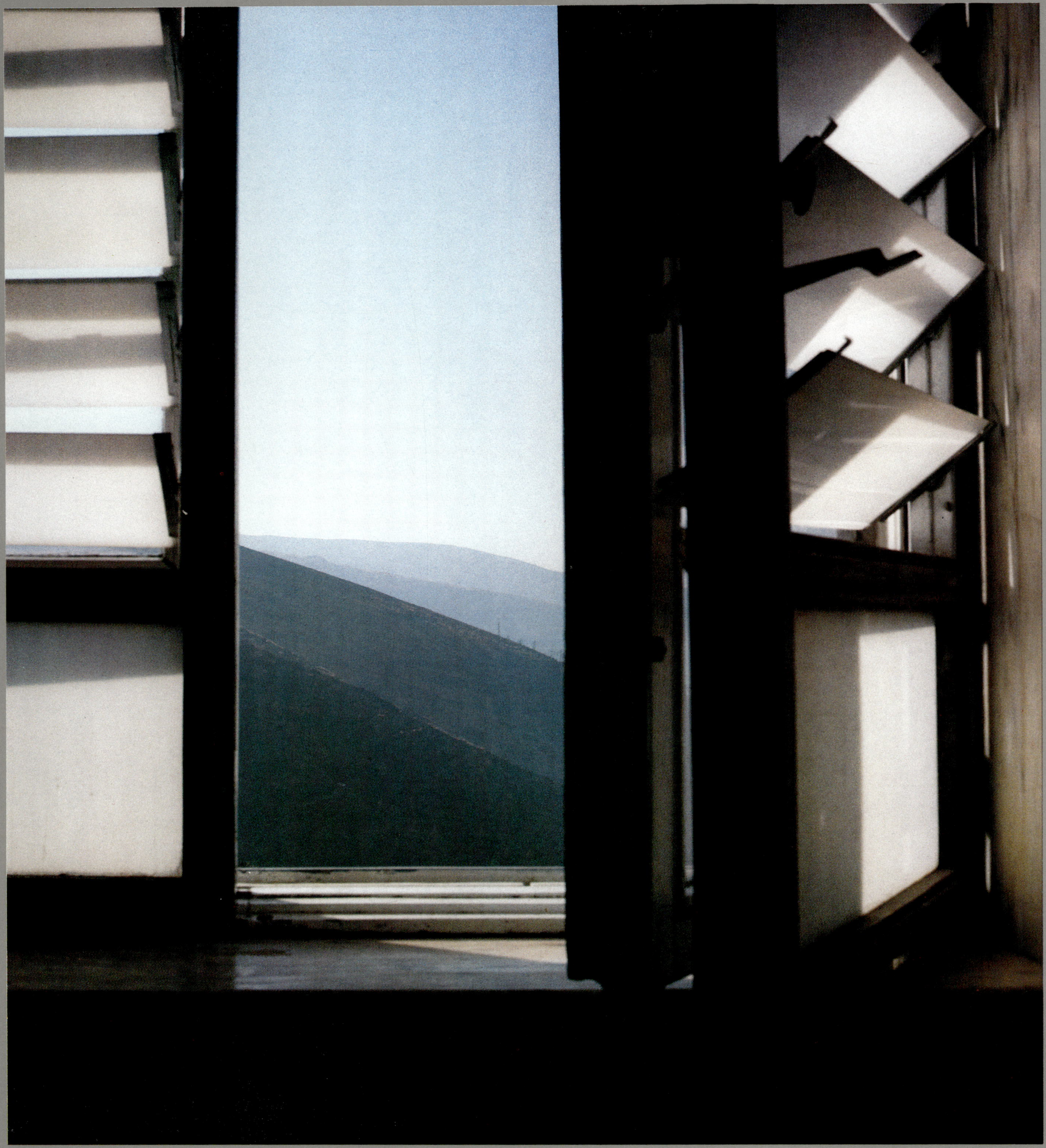

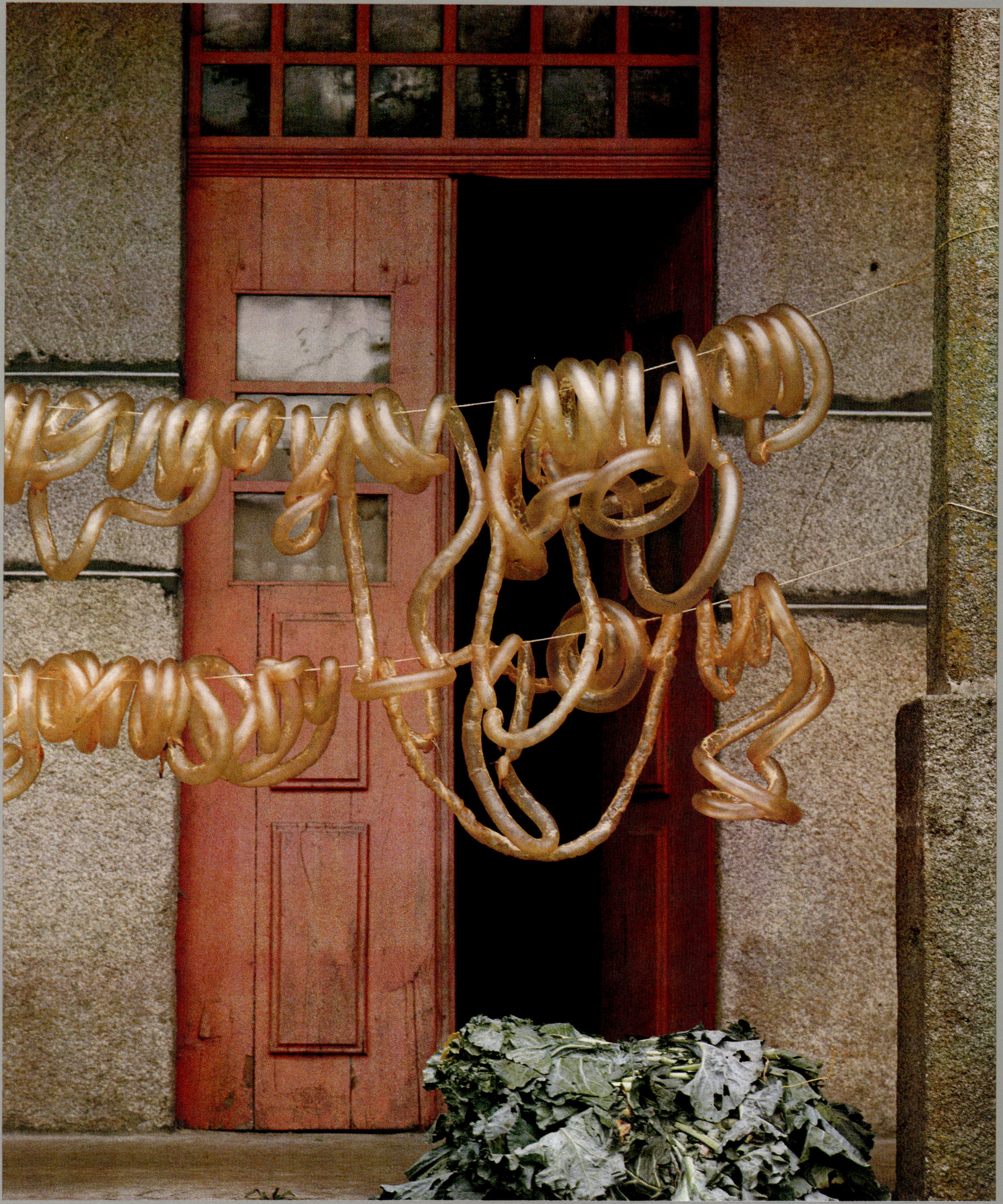

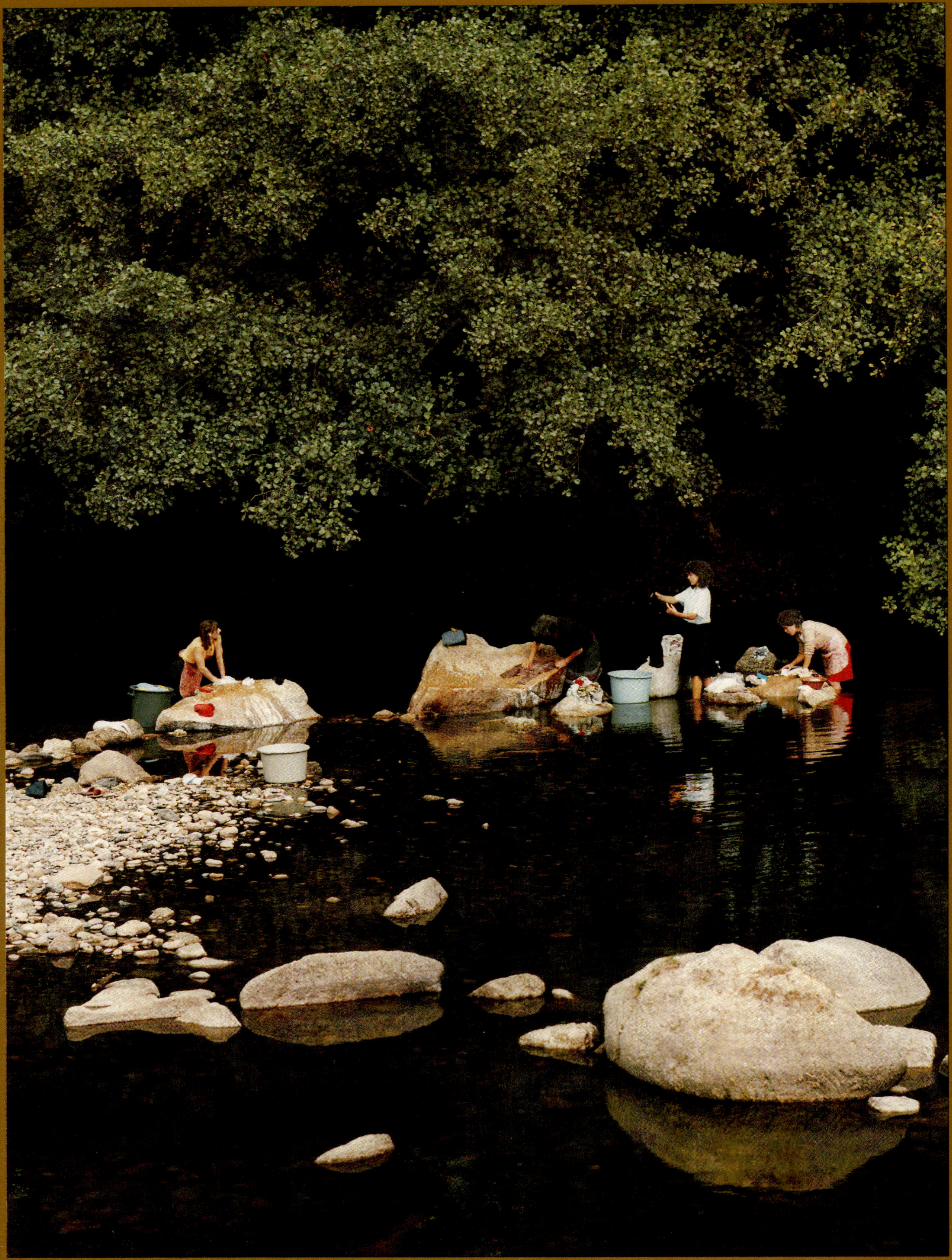

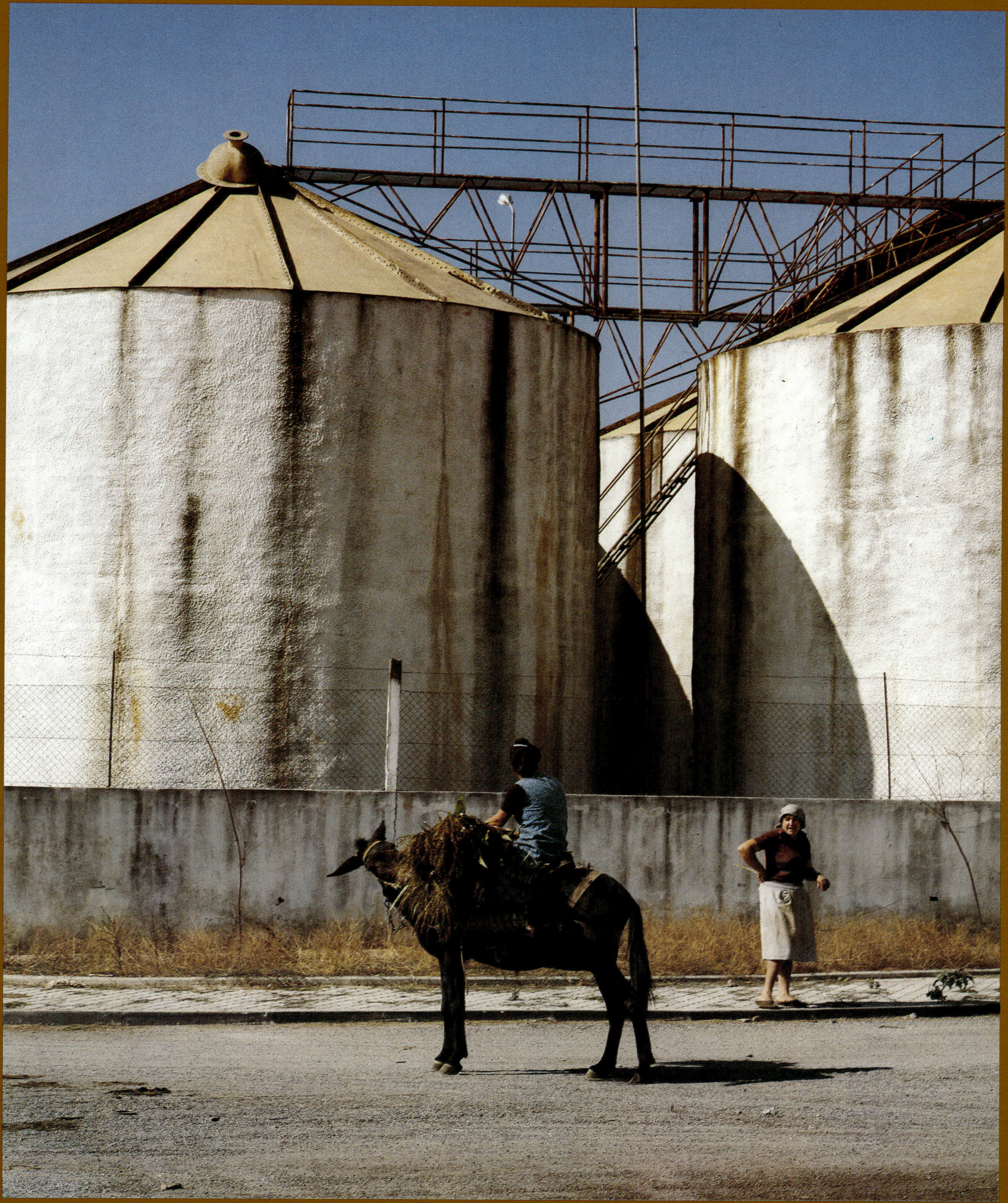

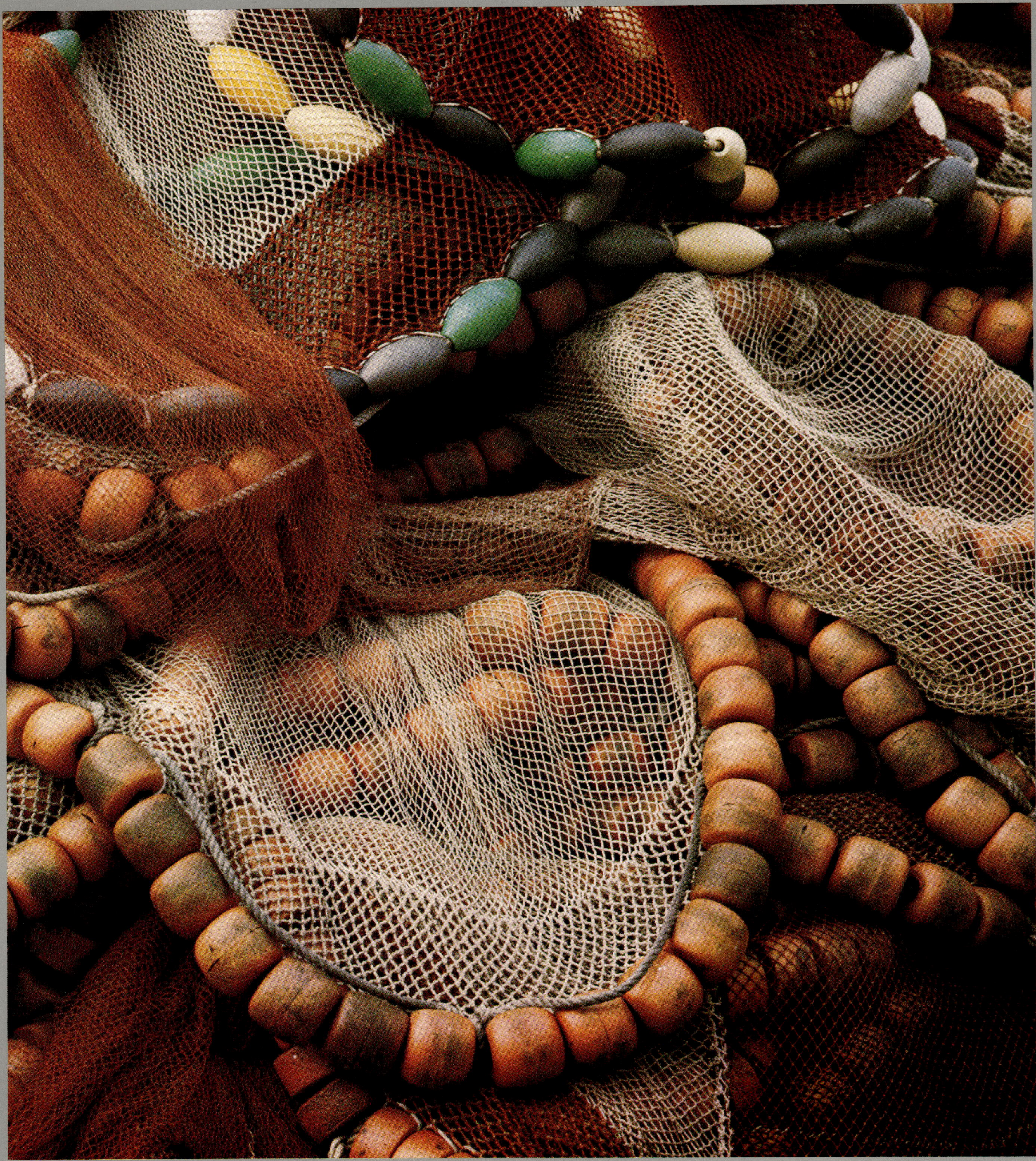

172

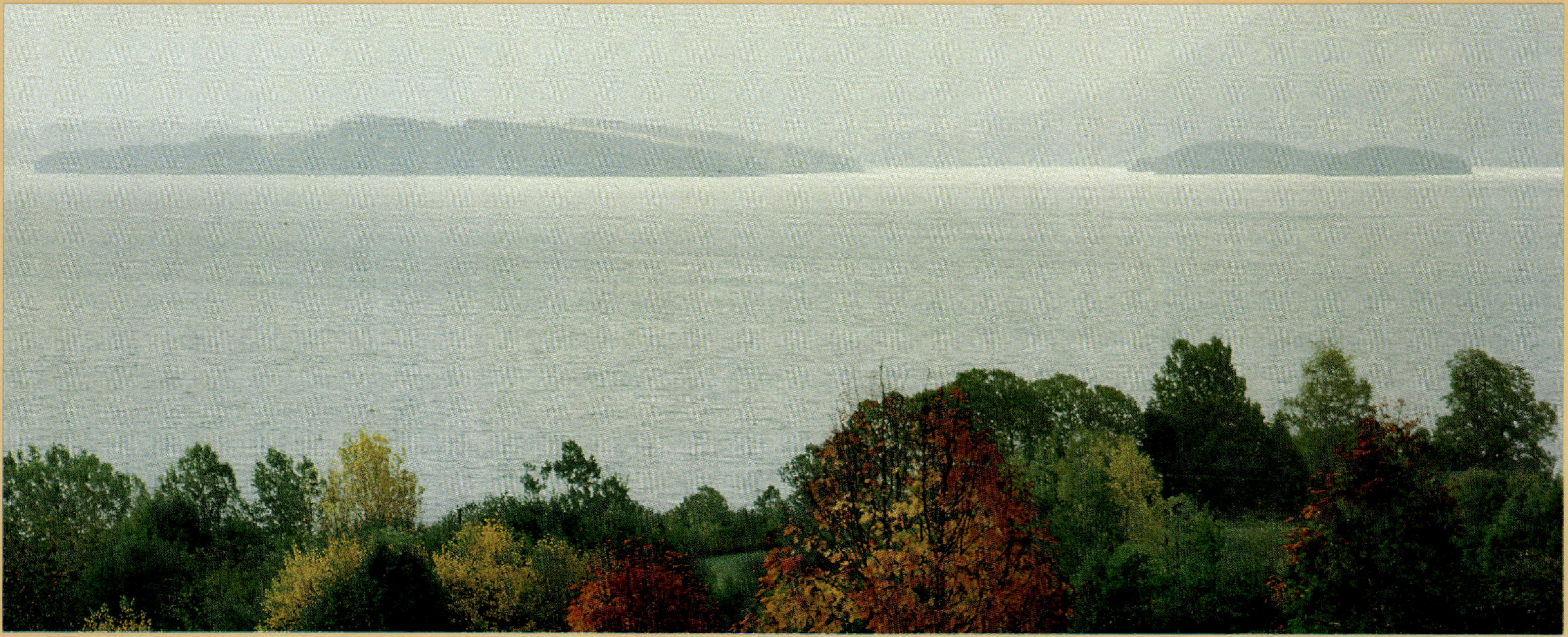

174

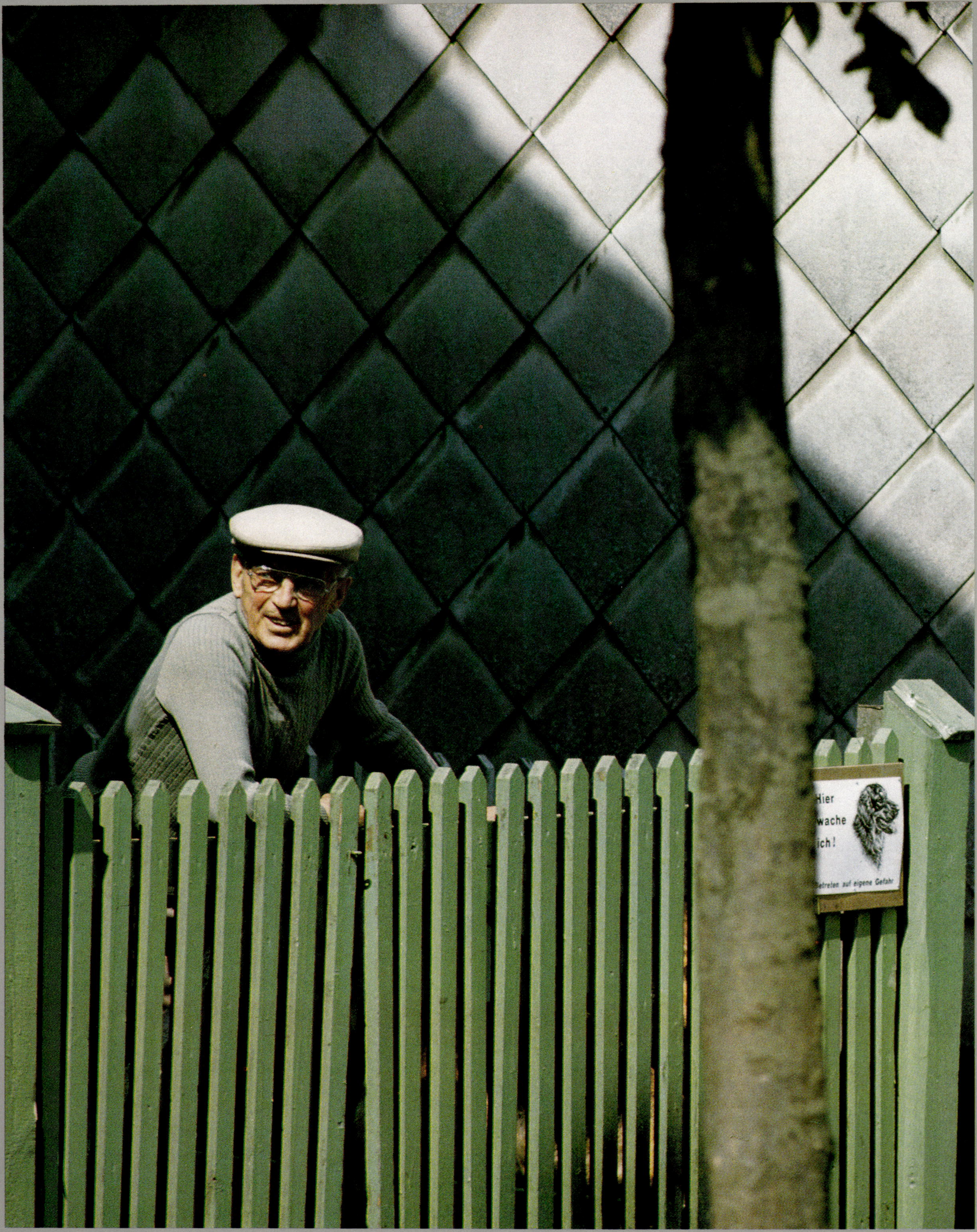
Hier
wache
ich!
Betreten auf eigene Gefahr

176

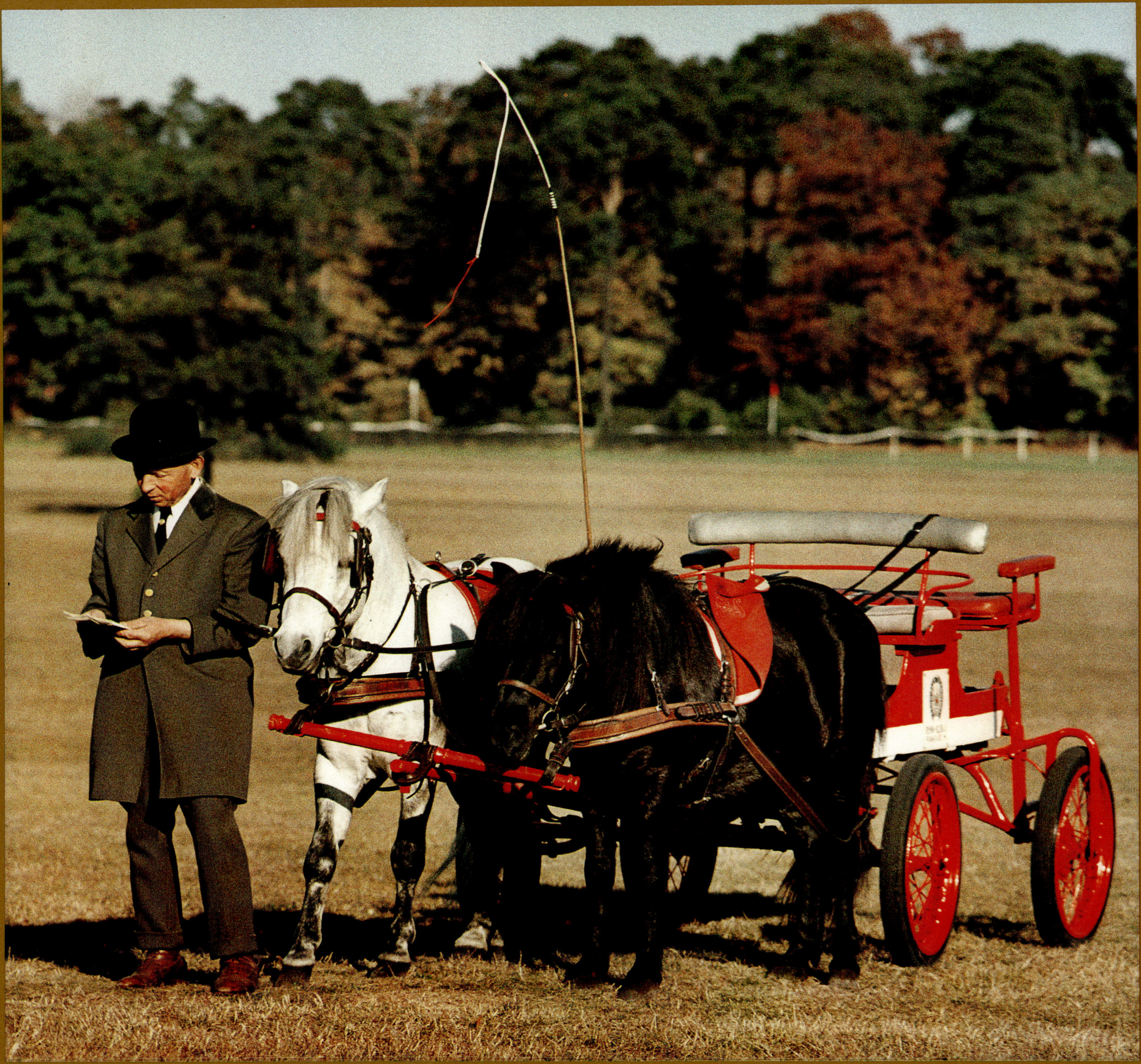

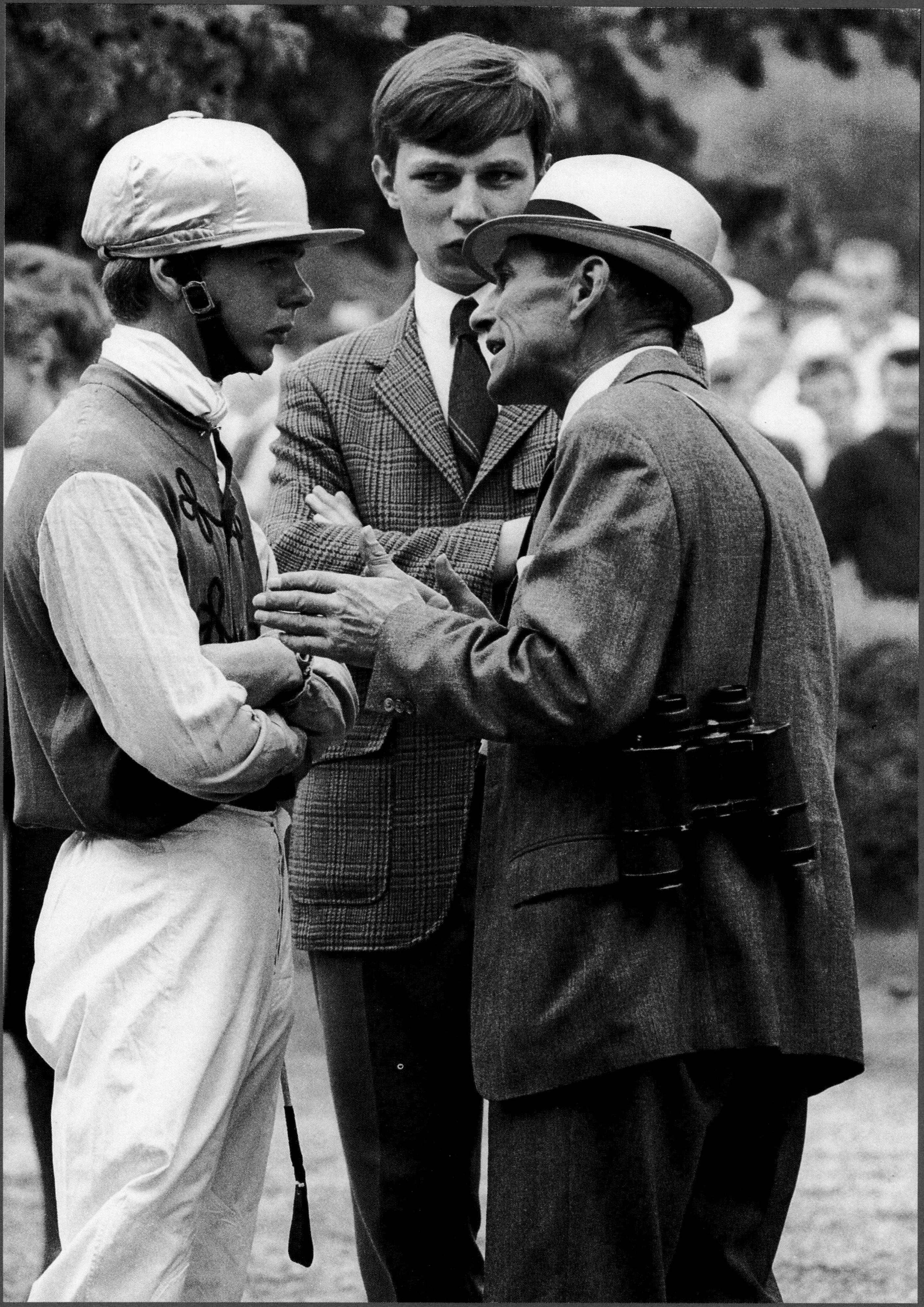

179

180

181

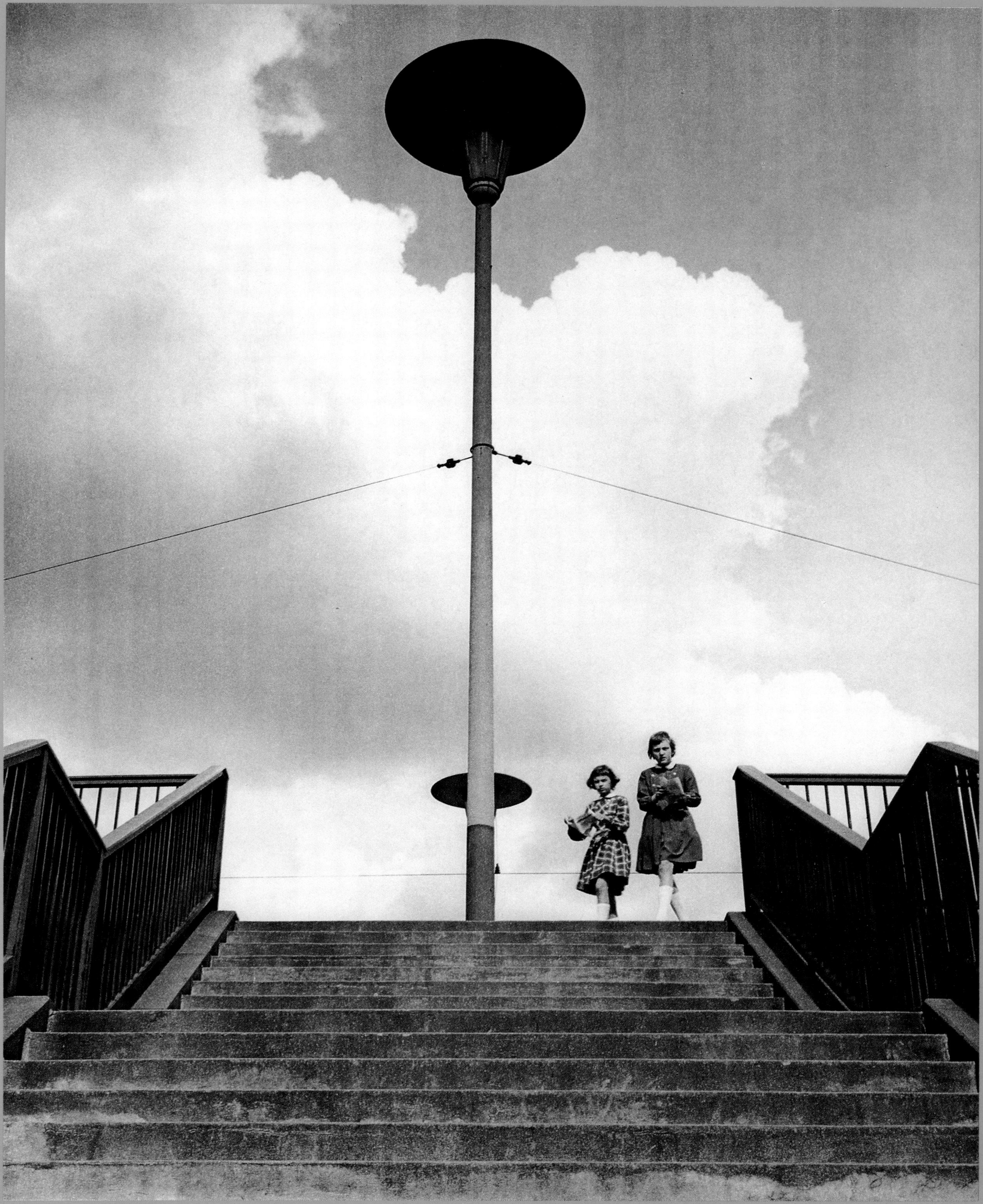

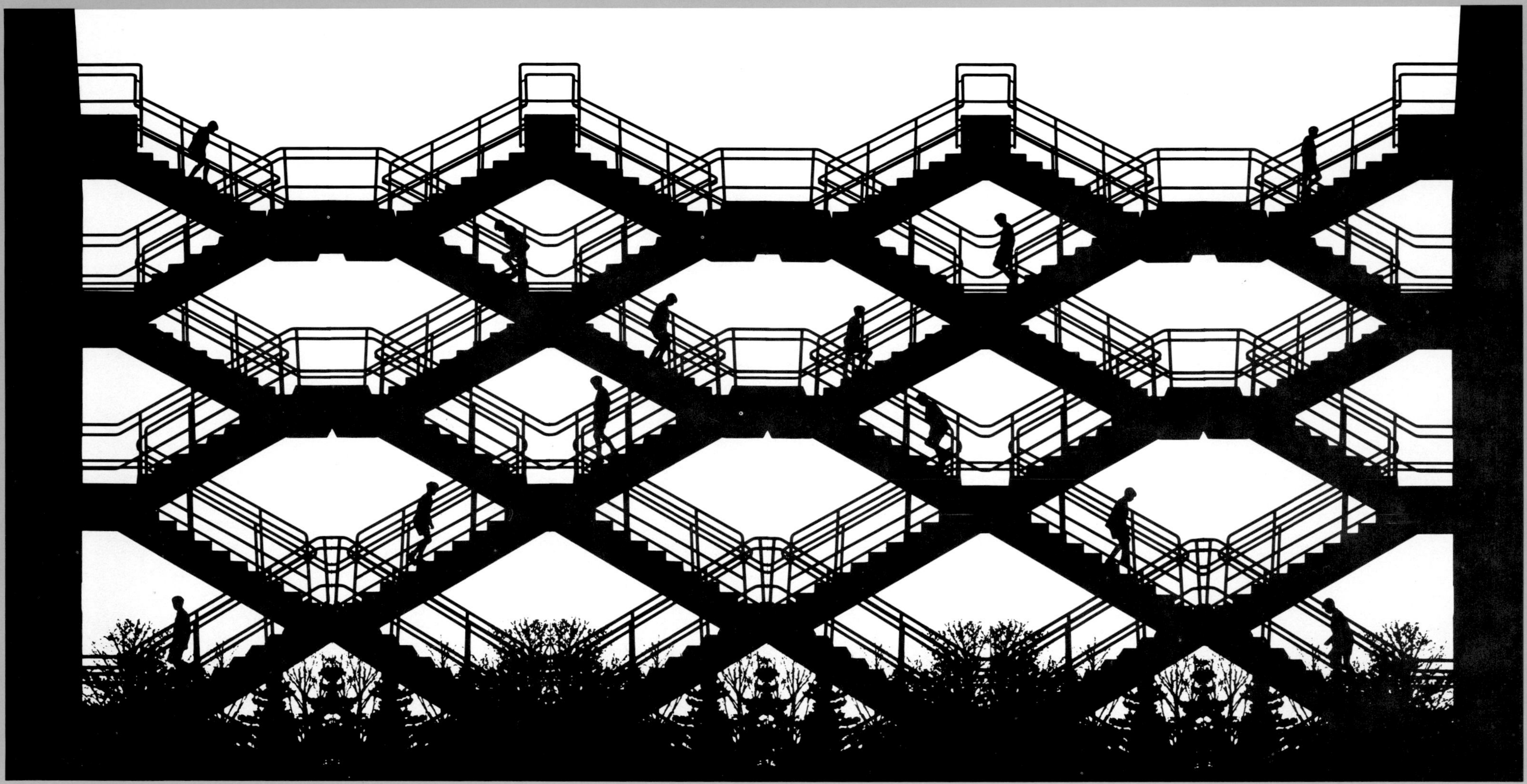

184

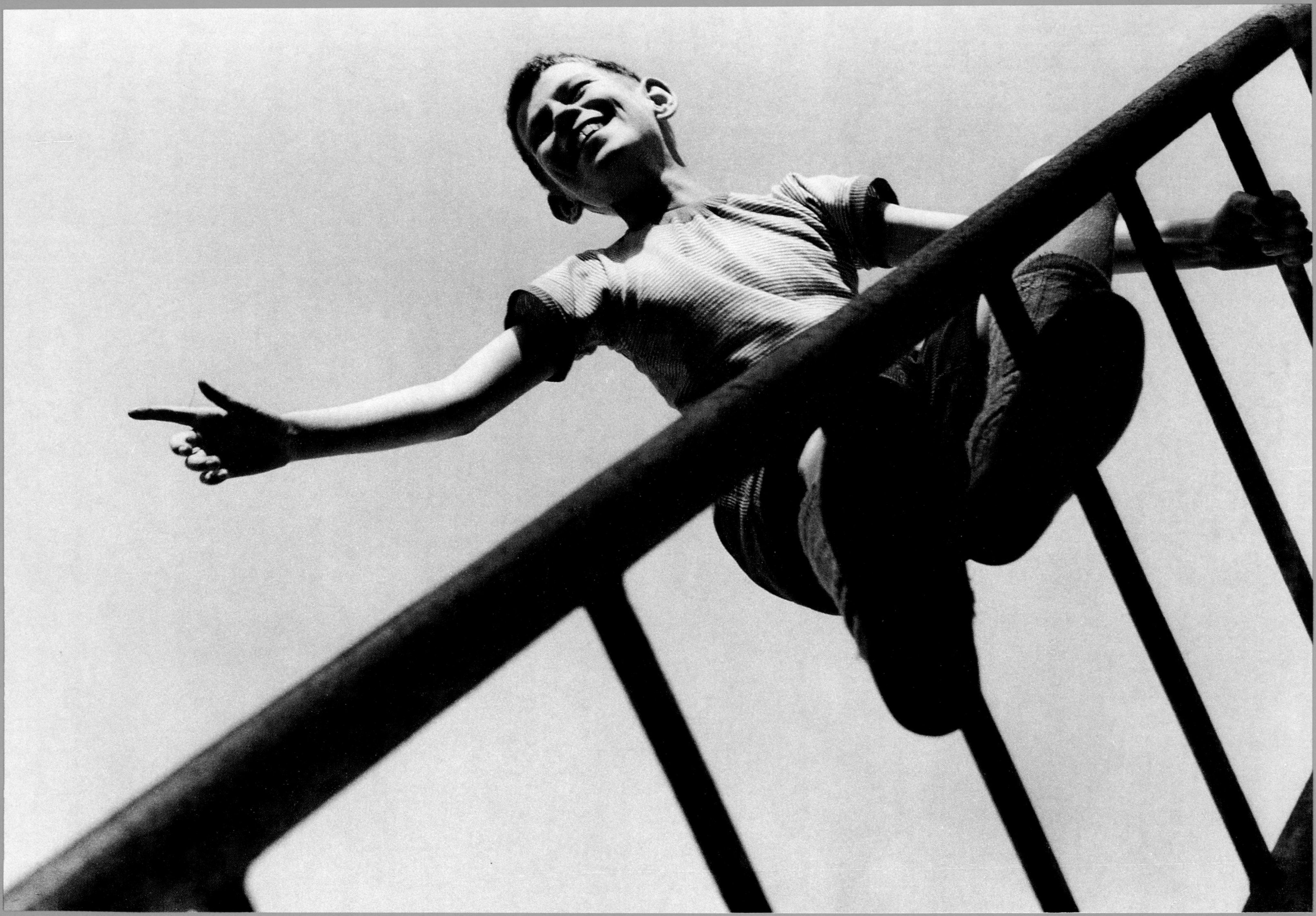

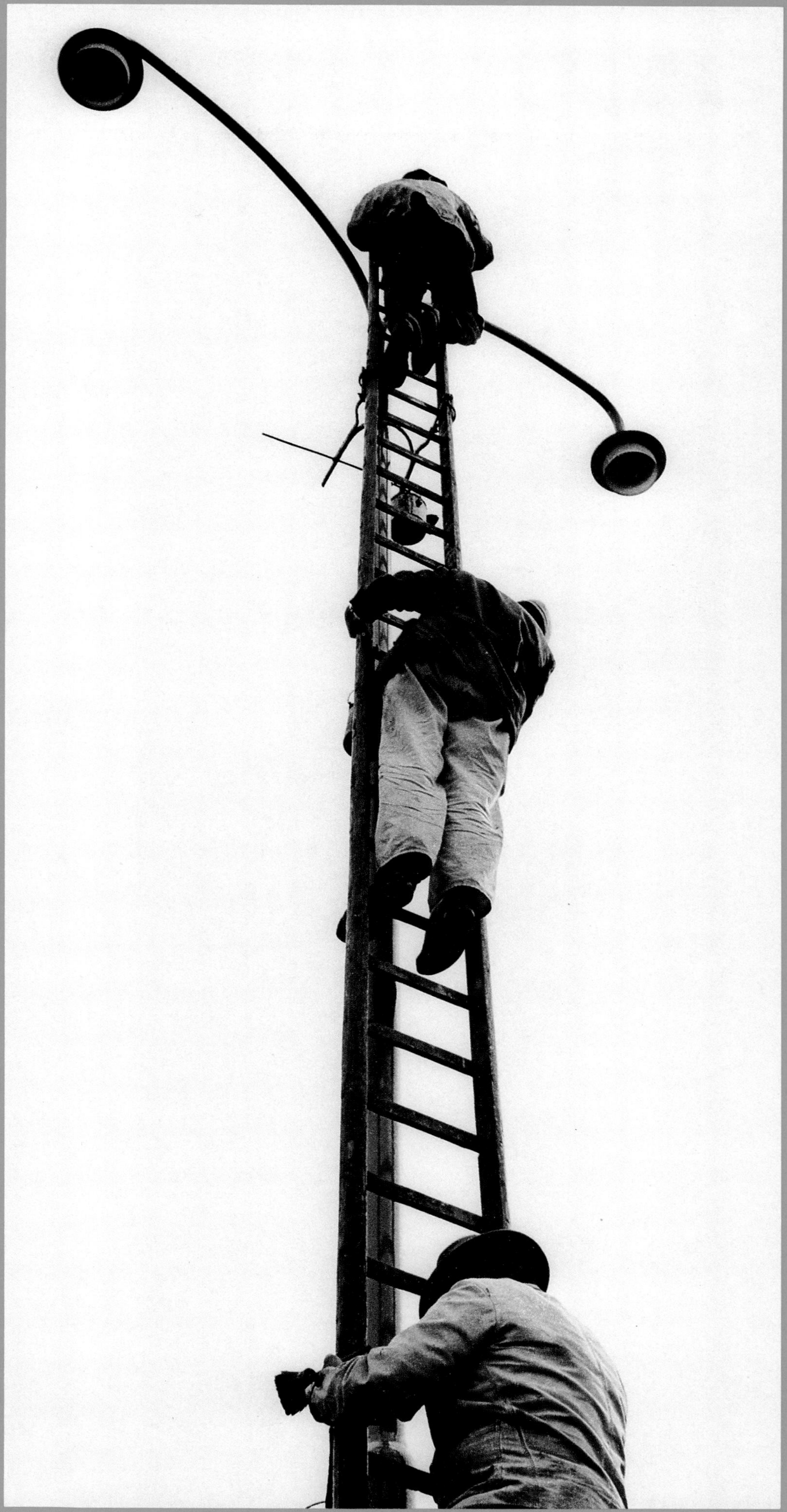

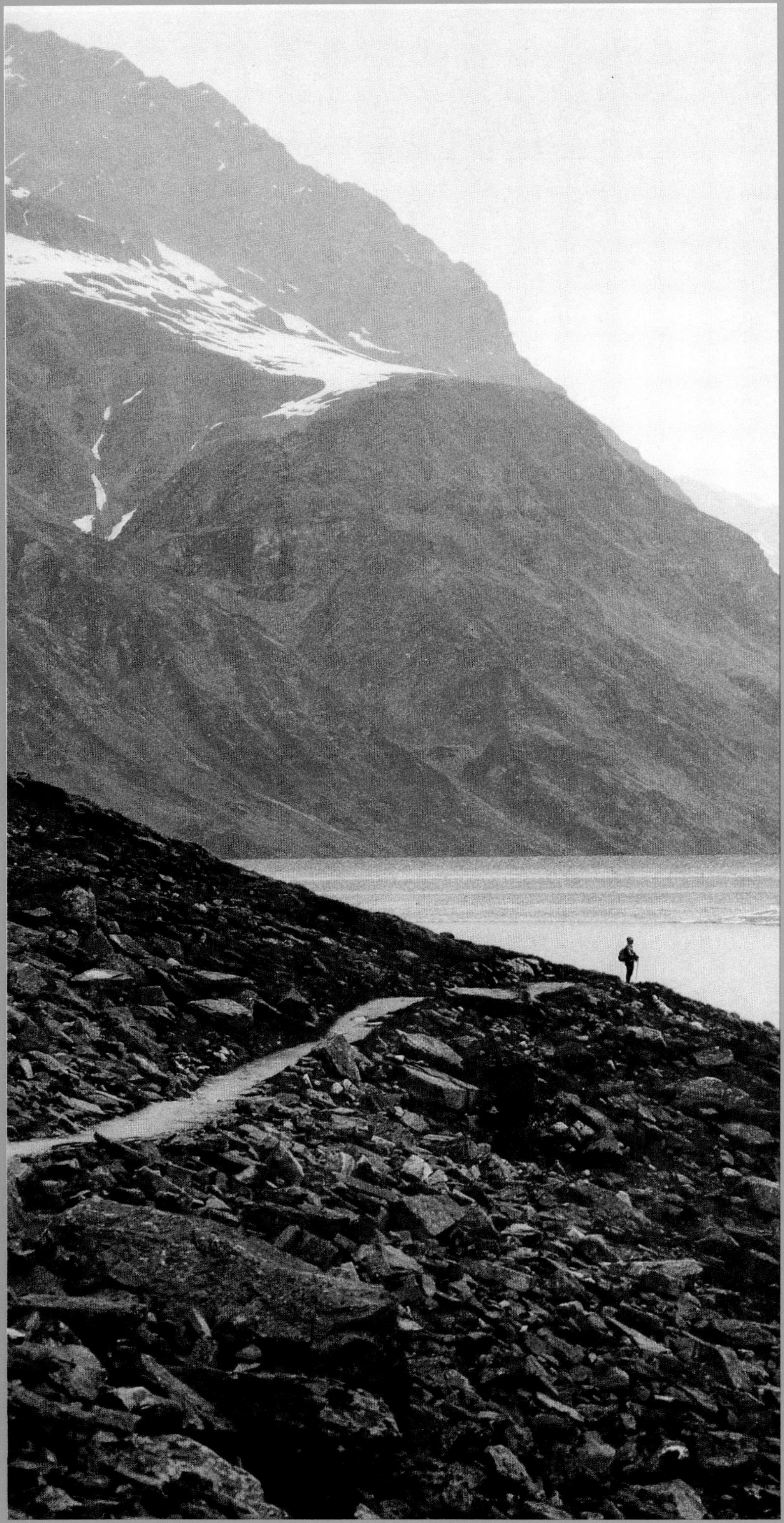

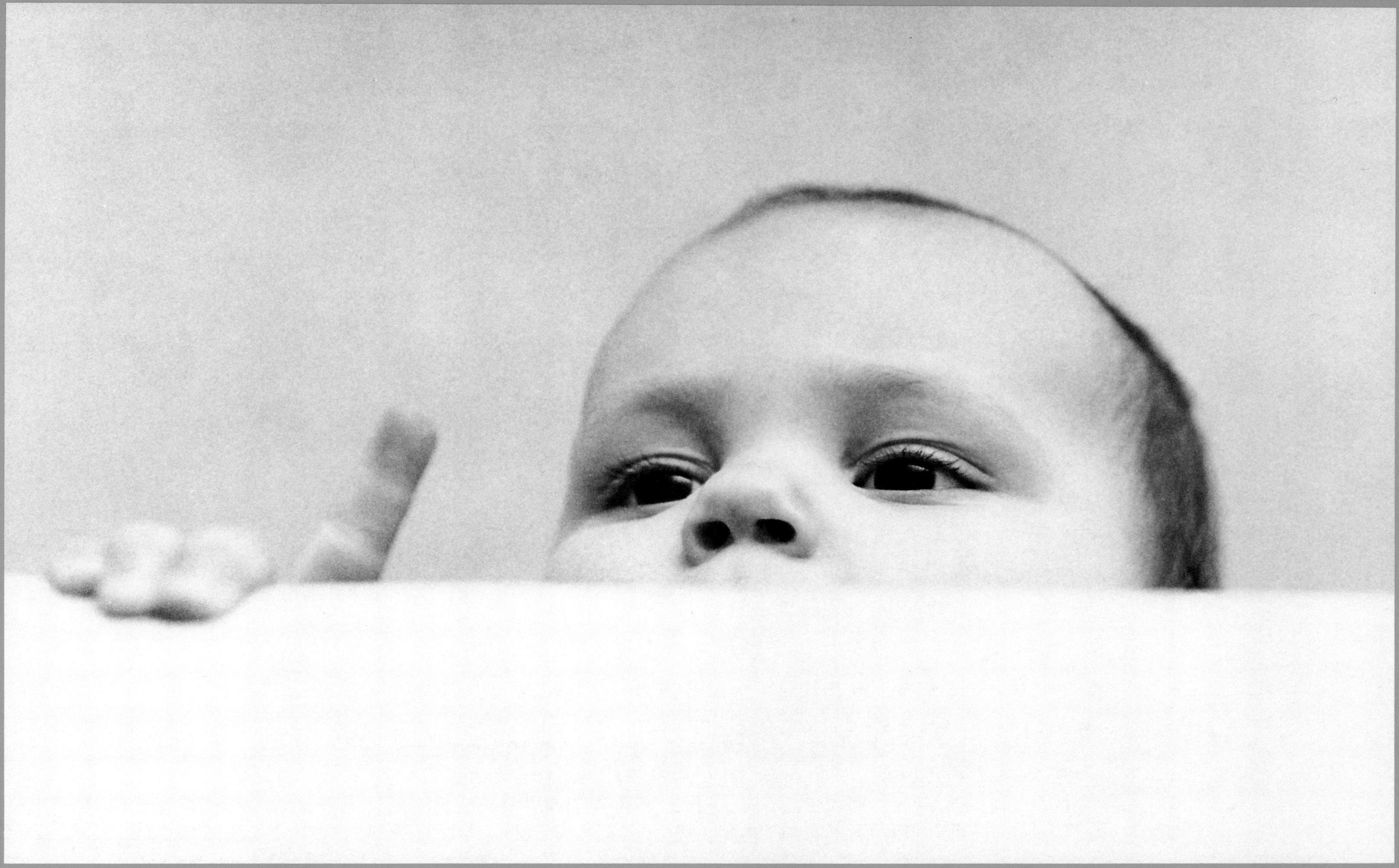

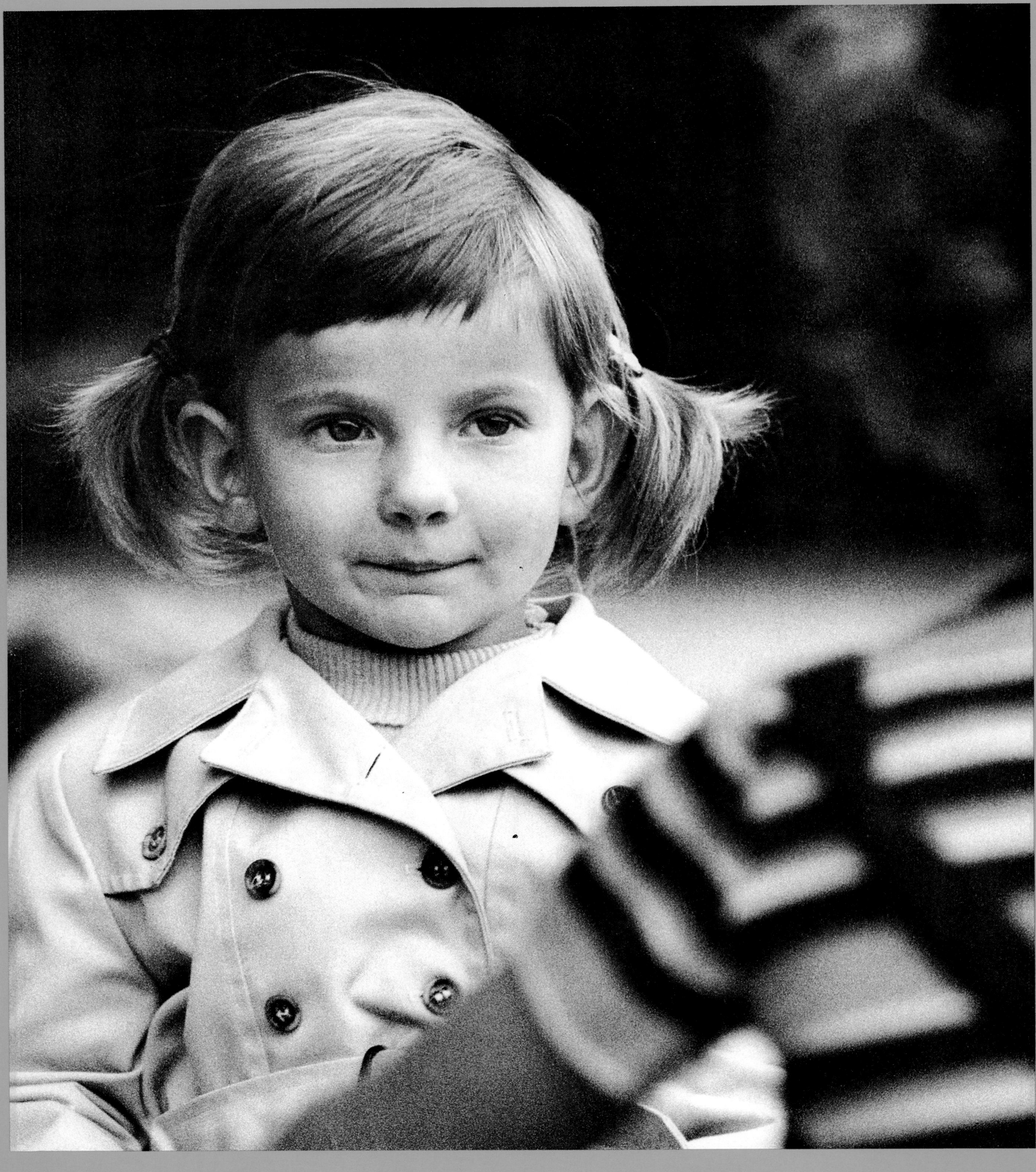

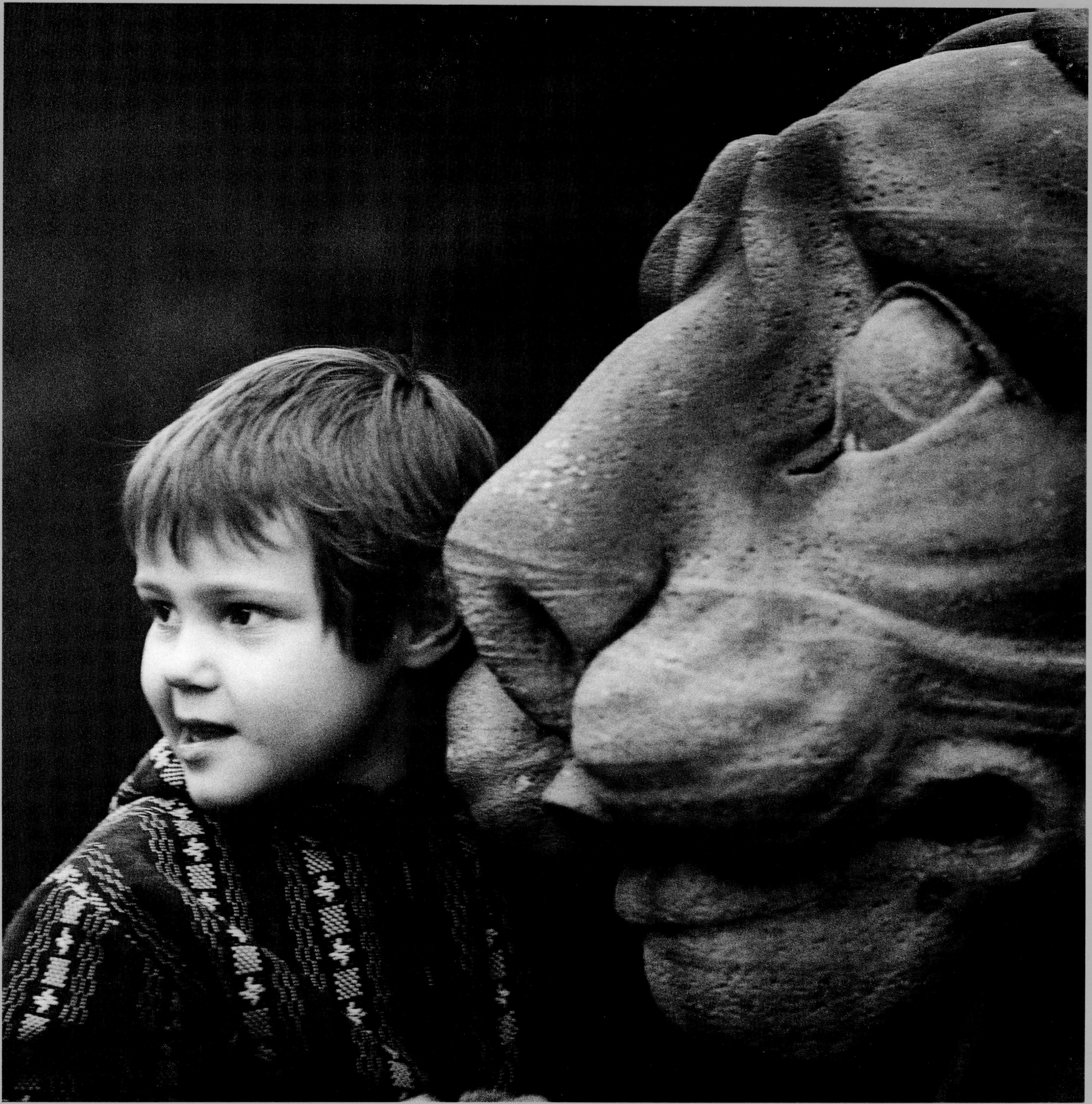

191

192

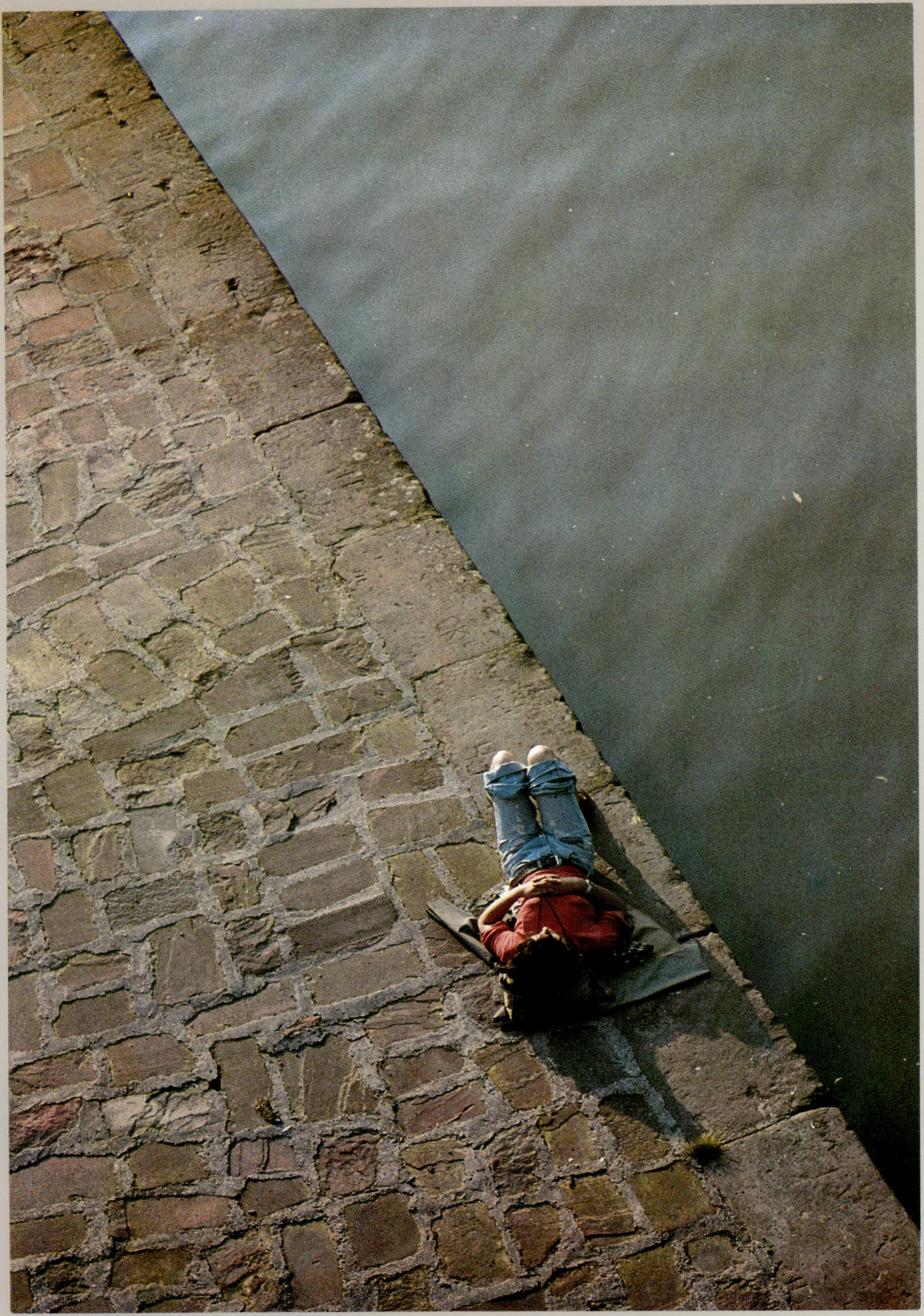

194

195

„Wir haben Europa gerettet, die Kinderlähmung geheilt, wir sind zum Mond geflogen und haben die Welt mit unserer Kultur erhellt."

US-Präsident Bush

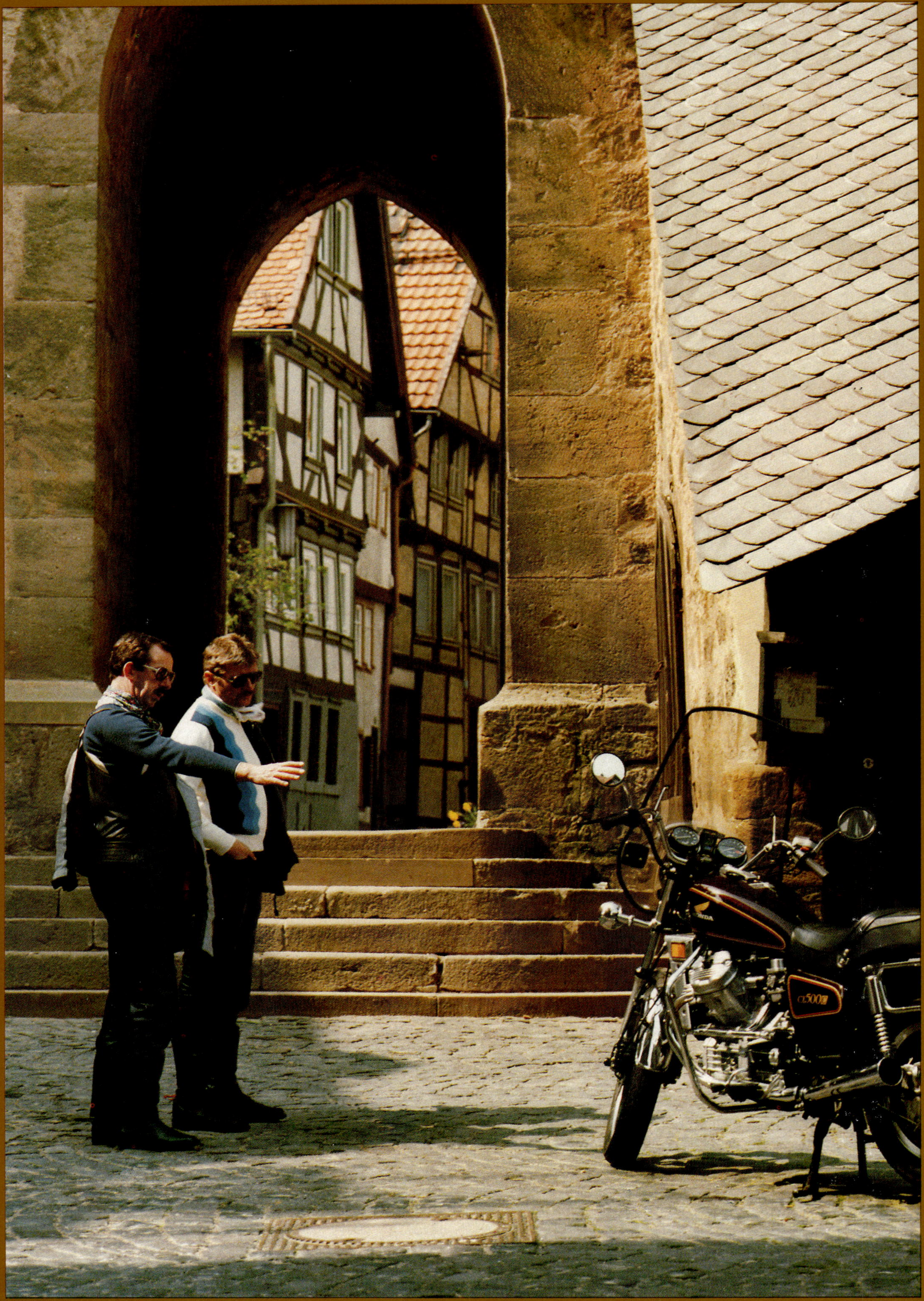

198

Kinderkäfig

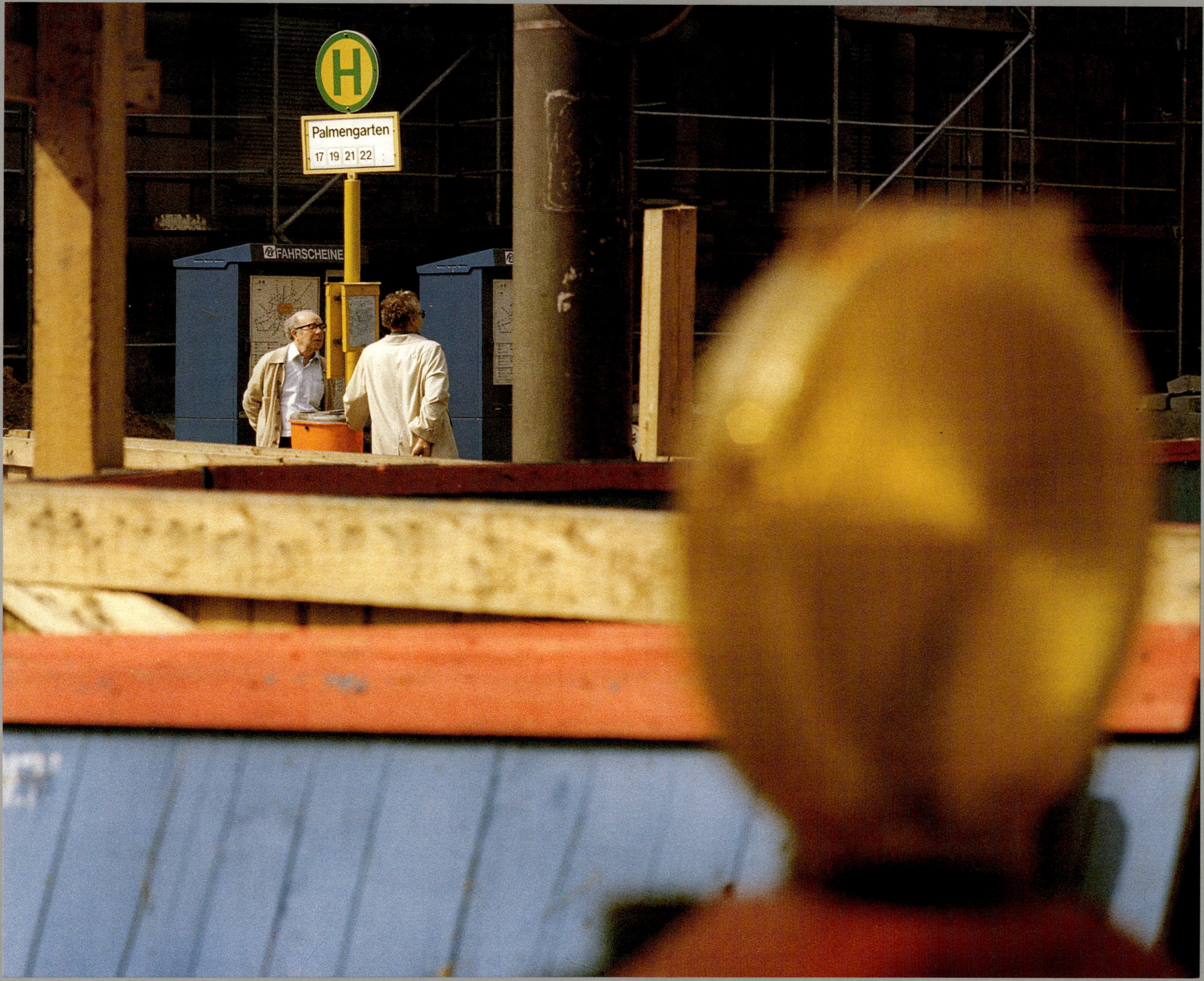
H
Palmengarten
17 19 21 22
FAHRSCHEINE

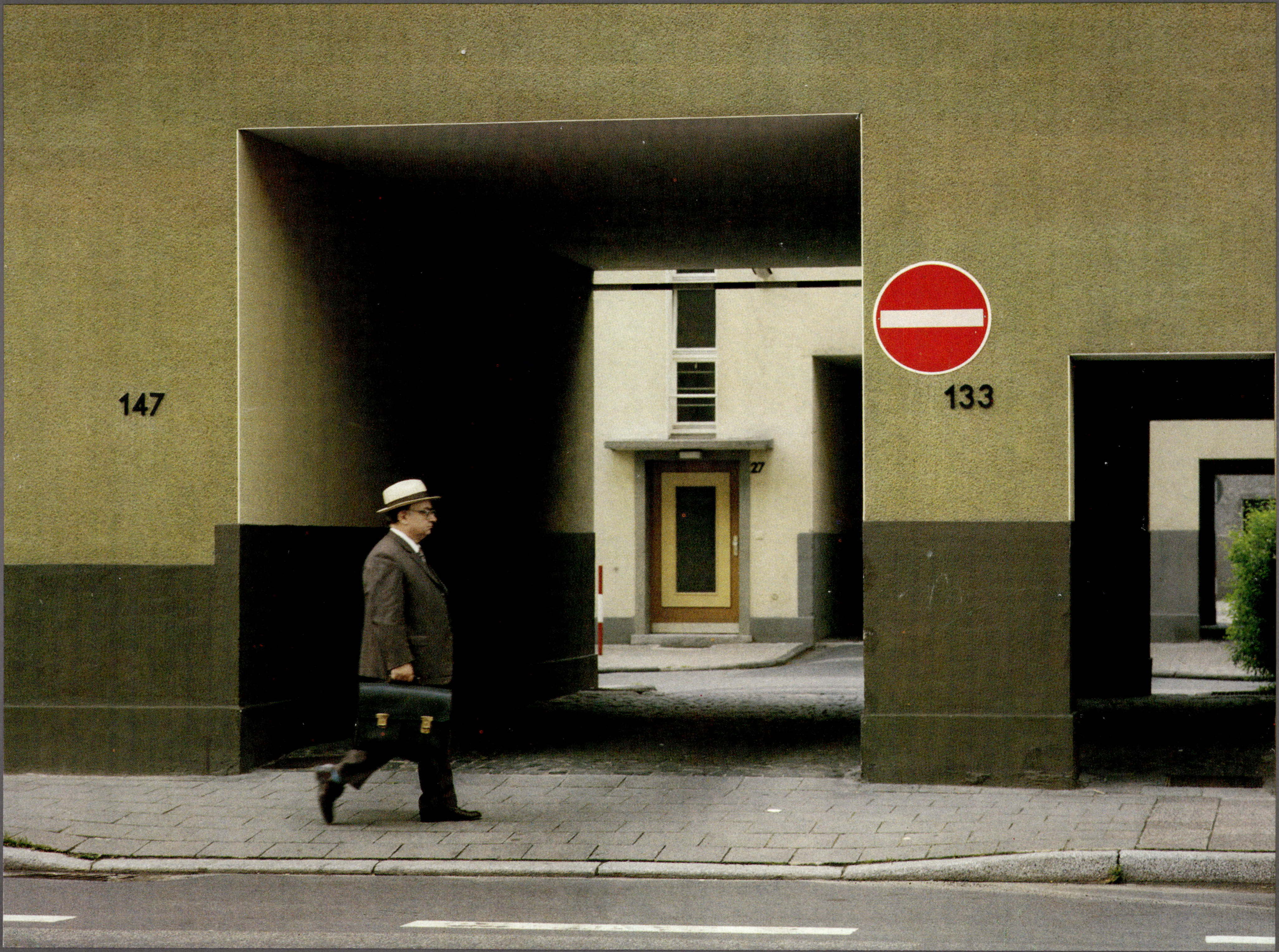
147
133
27

202

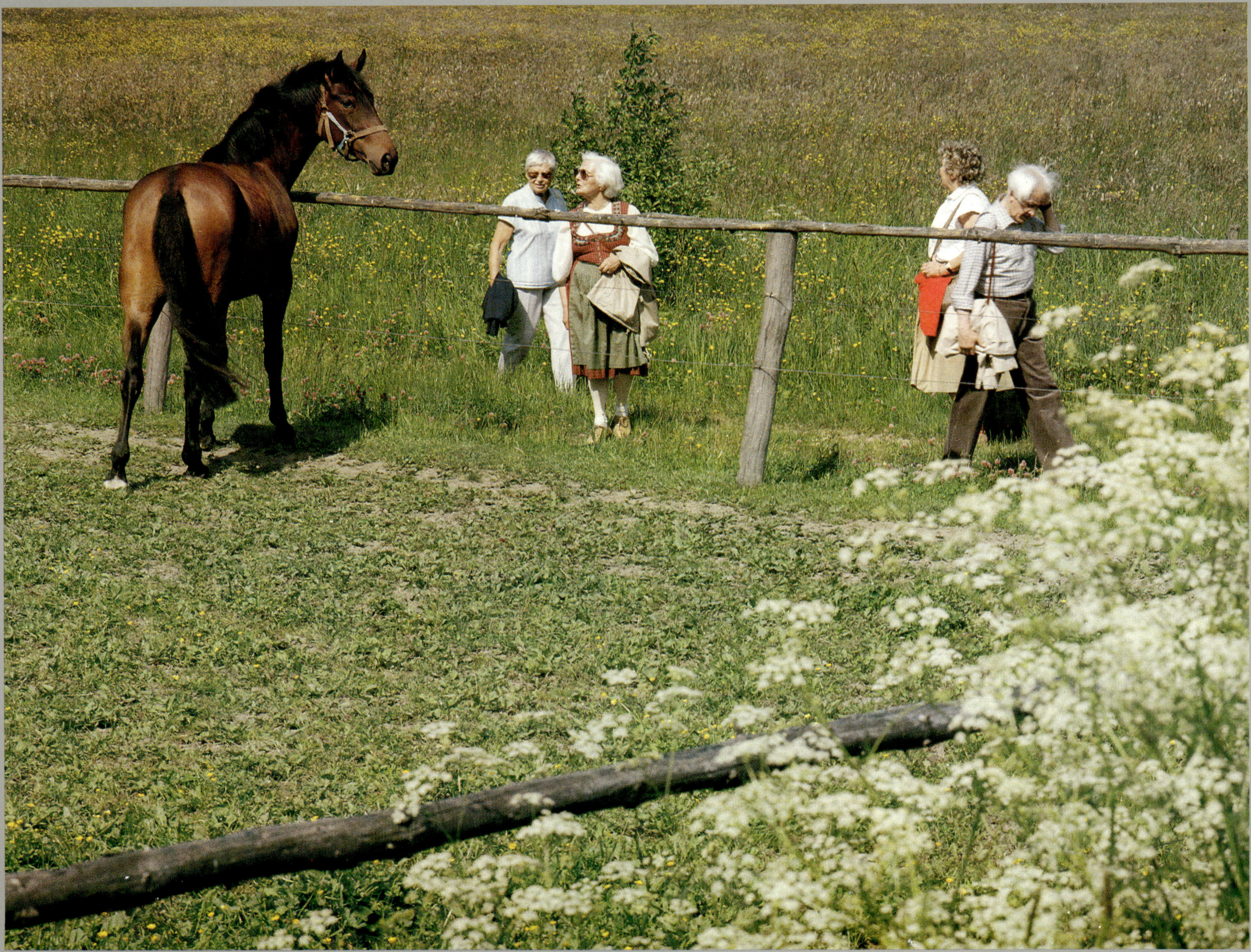

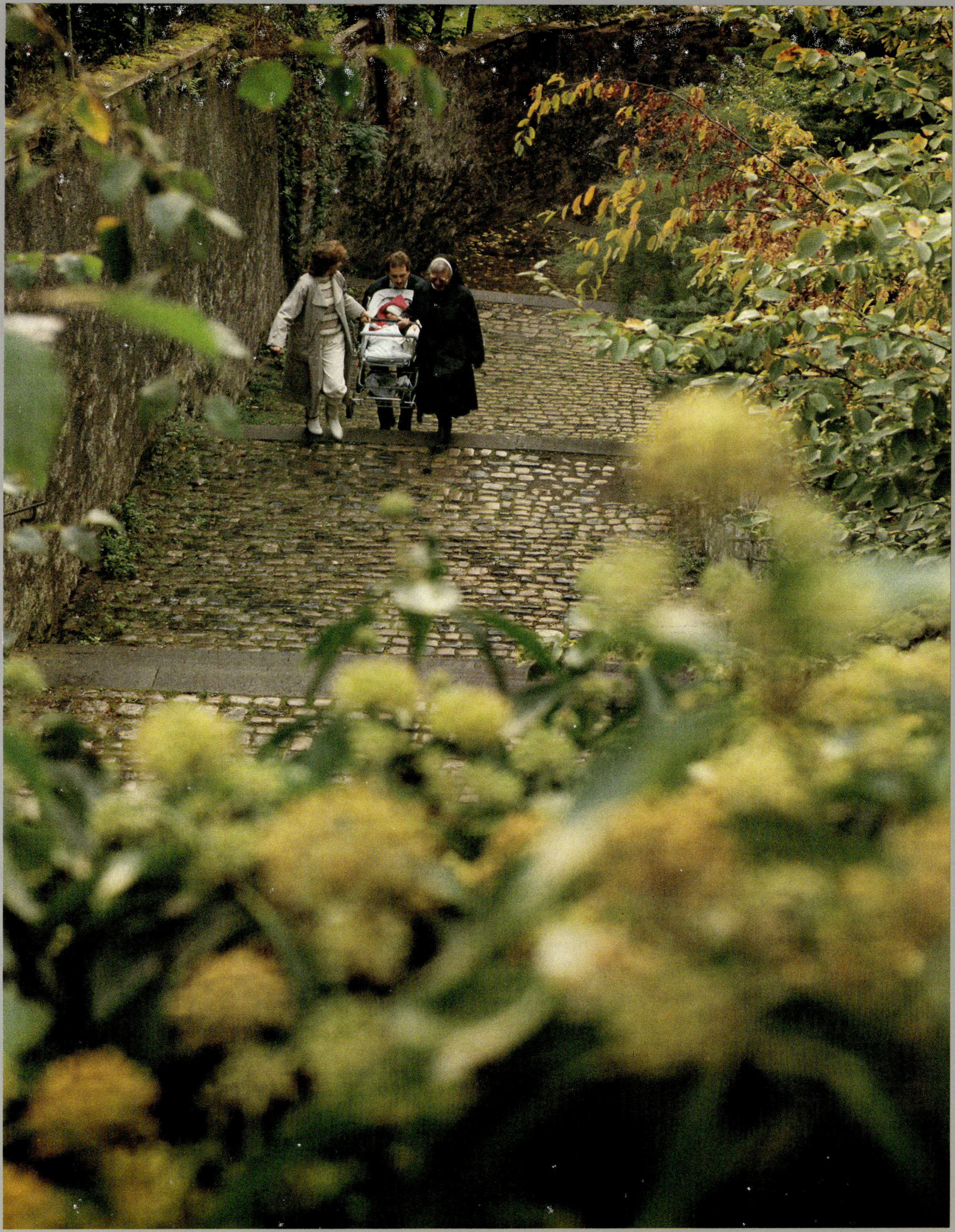

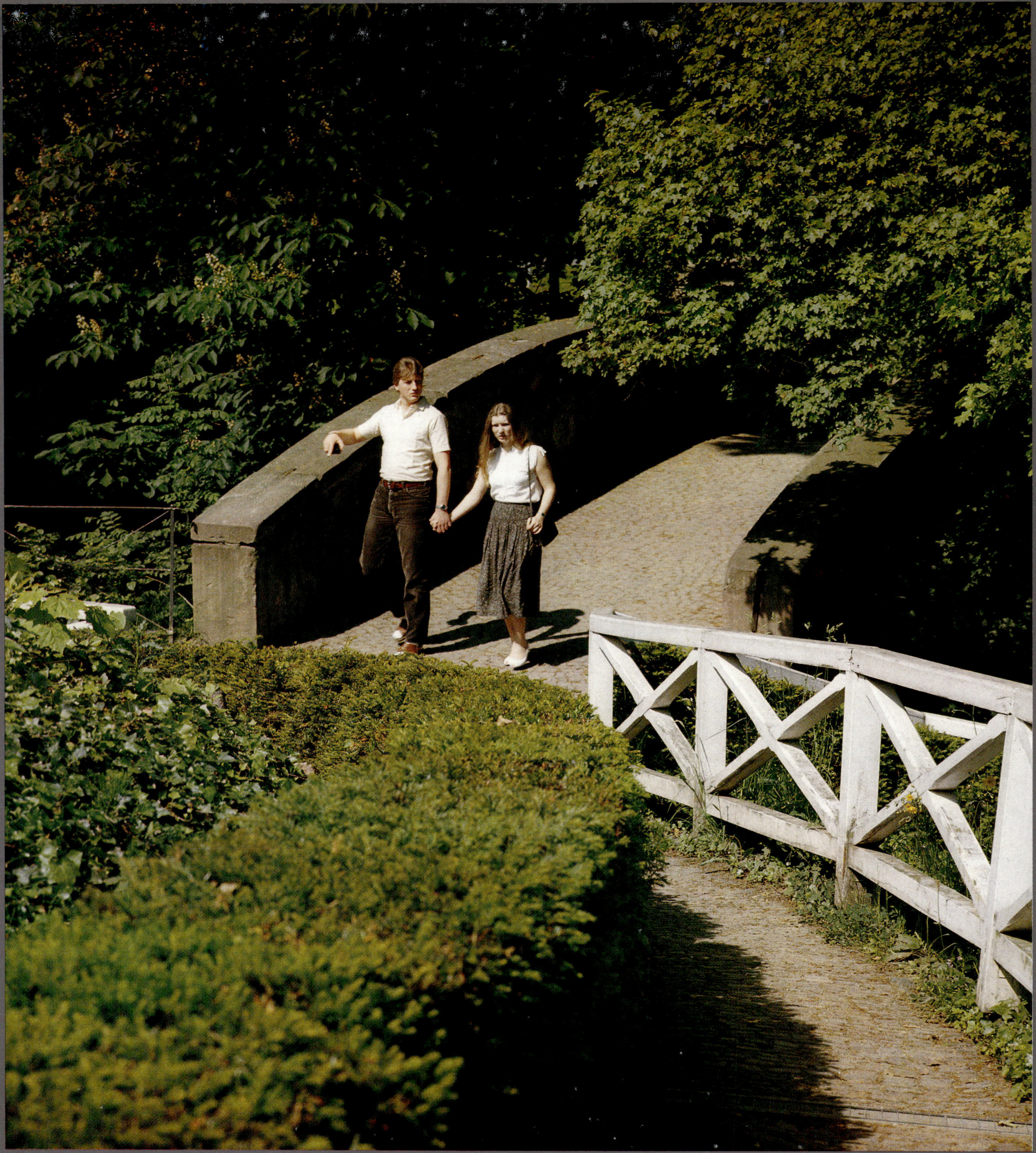

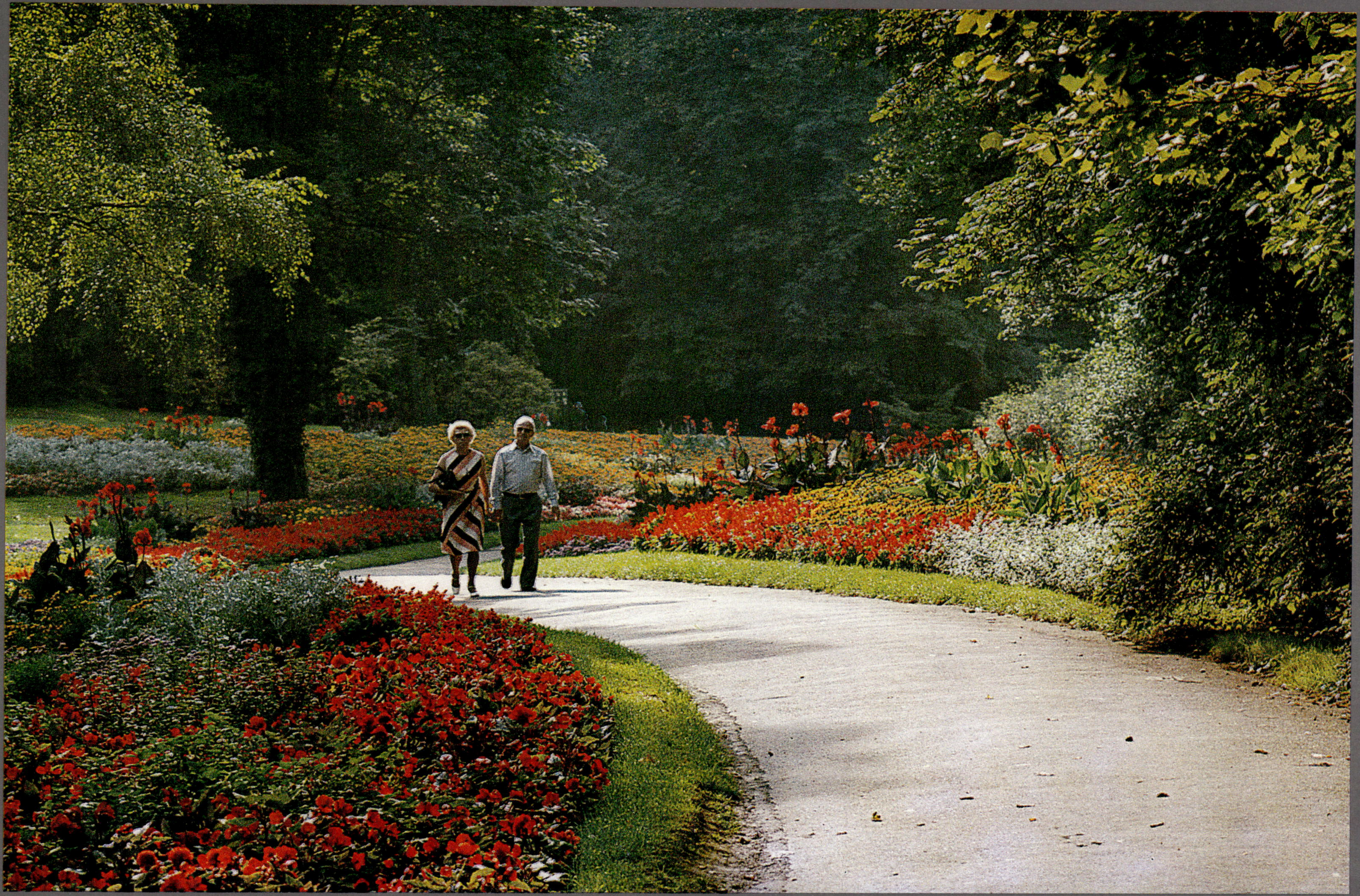

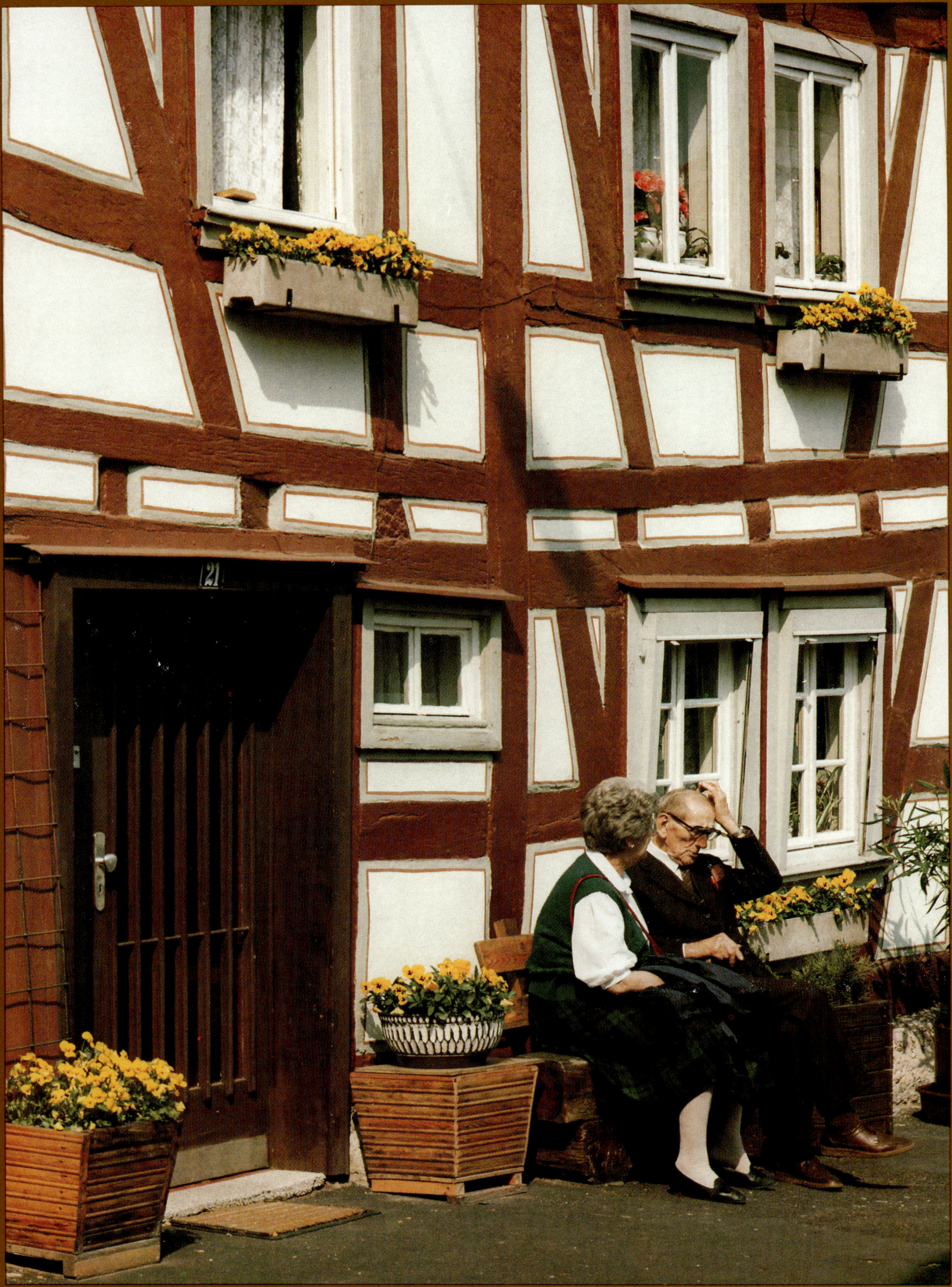

21

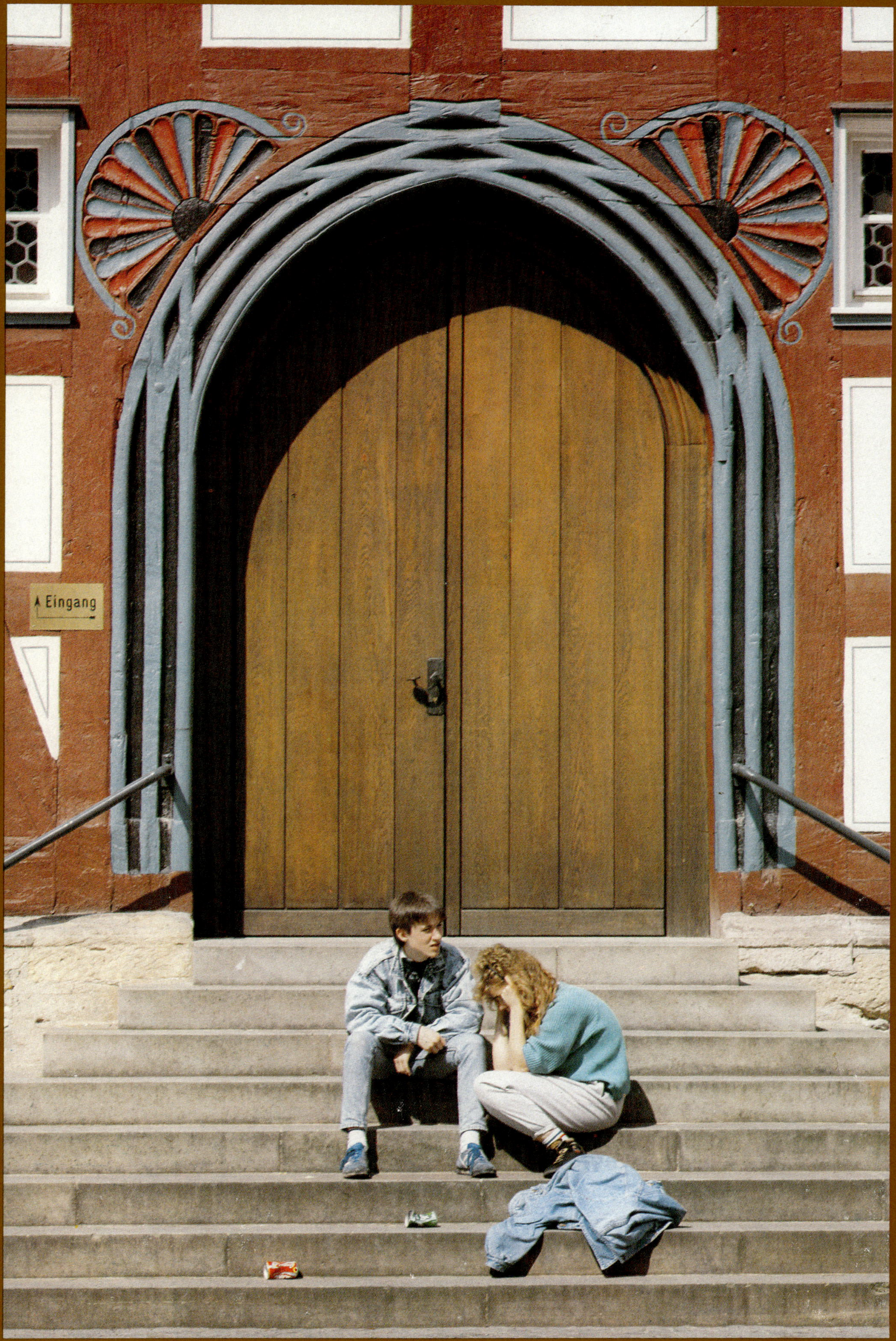
Eingang

209

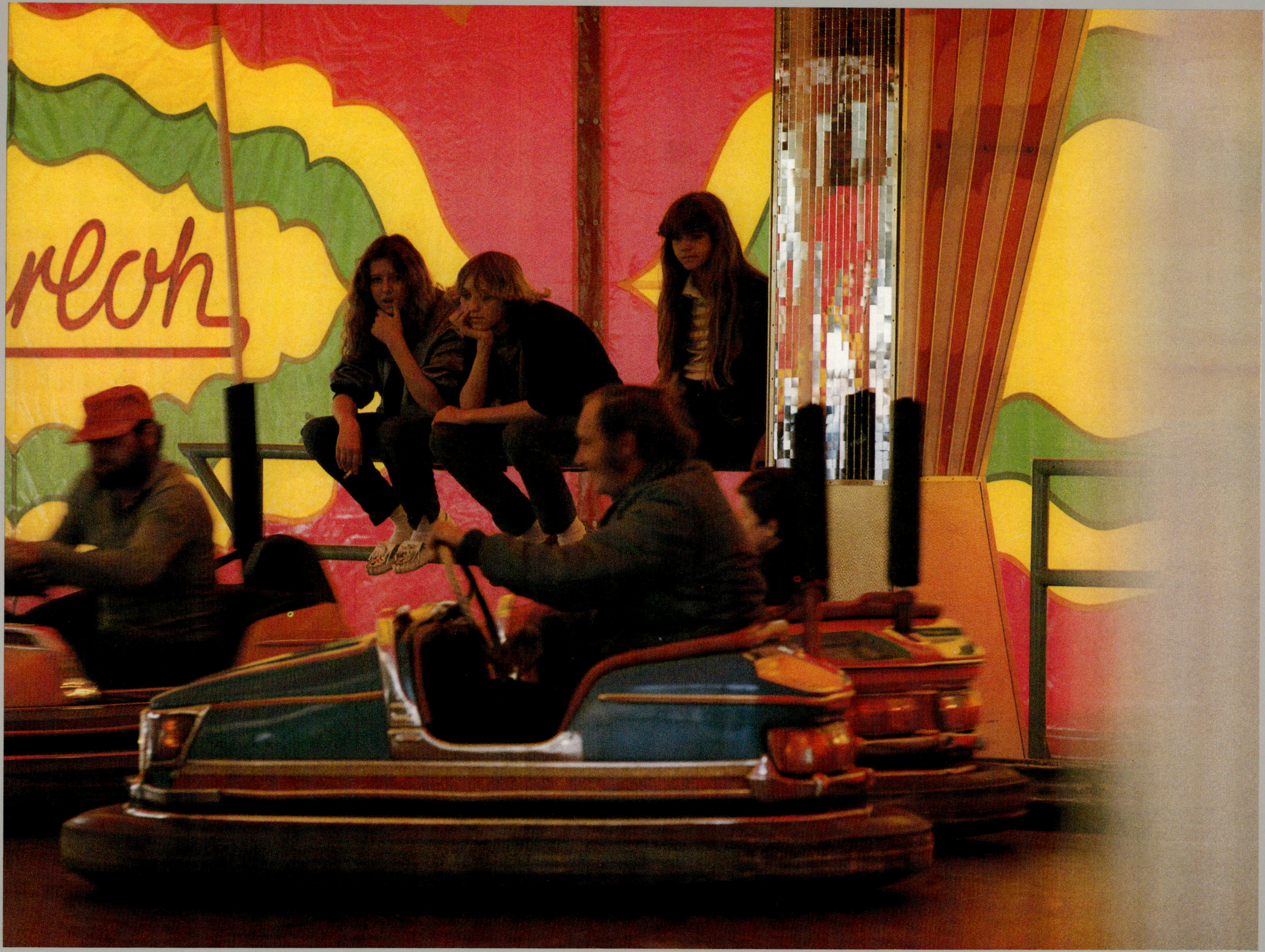
rloh

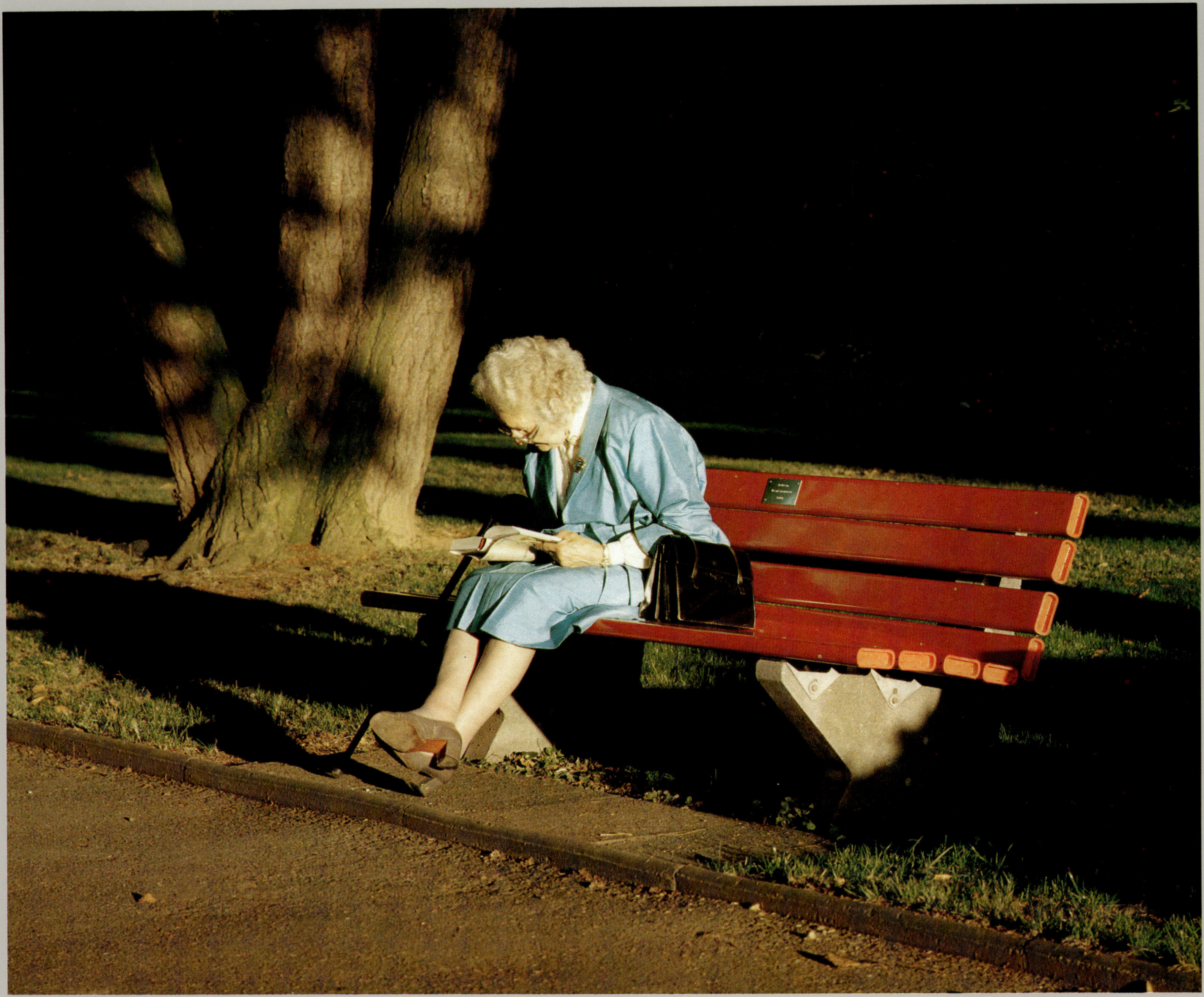

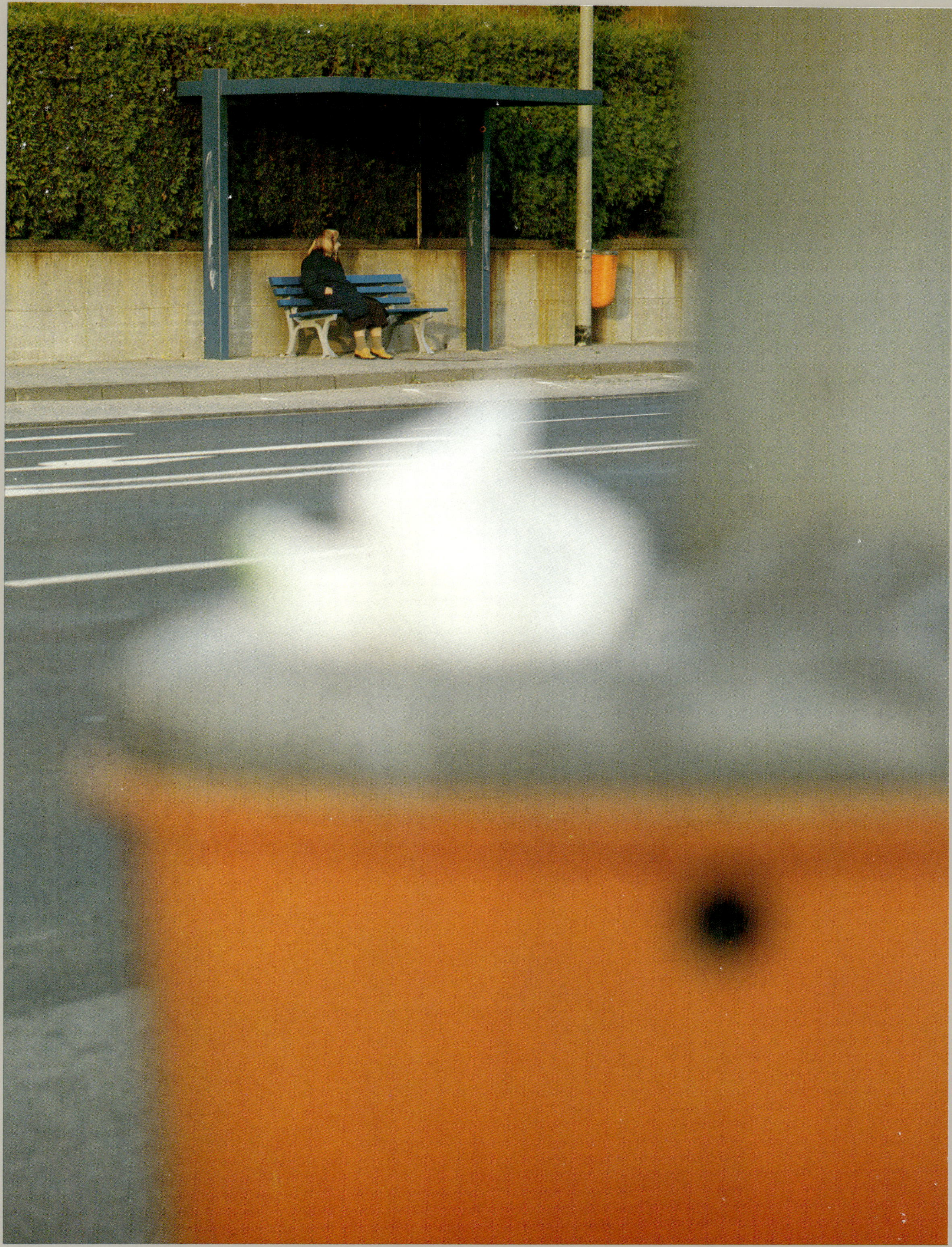

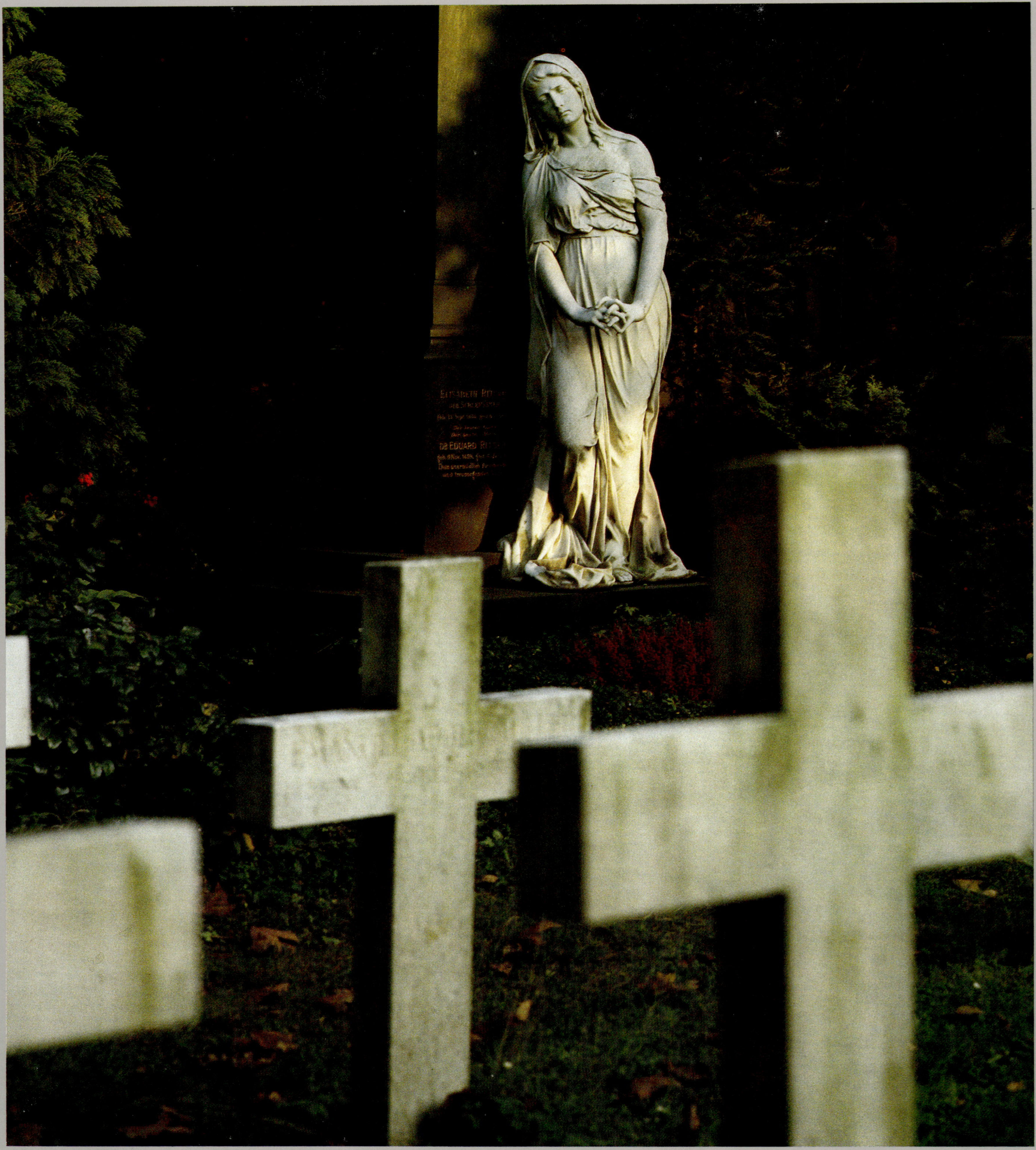

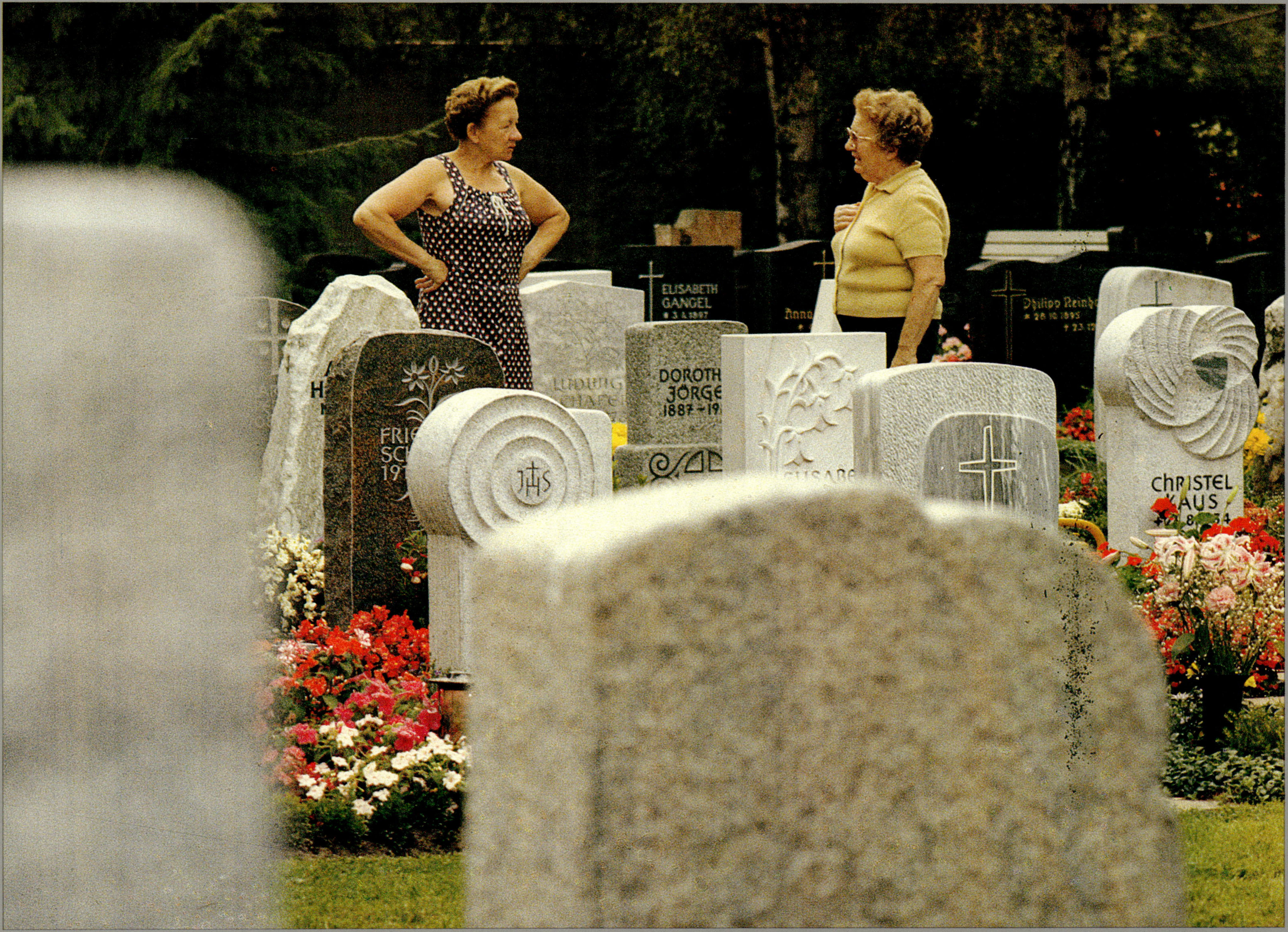
ELISABETH
GANGEL
IHS
CHRISTEL
KAUS

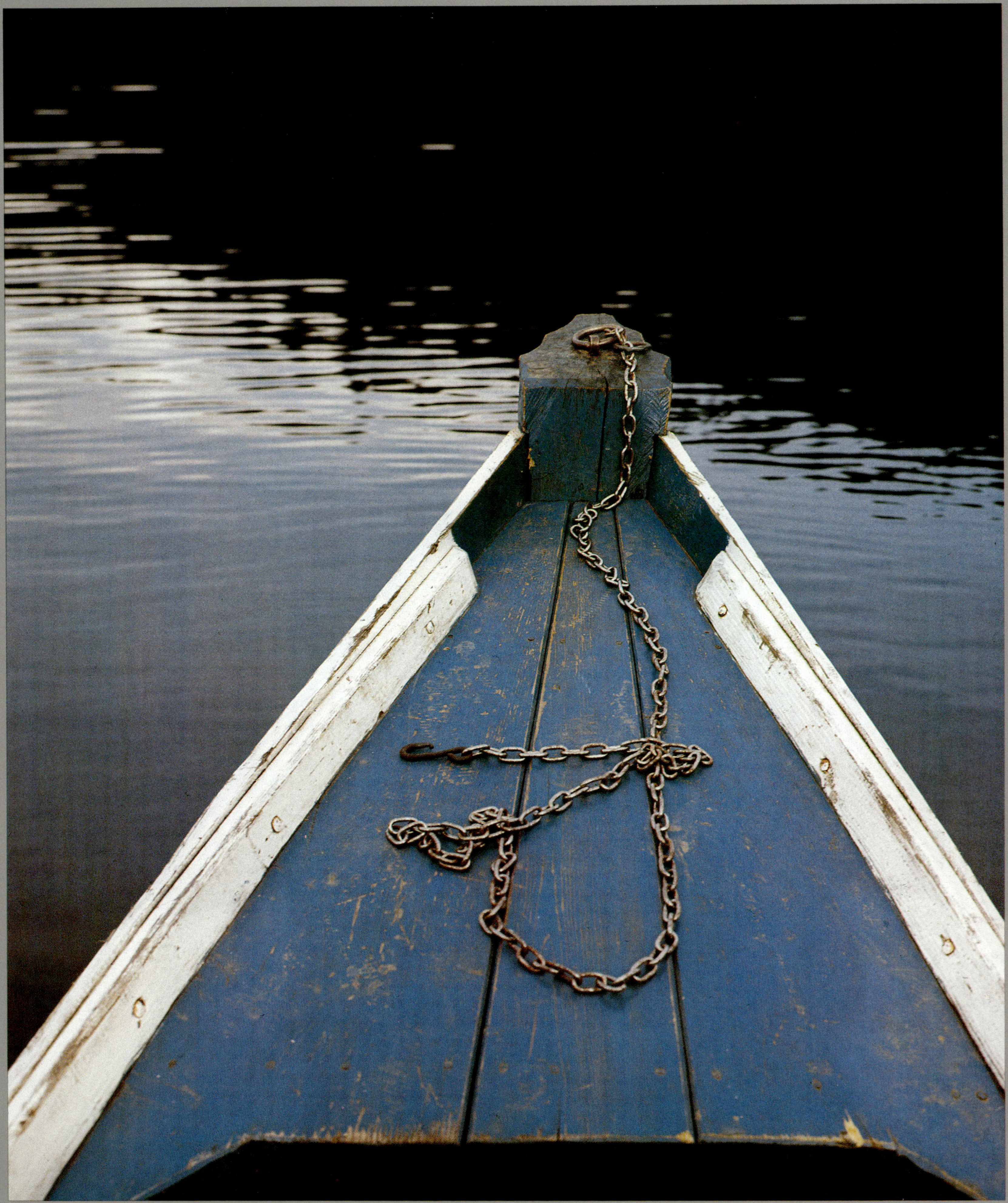

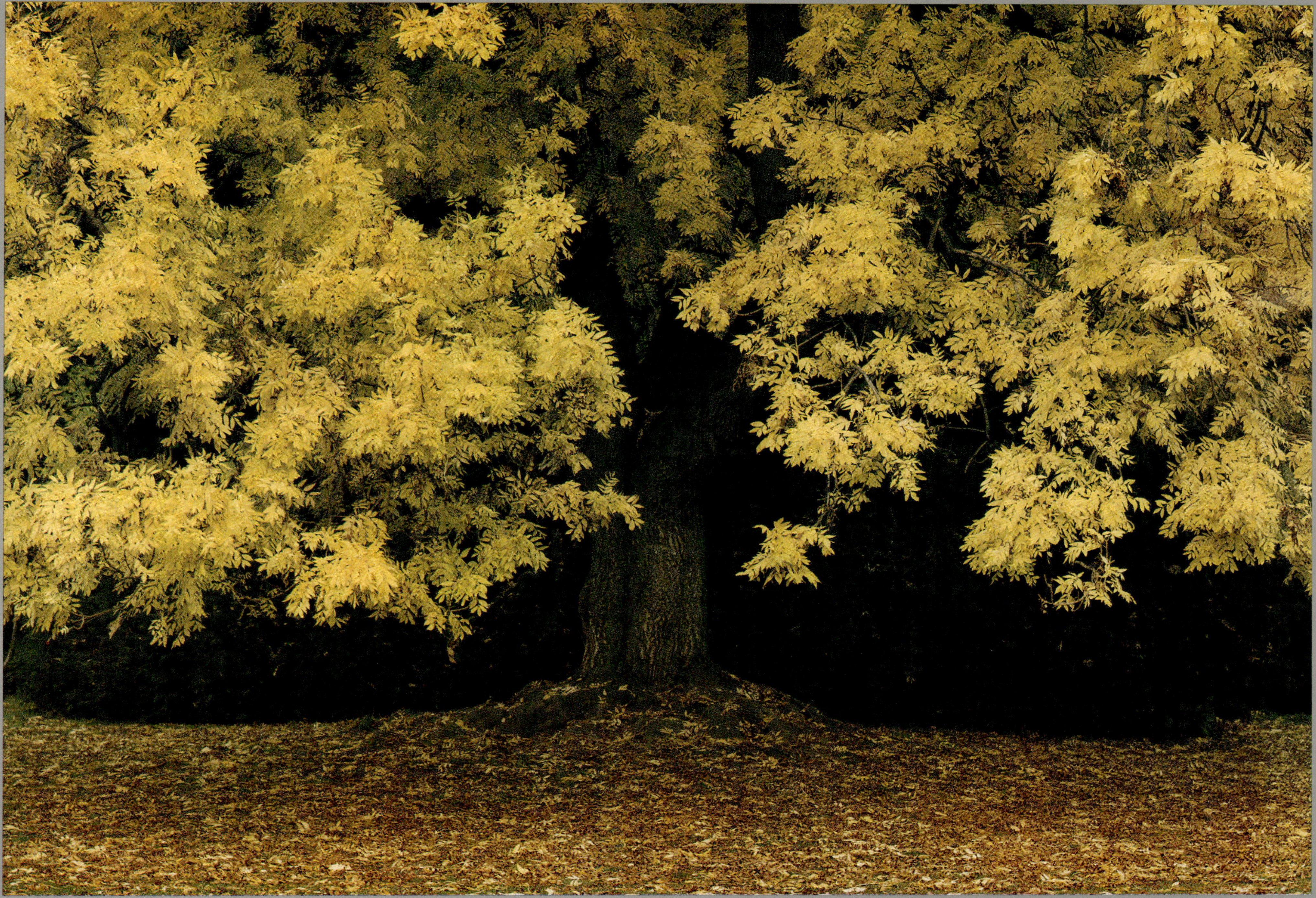

217

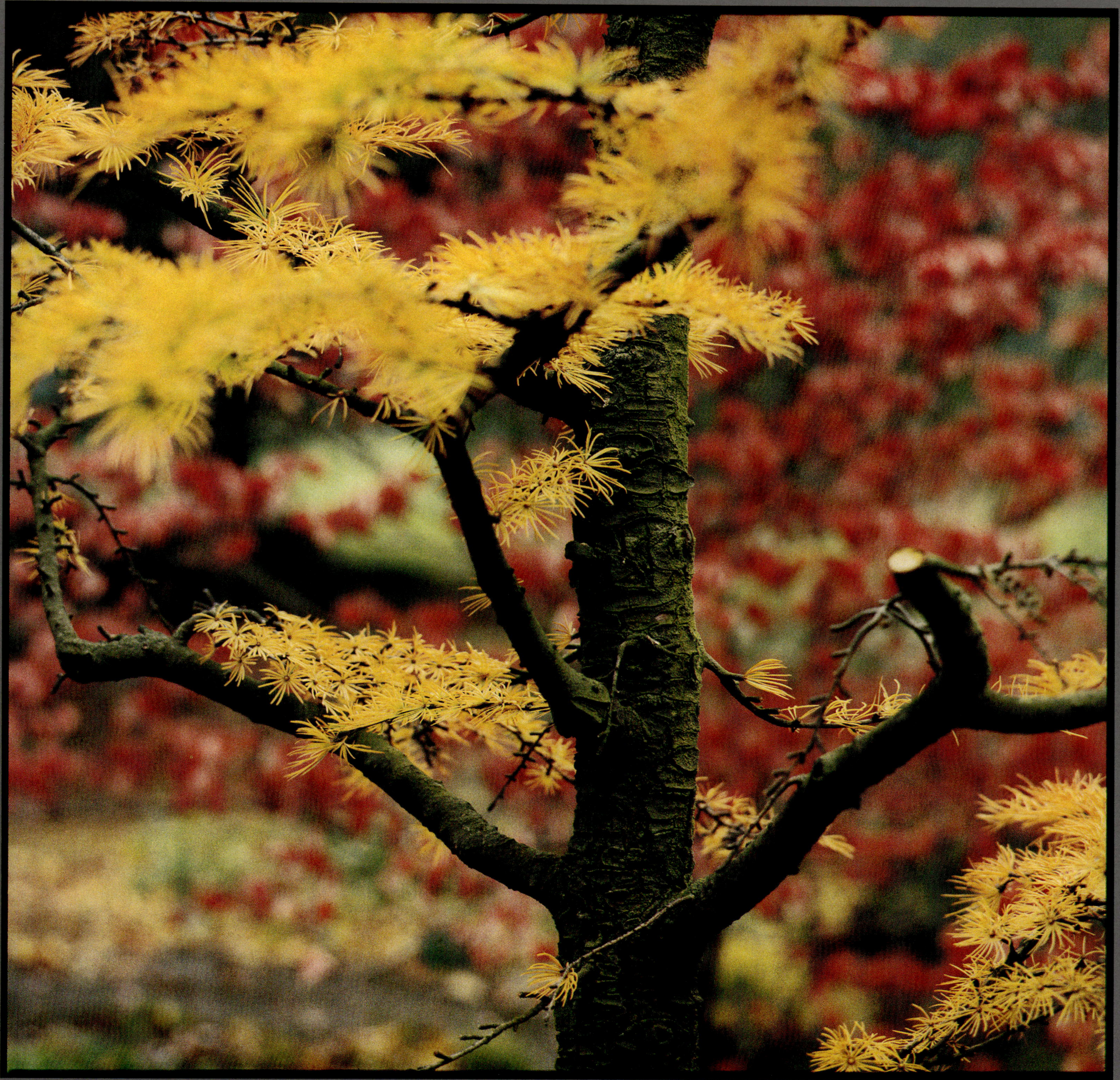

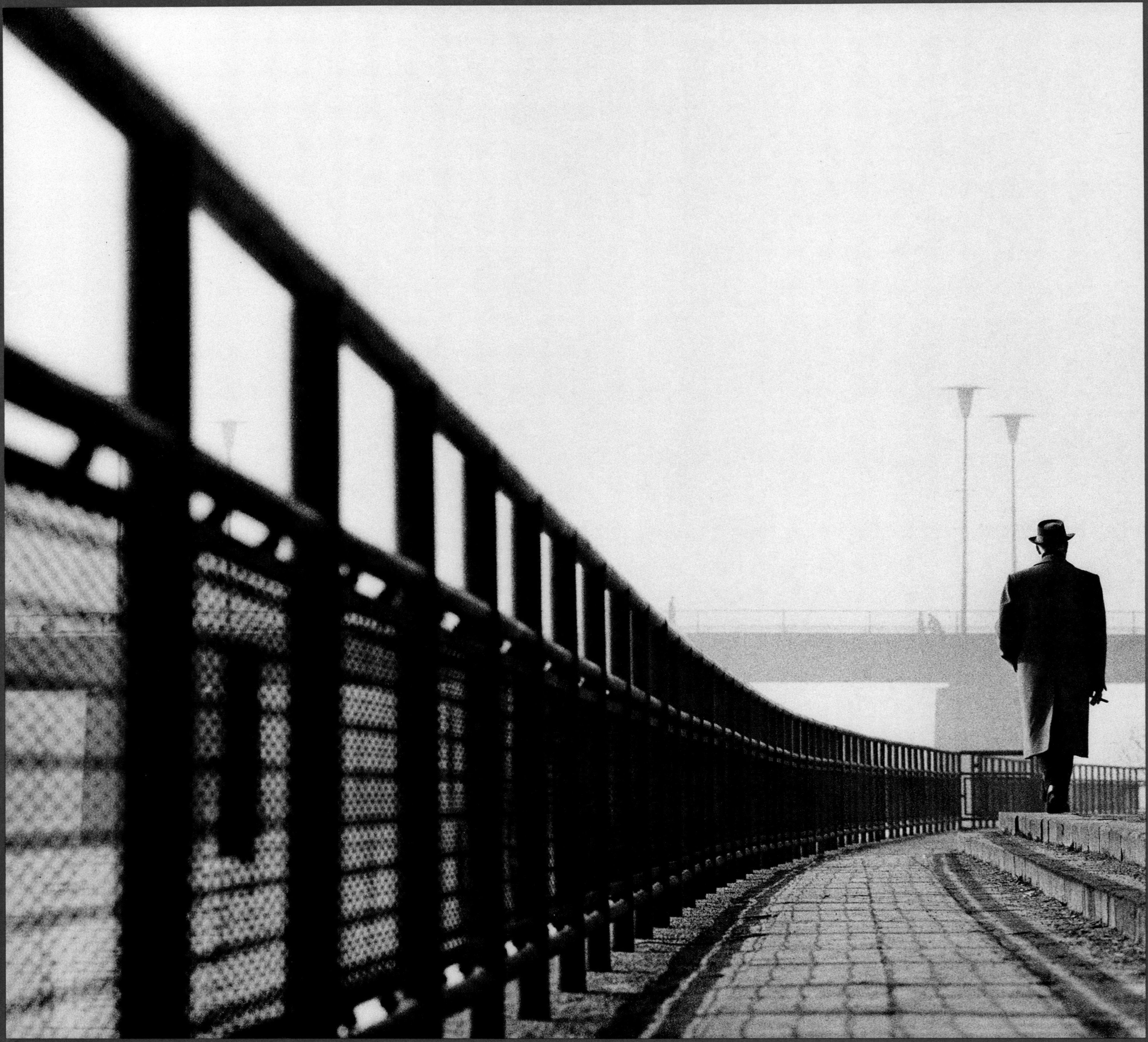

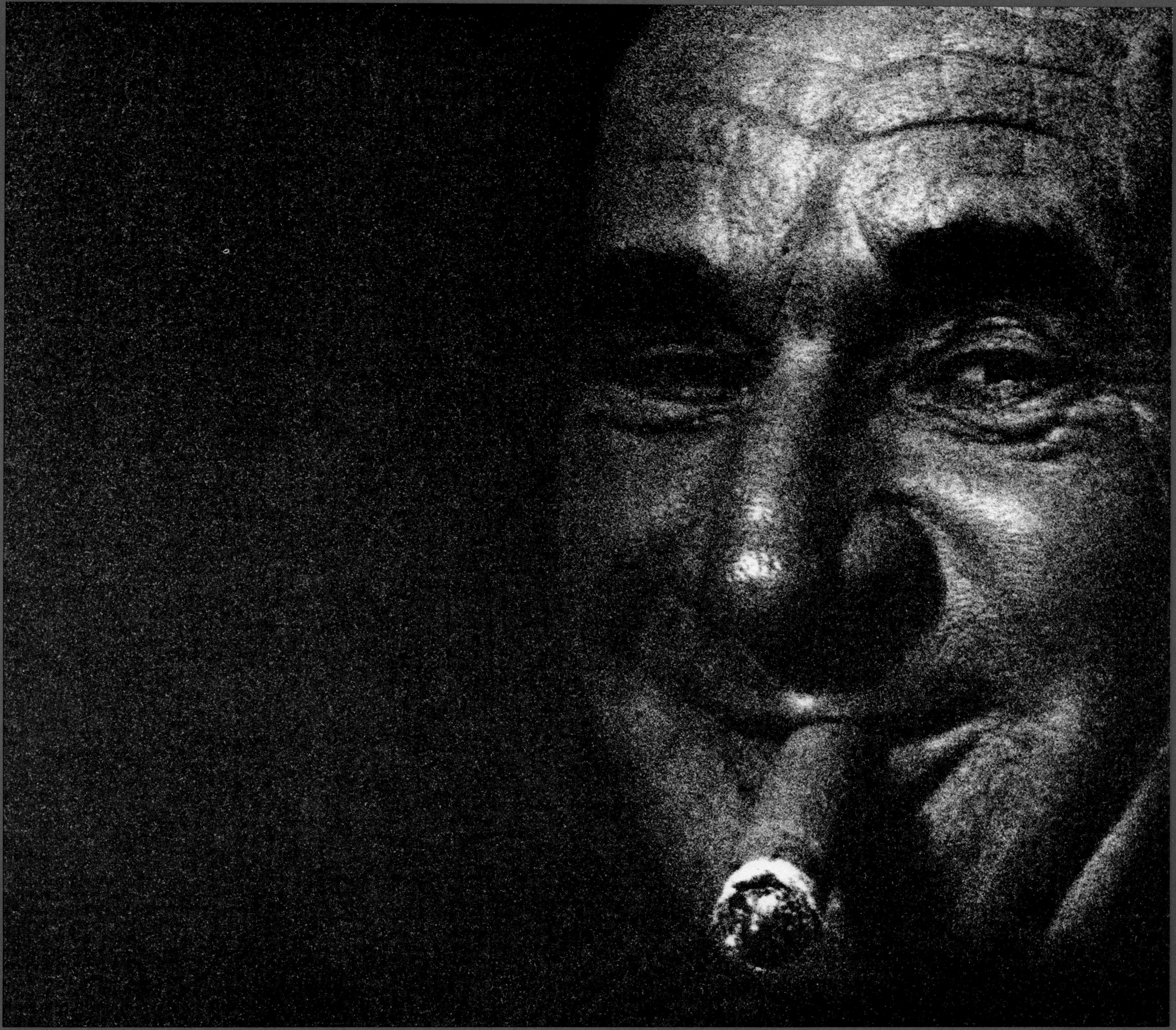

Hommage à K.O.W. Müller

# Der Autor

1980
Frau Ingeborg, Tochter Birgit, der Autor.

1957

Geboren 1936.
Seit 1954 Beschäftigung mit der Fotografie, doch erst 1955 gestatteten die Verhältnisse die praktische Ausübung. Fortbildung durch Prospekte und später Zeitschriften. Der Berufswechsel zur Lichtbildnerei war nur für die Vervollkommnung der Technik von Belang.

1987

Foto: Ingeborg Müller

# Stichworte und/oder Anmerkungen
## mit Entstehungsjahr der Bilder (teilweise geschätzt)

Abb.
1 Alter Bauer auf seinem Acker. 1965.
2 Bauer auf dem Feld. 10 Jahre später. 1976.
3 Kartoffelernte. 1984.
4 Kohlernte. 1985.
5 Romantik im Elsaß: Hohkönigsburg. 1980.
6 Sonntag im Osthafen, Frankfurt/Main. 1980.
7 Ankunft Frankfurt Hauptbahnhof. 1983.
8 Am Ende aller Straßen. Autoverschrottung. 1981.
9 Nachmittagssonne über dem Columbuskaje, Bremerhaven. 1966.
10 Waldweg in der Nachmittagssonne. 1979.
11 Schilfgras. 1982.
12 Kahle Felder, kahle Bäume. 1986.
13 Sturmschäden, Oberharz. 1983.
14 Zivilisationsschäden, Oberharz. 1987.
15 Drei Baumgestalten. 1985.
16 Neckarufer. 1982
17 Nach dem Regen. Waldweg. 1985.
18 Die Erde ruht sich aus. Äcker, Obstbäume. 1986.
19 Vorfrühling am Taunusrand. 1985.
20 Nach der Ernte. 1987.
21 Der Weg durchs Maisfeld. 1984.
22 Frost. Feld am Waldrand. 1984.
23 Abendsonne. 1986.
24 Die Sehnsucht der Bäume. Baumgestalten auf dem Felde. 1982.
25 Sösestausee, Harz. 1981.
26 Der Plansee in der Dämmerung. 1987.
27 Am Neckar. 1982.
28 „Wer hat dich, du schöner Wald, abgeholzt und liegenlassen?". Oberharz. 1974.
29 Herbst im Spessart. 1982.
30 Altrheinarm. 1982.
31 Herbstlicher Taunus. 1983.
32 Stoppelfeld. 1981.
33 Welkes Gras. 1987.
34 L'impression d'automne. 1987.
35 Farne. 1983.
36 Baumplastiken. Die Kopfweiden vom Kühkopf/Rhein. 1982.
37 Okertal/Harz. 1956.
38 Allgäu. 1987.
39 Der Winter kehrte noch einmal zurück. Feldweg. 1985.
40 Winteräcker. 1976.
41 Wege ins Nichts. Gleise. 1959.
42 Ästhetik der Technik. Überlandleitungen. 1983.
43 Nebelwald. 1983.
44 Diesiger Tag in der Stadt. 1983.
45 Die Pflanze und ihr Ornament. Schattenspiele auf der Gardine. 1986.
46 Traumboote. 1960.
47 Weidenröschen. 1978.
48 Die Ronneburg. 1978.
49 Kurve. 1982.
50 Am Straßenrand. 1982.
51 Straßenbaustelle. 1982.
52 Die Feldbergstraße im Schneetreiben. Frankfurt/Main. 1984.

Abb.
53 Autofriedhof. 1978.
54 Regentag in der Stadt. 1980.
55 Der Wind peitscht Schneeschauer über Straßen und Plätze. 1985.
56 Feldscheune im Schnee. 1982.
57 „Siehst du den Mond dort stehen, er ist nur halb zu sehen...". 1978.
58 Das Abbruchhaus. 1977.
59 Zwischen Winter und Frühjahr. 1982.
60 Tanz der Bäume im Herbst. 1983.
61 Pferde auf der Weide. 1985.
62 Ein Sommertag auf dem Lande. 1981.
63 Regen. 1987.
64 Im Haus ist es derweil angenehmer. Blumenstilleben. 1987.
65 Frühling im Park. 1986.
66 Herbst im Park. 1985.
67 Der verträumte Winkel hinter dem Gehöft. 1983.
68 Weihnachtsstern. 1986.
69 Harzfichte. 1974.
70 Waldfriedhof. Harz 1983.
71 Einladung zur Rast. 1974.
72 Oktober in Norwegen. 1983.
73 Naturplastik. 1980.
74 Die rote Nelke. 1969.
75 Buchenwald I. 1984.
76 Buchenwald II. 1986.
77 Vorgarten. 1977.
78 „...und im Park fallen die gelben Blätter". 1986.
79 Am Rande des Rapsfeldes. 1984.
80 Waldrand. 1982.
81 Lichtspiele. 1985.
82 Schattenspiele. 1985.
83 Stallaterne. 1985.
84 Stallschloß. 1967.
85 Überall: Die Welt ist schön. Schön verdreckt. 1980.
86 Plastikkultur. 1985.
87 Holz und Keramik. 1980.
88 Ein Apfel für Adam. 1978.
89 Windige Ecke. 1986.
90 Allerufer. 1988.
91 Herbstwind läßt sein buntes Band wieder flattern durch die Lüfte... 1980.
92 Sonnensegel. 1981.
93 Haltet die Straßen Frankfurts sauber! 1982.
94 Ausgediente Pinnwand. 1985.
95 Das Glassplitterspiel. 1977.
96 Ästhetik, in den Sand gesetzt. 1979.
97 Regenbogen. 1978.
98 Sandberg. 1980.
99 Ornamentglas. 1987.
100 Blaue Stunde im Rinnstein. 1987.
101 Die Schutz-Bedürftige. 1981.
102 „Der Lastträger" I. Am Main/Frankfurt. 1957.
103 Brückenaufgang. 1965.
104 Im Treppenhaus. 1958.
105 Schatten-Bild. 1988.

Abb.
- 106 Licht-Bild. 1985.
- 107 „Kühler Wei-ein, der soll es sei-ei-ein...". 1984.
- 108 Sommerabend daheim. 1982.
- 109 Deutsche Kleinstadtidylle.1985
- 110 (Park-)raum ist in der engsten Gasse. 1985.
- 111 Poesie... (1979)
- 112 ...und Prosa. 1956.
- 113 Laterne, Laterne... 1984.
- 114 Spuren des Lichts. 1982.
- 115 Rot und Blau. 1985.
- 116 Gestalt und Struktur. 1969.
- 117 Vierzehnheiligen. 1975.
- 118 Moonrise, Echzell, Wetterau. 1985.
- 119 Ein ordentliches Haus. 1962.
- 120 „Das Alte stürzt, es ändert sich die Zeit", und überall wächst Unkraut. 1985.
- 121 „Jutta". Private Klagemauer. 1979.
- 122 Mauer-Blümchen. Äächt ätzend! 1982.
- 123 Bürgerliche Einfahrt. 1985.
- 124 Hochadelige Einfahrt. 1986.
- 125 Schöne neue Wohnwelt. 1982.
- 126 Ruine. 1956.
- 127 Fachwerk. 1984.
- 128 Schieferdach. 1963.
- 129 Kamin I. 1985.
- 130 Kamin II. 1986.
- 131 Mainhattan. 1987.
- 132 Fach-Werk. 1985.
- 133 Bürosilos. 1985.
- 134 Futtersilos. 1981.
- 135 Abendlicht I. 1985.
- 136 Abendlicht II. 1984.
- 137 Alpenveilchen. 1986.
- 138 Korbsessel. 1985.
- 139 Verwaister Stammplatz I. 1985.
- 140 Verwaister Stammplatz II. 1986.
- 141 Verwaister Stammplatz III. 1986.
- 142 Verwaister Stammplatz IV. 1986.
- 143 Einladung zur Rast. 1984.
- 144 Winterruhe. 1975.
- 145 Oberhalb Hindelang. 1987.
- 146 Rote Bank. 1981.
- 147 Sonniger Erkerplatz. 1985.
- 148 Aufgang zur Kathedrale. 1972.
- 149 Notizen aus der Provinz. 1980.
- 150 Terrasse. 1986.
- 151 Kein Platz für Ruhesuchende. 1983.
- 152 An diesen Tisch von Stein wollt' ich mich nimmer setzen. 1984.
- 153 An der Kirchhofmauer I. 1983.
- 154 An der Kirchhofmauer II. 1983.
- 155 Kleinstadt. 1985.
- 156 Rastgelegenheit. 1982.
- 157 Die Bank am anderen Ufer. 1979.
- 158 Komposition in rot, grün, blau. 1984.
- 159 Altrheinarm. 1982.
- 160 Vor Anker. 1965.
- 161 Ruhetag für ein Erholungsgebiet. 1984.
- 162 Fischkutter im Hafen. 1966.
- 163 Museale Weinschiffe auf dem Douro. Porto. 1985.

Abb.
- 164 Still ruht der See. 1965.
- 165 Hinter den Dünen. 1985.
- 166 Barco do amor, gestrandet. 1985.
- 167 Blick auf die Berge von Sao Gonzalez. 1985.
- 168 Metzgerstilleben. Caramoulo. 1985.
- 169 Waschtag in Amarante. 1985.
- 170 Das jüngste Gerücht. 1985.
- 171 Fischernetze I. 1985.
- 172 Fischernetze II. 1985.
- 173 „...wie Träume liegen die Inseln im Nebel auf dem M
- 174 Nach der Ernte. Norwegen. 1983.
- 175 „Hier wache ich!" 1982.
- 176 Heuwenden. 1979.
- 177 Zwischen zwei Rennen. 1962.
- 178 Vor dem Start. 1962.
- 179 Deutscher Hinterhof. 1963.
- 180 Konzentration. 1959.
- 181 „Lastträger" II. Am Main/Frankfurt. 1958.
- 182 Brückenaufgang. 1958.
- 183 Treppenlabyrinth. Fotomontage. 1959.
- 184 Zwang los. 1959.
- 185 Bruder Rolf. 1956.
- 186 Drei auf einen „Streich". 1961.
- 187 „Wanderer, in Betrachtung der Berge versunken". 19
- 188 Auf zu neuen Horizonten! 1967.
- 189 Kindliche Skepsis. 1970.
- 190 Doppelportrait. 1970.
- 191 Schachtmeister Kurt Kanold. 1959.
- 192 Drei Generationen. 1978.
- 193 Bald schlaf' ich am Neckar, bald schlaf' ich am Rhein
- 194 Hochwürden zwischen Black & White. 1970.
- 195 Müde Pflastertreter. 1984.
- 196 Kulturaustausch. 1984.
- 197 Männerspielzeug. 1985.
- 198 Frauensache. 1986.
- 199 Deutscher Hinterhof. 1980.
- 200 Großstadtdschungel. 1984.
- 201 Der gewohnte Trott I. 1987.
- 202 Der gewohnte Trott II. 1985.
- 203 Da wendet sich der Mann mit Gr... 1985.
- 204 Kinderwagentroika. 1987.
- 205 Hand in Hand I. 1985.
- 206 Hand in Hand II. 1980.
- 207 Philemon und Baucis, 20.Jahrhundert. 1985.
- 208 „Oh Jugend, wie bist du so schön!" 1987.
- 209 Drei Eis, ein Bier! 1972.
- 210 Rummel. 1979.
- 211 Pensionärin. 1983.
- 212 Haltestelle. 1985.
- 213 Trauer. 1987.
- 214 ...das Leben geht weiter! 1986.
- 215 Der Kahn treibt auf das dunkle Ufer zu. 1970.
- 216 Requiem für einen Baum. Gefällt im Winter. Herbst
- 217 Gelbe Vase. 1986.
- 218 Gelbe Lärche. 1988.
- 219 Würde des Alters. 1960.
- 220 Portrait eines Optimisten. 1959.
- 221 Hommage à K.O.W. Müller. 1988.
- 222 Der Autor.

Im Ausdeuten seid flugs und munter,
legt ihrs nicht aus, so legt was unter!

Goethe